本书为教育部人文社会科学研究青年基金项目

"辽朝驻防体系研究"（22YJC770025）结项成果

体统相承，兮数秩然

辽朝驻防体系研究

武文君　陈俊达 著

上海三联书店

序 一

先师张博泉先生重视辽金史研究，是因为辽金两朝实为具有"自树意识"的北方民族政权之始，不仅仅因为其再建北朝，开创中国历史第二次南北朝时代而已，没有对辽金时代的深入了解，就不可能真正理解此后的元明清中国历史大一统时代，也无法真正理解中国作为统一多民族国家的历史特点与规律。在先生的这一指引下，我也从事辽史研究有年，虽碌碌无为，多少也有一些自己的想法。

唐宋之际是否存在转型，学界高明多有讨论，但盛唐之后的中国历史存在与此前明显的差异，似乎可以视为定论。契丹人建立的辽朝在诸多方面实具开创性，也是不争的事实。但限于资料，辽史研究的许多问题尚未能深入。历史研究首先要弄清楚的事情是，当时人是在何种制度下过着怎样的生活，就此视角而言，制度史具有不可替代的特殊意义，而史学研究无论广度还是深度皆有长足进步的当下，制度史的研究反而令人有略显滞后之感，不能不说是一件遗憾的事情。在我看来，学界流行的辽朝二元体制的认识，是在辽史研究的起步阶段，具体研究尚未展开的情况下，前辈学者就对辽史的宏观认识提出了未经充分论证的看法，随着辽史研究的深入，可以发现这种观点的解释力正在下降。此问题又是辽代制度史研究的基石，不解决这个问题，辽代制度的大厦是搭建不起来的，或者说，不论如何努力建构都存在崩塌的可能。

　　出于这种考虑，我个人曾想从事此问题的研究，但在思考的过程中发现，此问题的最终解决，可能涉及辽代制度的方方面面，如果没有具体研究的支撑，任何的讨论还是浮于表象，无助于问题的解决，而我个人的能力又实在有限，因而不得不把这一宏大的设想暂时放下。概言之，我认为具体研究还没有进行到可以支撑宏观结论的程度。因此，一方面我自己在继续相关领域的思考，另一方面也在指导我的学生从事辽代制度史相关问题的具体研究。

　　本书的两位作者都是在这样的背景下跟我读博士的，陈俊达的博士学位论文题目是《辽朝节镇体制研究》，武文君的博士学位论文题目是《辽代部族军研究》，都是相关辽代具体军政制度的深入研究，最终的指向都是要搞清楚辽朝国家的运作机制。本书的出版，是两位在此领域的又一部力作。看到他们对相关研究的推进，欣慰之余，觉得我似乎不必再从事相关问题的思考了。想起一副古人的对联："粗茶淡饭布衣裳，这点福让老夫消受；齐家治国平天下，那些事有儿辈担当。"借以推卸责任、鞭策学生。

　　两位作者都是我的学生，他们的著作让我作序，我实在找不到借口推托，聊几句题外话，算作序。

杨　军

2024 年 2 月 21 日于闲置斋

序 二

武文君、陈俊达合著的《体统相承，分数秩然：辽朝驻防体系研究》一书即将出版问世，可喜可贺。我有幸成为首批读者，两位青年才俊嘱咐我写一书序，我自知才疏学浅，涉猎有限，然而，推脱不得，也欣赏二位的才气与踏实治学的态度，就学习后所感，略陈己见。或认识与评价有误，还望读者批评。

军事制度，无疑是有相当难度的议题，尤其是辽代军制，辽朝自身所留文字太少，宋元人的记述间接、片段，因此，辽朝军制一直蒙着一层迷雾，让人看不清楚，心生种种疑惑。相关研究一向以来都是辽史研究的难题，当然也是理解和认识辽朝以武立国及何以长世的至为重要的问题。现代学者从辽朝战争、军事机构、军事区划等多重角度触及辽朝军制问题，但尚未全面系统考察其军事驻防体系构成及运作的问题。本书的研究内容，厘清了辽代军事驻防体系一系列重要问题，其创获主要在于以下三点：

其一，揭示出辽朝军事驻防体系的构成。辽朝行军打仗参与的军队往往属于四个系统：宫帐军（宫卫军）、部族军、京州军、属国军，作者认为，前三者构成辽朝驻防体系的基石，属国军不完全归辽朝掌控，是战时有需要才征调，不与其列。

由于宫卫军与斡鲁朵制度、四时捺钵制度的运行紧密相关，因而对其梳理颇为不易。作者从辽帝"行宫"的空间布局入手，通过宋元文献的比较，确定辽朝捺钵的守卫可分为三个区域（小禁围、大禁围、大小禁围外）四重宫卫（硬寨军和其他护卫形成小禁围的两重宫卫、诸行宫都部署之下的直属军队为大禁围宫卫军、殿前都点检所领宫卫军处于大小禁围之外）。至于宫卫系统的运作机制，作者强调，三个区域的宫卫军在职能范围上是相同的，皆负责保卫皇帝的安全，维护捺钵运行，当然也作为重要军事力量会被派出镇戍要地。不同名称的专支军队（如鹰军、凤军、龙军、铁鹞子军等）可能皆是天子禁军。隶属于不同机构的宫卫军又有不同分工，且在发展过程中，其管理机构由单一军事转向军政双重性质。

至于部族军，作者从辽朝部族军、政的管理模式切入，首先明确了部族营军的管理者及隶属机构，"由节度使或石烈夷离堇、都监统领，隶诸军事机构和大王府"。但诸军事机构主要对部族军的镇戍事务负责，部族军的调兵权通常归北枢密院。其次阐明了辽朝部族军兵员成分随部族体制而变化的特点，即最初仅包括契丹人，后来将非契丹游牧民族陆续纳入。部族军的镇戍地也以辽朝内地（位于今西拉木伦河和老哈河流域）为中心向外延伸，分别隶属于诸军事机构，其镇戍地的选择与牧场息息相关，并形成一定范围的驻防区。

关于辽朝京州军驻防，作者所用篇幅较长，其中，对于京府驻防的梳理是从五京留守军事职掌的讨论开始的，进而涉及五京的军队设置和军队管理，以及五京留守的武职僚佐，论证过程充分利用了辽代石刻资料，并一一绘制出南京、西京、中京、东京驻防体系的示意图。有关节镇驻防，也从分析节度使的军事职掌开启，依次论及节镇的军队设置与军队管理，节度使的其他武职僚佐、作为军事机构治所的节镇驻防布局等。作者的结论性认识是，辽朝为应对来自周边政权及部族的威胁，进一步强化了节镇的军事职能，弱化了节镇的民事职能，同时，辽朝也没有忽视大蕃府（黄龙府、兴中府等）、观察州、防御州、刺史州的驻防事宜，使京州驻军遍布各战略要地和交通要道。

作者也强调，上述三个系统的军队所构成的驻防体系可分为内外两层，内层以移动的捺钵为中心，负责防卫辽帝及朝廷，可视为中央驻防力量，外层镇戍要地，可视为地方驻防力量。内外军队皆由朝廷控制，天子禁军因事可派驻地方，地方驻军也有至捺钵番上者，并暂时隶属于宫卫长官指挥。从辽朝军事驻防体系及运作机制看，辽朝驻防军队动静相宜，是辽朝维持"行国"体制，管理京府州县，镇戍四邻的军力保障。

其二，总结了辽朝军事区划与驻防运作的分区化与层级化特点。

与以往学者们的认识有所不同，本书作者认为，辽朝的军事驻防具有区域分布特点，这从高级军事区划的布局可以确定。从现有文献反映出的信息看，辽朝高级军事区划主要有九处，其长官或为招讨使，或为诸京留守、都统军使，或留守兼任的都元帅、都总管、都部署等，分别布局在：上京留守辖区"上京路"、中京留守辖区"中京路"、东京兵马都部署（东京留守兼任）辖区"东京路"、南京都元帅（南京留守兼任）辖区"南京路"、西京兵马都部署（西京留守兼任）辖区"西京路"、西北路招讨司辖区"西北路"、西南面招讨司辖区"西南路"、东北路统军司辖区"东北路"、兴中府知府监察区"辽西路"。至辽末最终形成十一处高级军事区划，即黄龙府路和平州路皆升格为高级军事区划。

作者指出，辽朝军事区划的层次有三级：除了上述九处（后十一处）高级军事区划，中级军事区划包括北女真兵马司辖区、南女真汤河司辖区、黄龙府都部署司（后升格）、保州统军司辖区、乌古敌烈统军司辖区等。低级军事区划则为节镇。就三级军事区划的布列的范围看，高级军事区划覆盖全国，中级军事区划为高级军事区划的分支机构，并不是各高级军事区划普遍设置，而是因军事需要而设。低级军事区划则密布于各人口聚集地和要地。

其三，概述了辽朝行军体制问题。主要从行军的兵员、编制及统帅三个方面予以阐述。如果说本书前五章以静态审视辽朝驻防体系的诸军为主，动态考察驻防运作为辅，那么本书第六章则是着力考察各驻防力量参战过程中的行动状态。只是限于史料，所论较为简略。

文君、俊达是我熟识的青年学者中敢于挑战难题、目标坚定、持之以恒、潜心治学的典范。他们秉持开拓、创新的初衷，勤奋耕耘于辽史阵地，不断推陈出新。尽管摆在读者面前的这部书还不够尽善尽美，比如，在文字表述上，由于节下较少设目，虽然有内在逻辑，也是分层展开论述的，但如此专门的学术研究，着实不易读。但是，瑕不掩瑜，本书所论内容确实多有新意，值得仔细、深入研读。他们在前贤研究辽代军制的基础上，积极拓展研究视野，深入挖掘辽宋元时期的史料，将辽朝驻防体系的认识向前推进了一大步，使长久以来困扰人们的诸多问题有了清晰的内涵，他们对辽朝军制研究的贡献是值得充分肯定的。相信阅读本书的读者必将从中获得新知和新的启迪。

吴凤霞

2024 年 3 月于锦州

目　录

图表目录

绪　论

一、选题缘起

驻防是军队在指定的地方驻扎防守，分为较固定的驻防和非固定驻防。[①] 驻防军队通常驻扎在要地，具有坐镇地方和对外防御的职能。驻防是军队的平时状态，与战时状态相对。

辽朝驻防体系随着疆域的扩展与稳定，历经了形成、定型、发展三个时期。辽朝从最初依靠部族军征战四方，到拥有宫帐、部族、京州、属国四大系统的军队，最终形成"体统相承，分数秩然"的格局。[②] 其中，属国军指辽朝属国属部的军队，更多的是战时有需要才向其征兵。因此，辽朝负责驻防的军队主要出自宫帐、部族和京州。三个系统的军队成为支撑统治者构建辽代驻防体系的基石。

"宫帐"[③] 指辽朝诸帝后、亲王所建斡鲁朵。辽朝以捺钵为政

---

① 熊武一、周家法总编，卓名信、厉新光等主编：《军事大辞海·下》，北京：长城出版社，2000年，第2002页。

② （元）脱脱等：《辽史》卷46《百官志二》，北京：中华书局，2016年，第825页。

③ 刘浦江认为"宫"指斡鲁朵，"帐"指辽内四部族，亦称帐分、帐族。（《辽朝"横帐"考——兼论契丹部族制度》，北京大学历史学系编：《北大史学》（8），北京：北京大学出版社，2001年，第30页）《辽史·营卫志》中"辽内四部族"被列在"部族"条下，编纂者应是将其视为部族。

治中心，移动的捺钵使得其形成以皇帝—捺钵为中心的驻防体系。故本书将辽朝皇帝的宫卫军视为驻防部队，包括宫分军、殿前都点检的军队等宫卫军。宫帐军这一系统的军队，实则是对辽朝皇帝宫卫体系的探讨。部族军的驻防区域不同程度地贯穿了辽朝内地、京州和"边围"。其在辽朝驻防体系中占据特殊地位，除本职"分镇边围"之外，协助与制约宫帐军和京州军，展现出多重职能。部族军的驻防与部族体制关系密切，随着部族体制改革，部族军亦随之变化，并最终确定以石烈（营）为单位进行驻防。京州军主要包括驻扎于京、府、州、军、城的军队，处于五京、大藩府和节镇管理之下。

四个系统军队在战时组成辽朝的行军。诸系统之间亦相互影响，统治者引入中原制度来规范部族，部族军的管理模式趋同京州军。而颇具规模的宫帐军职能逐渐趋向驻防，战时成为补充行军的重要兵员。

辽朝通过建立关涉国家安全的军政建置将诸系统军队联系起来，实现驻防的基本运作。统治者以军事建置为载体建构的驻防体系，构成国家治理的关键组成部分。辽朝诸军事机构的分与合，防区建设与体系构成，皆体现出辽朝维护国家安全所构建的驻防体系的层级化与区域化特征。辽朝驻防体系既呈现出统治者为建构国家安全体系过程中设置的各个军政建置的微观分工，同时随着国家安全建构过程的推进，某一防区的地域分工也随之自然而然地呈现。考察辽朝驻防体系及军政建置，是衡量辽朝维护国家安全，经营和治理国内不同民族、周边民族关系的重要标尺。因此，本书对驻防的细节与整体的考量，及其与行军的互动，是了解辽朝国家治理与运作的基本方向，也是挖掘北方民族建立政权后国家治理形态演进路径的有效方式。

二、学术史回顾

目前关于辽朝驻防体系相关的研究成果主要集中在驻防区划分、地方军事机构、诸系统军队三个大方面。以下将分述之。

（一）辽朝驻防区及相关协调机制研究

辽朝高层军事区划随着其疆域变化、地方军事机构的发展演变不断进行调整。关于辽朝军事区划，前贤有"防区""军区""军事路"等称法。由于依据的标准不统一，学界对于军事区划的划分存在出入。

根据辽朝的设防重点，李锡厚将辽境分为几个大的防区，即辽中京、上京地区、南京元帅府辖区、乙室王府辖区（山后地区）、西北路招讨司辖区、西南路都招讨司辖区、东京统军司辖区和东北路统军司辖区。① 王曾瑜对大军区的划分与李锡厚划分的地理范围大体一致，但对于军区最高一级区划的认识有所不同。他分别称之为南京留守辖区、西南路（面）招讨司辖区、西北路招讨司辖区、西京留守辖区、上京留守辖区、中京留守辖区、东京留守辖区、东北路统军司辖区。王文在大军区之下还划出三类小军区。一是在某个地域内的各小部族；二是各节镇州；三是某些特殊的军事重镇或者要冲。② 以上两位学者皆将辽朝的

---

① 李锡厚、白滨：《中国政治制度通史·辽金西夏》第 7 卷，北京：人民出版社，1996 年，第 158-175 页。

② 王曾瑜：《辽金军制》，保定：河北大学出版社，2011 年，第 39-60 页。

军事区划分为五京、西南、西北、东北，共八个军事区。

康鹏提出《辽史·地理志》记载的"五京道"可能是一种军事性质的路分。由于这一设想在上京和中京地区得不到支持，他仅对其他三道下的军事机构进行了划分。"南京道"军事机构为南京兵马都总管府；"西京道"军事机构为西京兵马都部署司和西南面招讨司；"东京道"军事机构有东京都部署司、东京统军司、南女真汤河司、黄龙府兵马都部署司、咸州兵马详稳司、东北路统军司。另外，辽朝的西北边疆还有西北路招讨司和乌古敌烈统军司两个军事机构。[①]

以上几位学者皆是将辽朝整个疆域进行军区划分，余蔚对此有新的见解。他指出，就空间分布格局而言，辽朝高层地方军事区划不能覆盖其全境。不设高层地方军事区划的是上京和中京地区，在这两个地区之外，他将辽朝的军事区划划分为十二个军事路和一个治安区，分别为：南京路、山北路—西京路、西南面、西北路、乌古敌烈路、东北路、黄龙府路、咸州路、东京路、南路、保州路、平州路和辽西路（治安区）。[②]由于辽朝存在不同系统的军队，其隶属关系和具体职能存在较大差异，余蔚对于辽朝军区划分一定程度上反映了这种差异，颇具启发性。

---

① 康鹏：《辽代五京体制研究》，北京：北京大学博士学位论文，2007年，第10-11、16-84页。按：本书引用康鹏先生观点时以中国社会科学出版社2023年版著作为主，不注明版本者皆为引用著作中内容，引用康鹏先生博论中观点时注明具体出版信息，下同。

② 余蔚：《中国行政区划通史·辽金卷》，上海：复旦大学出版社，2017年，第42-88页。

有学者关注辽朝某一区域的驻防体系问题。康鹏认为乌古敌烈统军司（西北路统军司）、倒塌岭统军司和西北路招讨司，共同构筑了辽朝西北边疆的防御体系。[①] 杜鹃提出，辽朝为守卫边疆，相继设立了元帅府、西南面招讨司、西北路招讨司、东北路统军司、东京统军司等，分管四境防务。在北部和西北部地区建立了多个边防城配合防御。辽朝的戍防体系布局呈放射状，是以五京为中心，向四周辐射。[②] 张宏利研究得出，辽朝所属南京道、中京道和东京道设有数量不等的海军。这些海军在抵御宋朝、高丽侵扰方面发挥了重要作用。[③] 还有一些学者对辽代的边防其他问题进行了研究，[④] 在此不一一列举。

辽朝驻防体系不断调整过程中，一些与此相关的重要机构或职官也不断随之调整，他们也常常成为研究对象。比如详稳、都监、副都部署（司）等。

《辽史》中关于"详稳"的记载有多重含义，[⑤] 给研究者造成

---

① 康鹏：《辽朝西北路招讨司再探——兼谈辽朝西北路的防御体系》，姜锡东主编：《宋史研究论丛》第 11 辑，保定：河北大学出版社，2010 年，第 127 页。

② 杜鹃：《辽朝边防研究》，沈阳：辽宁大学硕士学位论文，2014 年，第 1、41 页。

③ 张宏利：《辽朝海军考述》，《大庆师范学院学报》2014 年第 1 期，第 104-108 页。

④ 赵光远、李锡厚：《论契丹军队的给养来源》，《学习与思考》1984 年第 2 期，第 67-73 页。周峰：《辽代治边三题》，《赤峰学院学报（汉文哲学社会科学版）》2008 年第 4 期，第 10-13 页。陈凯军：《辽代边境防御策略与军事部署研究》，锦州：渤海大学硕士学位论文，2013 年。张国庆：《辽朝边铺探微》，《中国边疆史地研究》2016 年第 2 期，第 39-48 页。

⑤ （元）脱脱等所撰《辽史》有多处记载。其中，卷 32《营卫志中》记载，辽朝部族"胜兵甲者即著军籍，分隶诸路详稳、统军、招讨司"。（第 427 页）卷 46《百官志二》记载，辽朝各大、小部族，皆有"部族详稳司"。（第 814 页）除此之外，各军事机构亦有"详稳"。"详稳"一职，《辽史》卷 116《国语解》释为"诸官府监治长官"。（第 1694 页）

较大困扰。陈得芝指出辽朝的制度是，各较大的属部置详稳治理，而"都详稳"则是统辖某一方面诸部的大员，常常就是招讨使或者统军使的别称。[①] 余蔚对"详稳"的研究更为细致深入，他认为任何性质的机构都可以置详稳。"国内"部族，详稳一般由朝廷直接派出；"国外"诸部则设有双重"详稳"，一重是本族酋长从辽廷获封"详稳"之职，另一重是辽朝直接派出详稳，作为朝廷的代表，行"监治"权。比详稳高一级的是都详稳，是"都详稳"还是"详稳"，不仅与所管部落的大小、多少相关，还因其所管地区的面积、所领兵力的数目、所辖部族对国家生活的重要程度，以及该详稳是否有上级地方机构来判断其层级。在此基础之上，余蔚进一步指出，若仅置详稳，那么该地区的事务，包括兵事在内，皆由详稳全面管理。在某些重要的方向，设置了都详稳司或详稳司之后，因军事行动增多，而专门将军事部门独立出来，故而有都招讨司、都统军司等军事机构，高层军事区划由此产生。[②]

张宏利认为，辽朝的都监分为临时差遣型和常置型。常置型都监又分为方面性军事机构都监、京府州都监、部族都监和诸军都监四大类型。辽代将都监制度推广至五京府州、部族、方面性军事机构，皇帝直属诸军，分割这些机构主兵官的军权，防止地方拥兵自重。临时差遣型都监，在战后撤销。常置型都监属于正式编制体制的职官，与各类统兵权同掌本部军队，只是地位稍逊

---

① 陈得芝：《辽代的西北路招讨司》，中国社会科学院历史研究所宋辽金元史研究室编：《宋辽金史论丛》第 1 辑，北京：中华书局，1985 年，第 269 页。
② 余蔚：《中国行政区划通史·辽金卷》，第 64-65 页。

于统兵官。①

辽朝管理军事的都部署（司）受到关注之外，副都部署（司）在辽朝也发挥了一定作用，也引起了学者的注意。王曾瑜认为西南副都部署可能是西北副都部署，这一"副都部署"似可译为招讨副使司，而乌古敌烈统军司可能就是西北路副都部署司的别名。②余蔚研究认为山北路副都部署是从山北路都部署下分离出来的，其即是西南路副都部署，治奉圣州。他还提出，这种以"副部署"专管一区的做法在《辽史》中并非孤例，并且"副部署"衔前有明确的区位、部族，此副职应有明确的人群和空间上的针对性。③

（二）辽朝地方军事机构研究

辽朝地方军事机构与驻防关系密切，文献中对于其相关记载较为零散，且不同记载之间存在抵牾之处。故而，辽代地方军事机构成为历来学界研究的重点和难点。

1. 南京地区军事机构

南京地区是辽朝较为特殊的一个军事区，这一地区军事长官和机构隶属情况颇为复杂，集中于南京留守司、元帅府、统军司和侍卫亲军司。

关树东较早关注到这一问题，他指出南京地区的部族军由南京统军司统领，汉军由南京侍卫亲军司统领，二者皆隶于南京总

---

① 张宏利：《辽朝军队都监考论》，《陕西学前师范学院学报》2017 年第 9 期，第 87—91 页。

② 王曾瑜：《辽金军制》，第 46—47 页。

③ 余蔚：《中国行政区划通史·辽金卷》，第 55—57 页。

管府（元帅府）。① 余蔚与关树东的观点大体相似，又有所深化。他认为南京地区（即余文所言"南京路"）的军事管理制度大体可用元帅（兵马都总管）府——都统军司、侍卫亲军马步军都指挥使司的体制来概括，三个机构皆驻南京析津府。南京兵马都总管府（元帅府）为辖区内的最高军事机构，在其下，本路战斗力最强的部队归都统军使指挥，而南京本地的汉军则属侍卫马步军都指挥使。下一级控鹤、禁军详稳二司归马步司管辖；南、北皮室军详稳司归统军司管辖。② 关、余二人皆认为上述三个军事机构有上下之分，是不平行的。高井康典行则主张元帅府、侍卫亲军司、统军司三足鼎立，相互牵制，共同负责南京防卫。③ 南京地区的三个军事机构之外，王曾瑜提出南京留守才是实际上的大军区司令，而南京马步军都指挥使是统军使的契丹语歧译。南京总管、统军使、统军副使等都应是南京留守的部属。④

与余蔚认为三个机构皆驻南京析津府不同，高劲松、孙明明提出南京统军司的治所应在辽宋边界地区，而非南京。其管辖区域覆盖南京南部，重点地区是拒马河以西，五回岭以东的容城县、易县、涞水县。与西京地区及蔚州互为犄角，共同防御宋军。⑤ 就两位学者的文章来看，这一观点的提出并无直接证据，

---

① 关树东：《辽朝部族军的屯戍问题》，《中央民族大学学报（哲学社会科学版）》1996 年第 6 期，第 48 页。

② 余蔚：《中国行政区划通史·辽金卷》，第 47-51 页。

③ （日）高井康典行：《渤海と藩鎮——遼代地方統治の研究》，东京：汲古书院，2016 年，第 137-160 页。

④ 王曾瑜：《辽金军制》，第 39-40 页。

⑤ 高劲松、孙明明：《略论辽代南京统军司》，《鸡西大学学报》2010 年第 1 期，第 108 页。

恐怕不能备为一说。

2. 东京地区军事机构

与南京地区相比,东京地区的军事机构更为复杂。康鹏认为东京都部署司可能是辽朝后期东京地区的最高军事机构,都部署一职当由东京留守兼任。[①]余蔚研究得出,东京路下留守司和统军司是一个军事区内的两个合作机构,都部署一职是留守在军事职能上的反映,两种职事是一官兼领。故而,隶属于留守司、都部署司、统军司中的任何一个机构的州,同时也是其他两个机构的属州。[②]杜鹃认为东京兵马都部署司和东京统军司是并列存在的边防机构,只是所辖区域不同。东京统军司主要负责防御高丽,而东京兵马都部署司则主要防御渤海旧部和熟女真部族。[③]武宏丽考察得出辽朝在东南边疆形成以辽阳为中心的,黄龙府地区、咸州地区、鸭绿江口地区、辽东半岛地区的军事防御体系,以防御生女真、北宋、高丽等。[④]

3. 西南面招讨司

西南面招讨司治所为丰州在学界已经达成共识。关于这一地区长官的研究,一般认为西南面大详稳、西南面招讨使兼五押、西南面五押招讨大将军、五押招讨、西南五押招讨使实际就是西南面招讨使。[⑤]西南面招讨司设置的职官如下:西南路招讨使、

---

① 康鹏:《辽代五京体制研究》,第94页。
② 余蔚:《中国行政区划通史·辽金卷》,第78-79页。
③ 杜鹃:《辽朝边防研究》,沈阳:辽宁大学硕士学位论文,2014年,第27页。
④ 武宏丽:《辽朝东南部边疆治理问题研究》,长春:长春师范大学博士学位论文,2018年,第103-130页。
⑤ 王颋:《辽的西南面经营及其与西夏的关系》,南京大学历史系元史研究室:《元史及北方民族史研究集刊》1982年第6期,第83-84页。

知西南面招讨使、西南面招讨副使、西南面招讨都监、知西南面招讨都监事。①

西南面招讨司的州县辖区较为明确，即《地理志》所载的州、军、县、城。争议集中在部族驻地。一是部族驻地的"黑山北"范围可到达何处。何天明认为北接西北路招讨司辖境，东北至涅剌六部戍守的黑山，即大兴安岭南侧。②樊文礼则提出"黑山"应在今包头市北部一带，这一地区是部族驻地，并未到达大兴安岭南侧。③二是加入其他辖区。余蔚认为西南面招讨司除了辖有邻近西夏的诸州之外，也领有这些州北面的倒塌岭节度使辖区。④

西南面招讨司主要镇抚的对象为西夏和辽朝西南境的一些小部族。⑤康鹏认为辽太宗至圣宗时期，西南路招讨司不仅负责河西地区的党项，也兼顾山西地区的防务；圣宗以后主要负责党项、西夏事务，几乎不再过问山西地区的军务。⑥余蔚也注意到了西南面招讨司在不同时期防范对象的变化，并将这种变化进一步细化和扩大。他指出西南面招讨司在辽朝早期是为

---

① 张宏利：《辽朝部族制度研究——以行政区划的部族为中心》，长春：吉林大学博士学位论文，2015年，第133页。

② 何天明：《辽代西南面招讨司探讨》，《内蒙古社会科学（文史哲版）》1990年第6期，第68页。

③ 樊文礼：《辽代的丰州、天德军和西南面招讨司》，《内蒙古大学学报（哲学社会科学版）》1993年第3期，第76页。

④ 余蔚：《中国行政区划通史·辽金卷》，第59、62页。

⑤ 王颋：《辽的西南面经营及其与西夏的关系》，南京大学历史系元史研究室：《元史及北方民族史研究集刊》1982年第6期，第85-90页。周峰：《辽代的边将——以西部边疆为中心的探讨》，姜锡东主编：《宋史研究论丛》第11辑，保定：河北大学出版社，2010年，第103页。

⑥ 康鹏：《辽代五京体制研究》，第36-37页。

了经营山北而置，自幽云十六州入辽之后，除了在辽宋战争时期，西南面招讨司的职责几乎都在河套及其以西以北地区。而在北面的鞑靼诸部活跃起来之后，西南面的军事重心又开始北移。①

　　与西南面招讨司相关的"五押"一词，在文献中出现频率较高，其含义众说纷纭。第一种观点认为是官名，得到了大多数学者的认同。邓广铭仅提出这一观点；②李桂芝认为是"五院大王"的简称；③刘国生、王玉亭认为"五押"特指"西南面五押招讨大将军"、"西南面五押招讨使"或"西南面五押大将军"。④杨浣提出辽代"五押"可能源于唐代"六押"制度的职官称谓。"五押"官号或许指的是"西南面行军都统"。⑤康鹏也赞同"五押"为职官名，但他否定了杨浣提出的"五押"源于唐代"六押"的说法。康文指出唐代"六押"是由"中书舍人代表皇帝、协助宰相批札百司奏抄表章的制度"，与辽西南边区的"五押"没有关系。"五押"当是辽代西南边区特有的一种职官，一般由西南面招讨使兼任。"五押"实际上是"押五蕃落使"的省称，专门负责管押辽朝西南边疆的五个部族。关于这五个部族，他有两种推测，一种是管押突厥、吐浑、党项、小蕃、沙陀五蕃；另一种是

---

① 余蔚：《中国行政区划通史·辽金卷》，第59—62页。
② 邓广铭：《〈辽史·兵卫志〉中"御帐亲军""大首领部族军"两事目考源辨误》，氏著：《邓广铭全集》第9卷，石家庄：河北教育出版社，2005年，第304页。
③ 白寿彝主编：《中国通史·中古时代·五代辽宋夏金时期》第7卷，上海：上海人民出版社，2004年，第1288页。
④ 刘国生、王玉亭：《辽"五院"与"五押"问题分析》，《赤峰学院学报（汉文哲学社会科学版）》2006年第1期，第10页。
⑤ 杨浣：《辽代"五押"考释》，《中国史研究》2007年第3期，第59—67页。

乙室、涅剌、迭剌迭达、品达鲁虢、乌古涅剌五个部落。① 第二
种观点主张"五押"是人名，指耶律郎五（耶律忠）。②

关于"五押军"，盖之庸认为是以控鹤、义勇、护圣、虎翼
等五军组成的中央侍卫军之一；③ 刘国生、王玉亭、杨浣认为是归
西南面五押招讨司统辖的在各部族或其他部队征集、编组的边境
戍兵。④

4. 倒塌岭节度使司

首先倒塌岭所在地众说纷纭。日本学者长泽和俊认为倒塌
岭在白塔（丰州天德军）以北的阴夹山附近。⑤ 岛田正郎将其
定在今山西省北部。⑥ 关树东认为倒塌岭治所位于今内蒙古乌
兰察布市四子王旗境内。⑦ 至于倒塌岭是否设有军事机构，有
学者对此产生怀疑。一般认为倒塌岭所设为节度使司。陈得芝
指出倒塌岭衙节度使司，是管辖漠南—阴山北诸属部的机构。⑧

① 康鹏：《辽代"五押"问题新探》，《中国史研究》2010年第1期，第101-106页。

② 李锡厚：《头下与辽金"二税户"》，中华书局编辑部编：《文史》第38辑，北京：中华书局，1994年，第84页。

③ 盖之庸：《内蒙古辽代石刻文研究》（增订本），呼和浩特：内蒙古大学出版社，2007年，第125页。

④ 刘国生、王玉亭：《辽"五院"与"五押"问题分析》，《赤峰学院学报（汉文哲学社会科学版）》2006年第1期，第10页。杨浣：《辽代"五押"考释》，《中国史研究》2007年第3期，第67页。

⑤ ［日］长泽和俊著，陈俊谋译：《辽对西北路的经营》（下），《民族译丛》1984年第5期，第43页。

⑥ ［日］岛田正郎著，何天明译：《大契丹国——辽代社会史研究》，呼和浩特：内蒙古人民出版社，2007年，第14页。

⑦ 关树东：《辽朝乌隗乌古部与倒塌岭统军司考述》，《中国边疆史地研究》2021年第4期，第67页。

⑧ 陈得芝：《辽代的西北路招讨司》，中国社会科学院历史研究所宋辽金元研究室编：《宋辽金史论丛》第1辑，北京：中华书局，1985年，第268页。

谭其骧《中国历史地图集·宋辽金》亦将倒塌岭所设军事机构定性为倒塌岭节度使司。① 康鹏认为倒塌岭统军司或为辽道宗清宁以后新建的机构，或是节度使司的别称、改称。② 余蔚通过倒塌岭统军司仅见于辽朝大臣萧夺剌的疏请中，判断有这一机构可能是传抄之误。并且他提出倒塌岭统军司并未有实任统军使者，本司可能并非确实存在的机构。③ 关树东则认为倒塌岭节度使司后为西南路副部署司，别称山北路副部署司，在辽朝后期升置为倒塌岭统军司。④ 由于《辽史》人物传中仅出现了一次倒塌岭统军司，多数学者将倒塌岭的军事机构理解为节度使司。

5. 西北路招讨司

20 世纪 70 年代，陈得芝就曾对西北路招讨司进行了较为全面的研究。他认为西北路招讨司的第一任招讨使是辽景宗保宁三年（971）任命的耶律贤适。西北路管押详稳司、西北路总领司、西北路兵马都部署司、西北路阻卜都部署司、西北路统军司或是同一机构的异称，或是《辽史·百官志》误将临时的官职"固定"为"司"。统和年间萧挞凛任西北路招讨使时，西北路招讨司的治所在驴驹河（胪朐河）地区。统和二十二年（1004）设置镇、防、维三州之后，西北路招讨司的治所迁至镇州。文章重点

① 谭其骧：《中国历史地图集·宋辽金》第 6 册，北京：中国地图出版社，1982年，第 10–11 页。
② 康鹏：《辽朝西北路招讨司再探——兼谈辽朝西北路的防御体系》，姜锡东主编：《宋史研究论丛》第 11 辑，保定：河北大学出版社，2010 年，第 127 页。
③ 余蔚：《中国行政区划通史·辽金卷》，第 61 页。
④ 关树东：《辽朝乌隗乌古部与倒塌岭统军司考述》，《中国边疆史地研究》2021年第 4 期，第 75 页。

介绍了西北路招讨使及其僚属和职责，并指出西北路招讨司的辖境大致是东起克鲁伦河，西至额尔齐斯河，北至色楞格河下游，南抵沙漠与西南路辖境相接。①

此后，学界涉及西北路招讨司的研究多以陈文为参考。在设置时间上，周峰将其定为保宁三年，②余蔚则把时间定在保宁三年之前。③在职官体系上，张宏利认为西北路招讨司下的职官应为：西北路招讨使、知西北路招讨使事、西北路招讨都监、西北路巡检、西北路戍长。④在治所问题上，康鹏与陈说一致，⑤并对西北路的其他问题有所延伸。康鹏指出辽朝以西北路招讨司节制镇州、防州、维州、招州这四个屯兵的军事据点。仅仅依靠这几个军事据点，而无大量移民开发，对于西北诸部而言，主要体现的是一种威慑力，而非真正的控制力。⑥长泽和俊曾对辽朝经营西北路的过程进行了细致考订，并着重突出其在辽朝对外贸易上的作用。⑦

---

① 陈得芝：《辽代的西北路招讨司》，中国社会科学院历史研究所宋辽金元史研究室编：《宋辽金史论丛》第1辑，北京：中华书局，1985年，第267-275页。

② 周峰：《辽代的边将——以西部边疆为中心的探讨》，姜锡东主编：《宋史研究论丛》第11辑，保定：河北大学出版社，2010年，第103页。

③ 余蔚：《中国行政区划通史·辽金卷》，第62页。

④ 张宏利：《辽朝部族制度研究——以行政区划的部族为中心》，长春：吉林大学博士学位论文，2015年，第128页。

⑤ 康鹏：《辽代五京体制研究》，第107页。

⑥ 康鹏：《辽朝西北路招讨司再探——兼谈辽朝西北路的防御体系》，姜锡东主编：《宋史研究论丛》第11辑，保定：河北大学出版社，2010年，第112、116-117页。

⑦ （日）长泽和俊著，陈俊谋译：《辽对西北路的经营》（上），《民族译丛》1984年第4期，第39-45页。（日）长泽和俊著，陈俊谋译：《辽对西北路的经营》（下），《民族译丛》1984年第5期，第41-46页。

6. 乌古敌烈都统军司

学界对乌古敌烈都统军司与乌古敌烈都详稳司的关系认识存在差异。一种观点相对较早，认为两个机构是并行关系。王国维对两个机构作出的评价是："辽时乌古、敌烈各有国外、国内二种：国外者，其本部；国内诸部，则契丹所俘本部之户口别编置成部族者也……都详稳统国外诸部，统军司则统国内诸部者也。"[1] 李锡厚依据王国维的观点，进一步推论乌古敌烈都统军司与西北路招讨司无关，是掌"国内"诸部的。[2]

另一种观点是学界的主流观点，认为二者是继承关系。程妮娜认为咸雍四年（1068）乌古敌烈部都统军司设置后，乌古敌烈部都详稳司并未马上撤销，辽道宗大康（1075—1084）以后才完全被乌古敌烈部都统军司取代。[3] 康鹏否定了程说，指明两个机构并未同时存在过。辽道宗咸雍四年所置的乌古敌烈部都统军司，当是将乌古敌烈都详稳司改称乌古敌烈部都统军司。至辽道宗末年，又将乌古敌烈部都统军司改称为西北路统军司。[4] 余蔚与康鹏的观点基本一致，认为乌古敌烈路由原西北路析出，最高机构先为乌古敌烈都详稳司，咸雍四年以后为乌古敌烈部都统军司，[5] 但并未涉及西北路统军司问题。

乌古敌烈统军司下的职官及其职掌的相关研究，程妮娜有较

① 王国维：《观堂集林》卷15《金界壕考》，北京：中华书局，1959年，第720页。
② 李锡厚、白滨：《中国政治制度通史·辽金西夏》第7卷，第162页。
③ 程妮娜：《辽朝乌古敌烈地区属国、属部研究》，《中国史研究》2007年第2期，第94页。
④ 康鹏：《辽代五京体制研究》，第117页。
⑤ 余蔚：《中国行政区划通史·辽金卷》，第63页。

为深刻的分析。她研究得出，乌古敌烈部都统军司的官员有统军使、同知乌古敌烈统军、统军都监，根据乌古敌烈部都统军司诸官员事迹，归纳其职掌为安抚诸部、审理诸部诉讼、遇有灾荒负责赈济诸部、管理辽朝迁到乌古敌烈地区的各族屯田户。①

7. 东北路统军司

相较于其他军事机构，东北路统军司的争议较多，主要体现在设置时间、治所、统辖范围三个方面。

设置时间方面。一般认为东北路这一军事区的形成时间较早，但不同时间内的最高军事机构名称存在差异。李锡厚认为在（辽天祚帝天庆年间）生女真完颜部开始发动叛乱时，辽朝为主持战事才有东北路统军司。② 王曾瑜认为东北路统军司最初的名称可能是东北路女直兵马司，在辽兴宗时才成为一个单独的军区机构。③ 康鹏称东北路统军司旧称东北路挞领详稳司，大约建立在辽圣宗开泰年间（1012—1021），道宗大康前一般称为东北路详稳司或东北路挞领详稳司，大康后则多称为东北路统军司。④ 余蔚也将东北路机构的设置定在辽圣宗和道宗时期，但时间范围又有所延伸。他将东北路形成时间定在统和末、开泰初，其属官机构先为东北路都详稳司，道宗咸雍（1065—1074）、大康间（1075—1084），改为东北路都统军司。⑤

---

① 程妮娜：《辽朝乌古敌烈地区属国、属部研究》，《中国史研究》2007年第2期，第87-97页。
② 李锡厚、白滨：《中国政治制度通史·辽金西夏》第7卷，第173页。
③ 王曾瑜：《辽金军制》，第55页。
④ 康鹏：《辽代五京体制研究》，第85-86页。
⑤ 余蔚：《中国行政区划通史·辽金卷》，第67-68页。

王雪萍、吴树国认为东北路最迟在辽圣宗时期就已经形成，同样也认为东北路统军司的前身是东北详稳司。但两位学者着重指出，二司之间绝非契丹称谓与中原名称的简单互换，而是一次军事机构的重新设置。东北路统军司取代原来的东北路详稳司是新军事防御形势下的产物，其军事职能更加凸显。东北路统军司作为新的军事机构确立时间应在道宗咸雍七年至大康三年之间（1071—1077）。①

治所方面，目前共有四种说法，分别为泰州、长春州、宁江州和黄龙府。孙秀仁、项春松认为在泰州；②三上次男、张博泉、王雪萍、吴树国认为在长春州；③李锡厚、余蔚则认为在宁江州；④王曾瑜认为东北路统军司的设置地点在黄龙府。⑤

统辖范围方面。余蔚认为东北路统军司的辖境东包混同江，西跨金山（大兴安岭），与乌古敌烈部都统军司辖境相接。⑥王雪萍、吴树国提出东北路统军司的管辖区域包括原来东北路详稳司控制的泰州、长春州和今嫩江以东、第一松花江以北诸部族，以

① 王雪萍、吴树国：《辽代东北路统军司考论》，《中国边疆史地研究》2014年第1期，第55-57页。

② 孙秀仁：《黑龙江地区辽金考古与历史研究的主要收获》，《黑龙江文物丛刊》1983年第1期，第4页。项春松：《辽代历史与考古》，呼和浩特：内蒙古人民出版社，1996年，第120页。

③ ［日］三上次男：《金史研究一·金代女真社會の研究》，东京：中央公論美術出版，昭和四十七年（1972），第96页。张博泉、苏金源、董玉瑛：《东北历代疆域史》，长春：吉林人民出版社，1981年，第139页。王雪萍、吴树国：《辽代东北路统军司考论》，《中国边疆史地研究》2014年第1期，第58页。

④ 李锡厚：《辽朝的边防》，《中国边疆史地研究》1993年第2期，第28页。余蔚：《中国行政区划通史·辽金卷》，第70页。

⑤ 王曾瑜：《辽金军制》，第54-55页。

⑥ 余蔚：《中国行政区划通史·辽金卷》，第68-70页。

及原来黄龙府兵马都部署司控制的今天拉林河以东、第一松花江以南的生女真部落。①

除了以上三个方面之外，还有学者对于东北路统军司的职官设置进行研究。张宏利通过分析，认为其大致应设有：东北路统军使、知东北统军司事、东北路统军副使、东北路统军都监、掌法官。②

8. 黄龙府都部署司

黄龙府都部署司的设置时间，余蔚推测在辽圣宗开泰九年（1020），③康鹏认为最早在开泰九年以后。④学界一般认为这一军事机构是存在的，但仍有学者存在异议。李锡厚认为辽朝的都部署是行营所置，与宋朝的都部署一样，未尝为固定的地方军事机构，因此，黄龙府都部署司是不存在的。⑤余蔚则认为黄龙府都部署司之所以未见实例，是由于知黄龙府兼都部署，故都部署之职被知府之职掩盖。⑥虽然余蔚解释了黄龙府都部署为何未见实例，但本司与其他军事机构的关系则一直是扑朔迷离状态。有学者认为它是东北路统军司的治所，黄龙知府可能兼任东北路统军使，从地理位置看，宁江州为对付生女真的最前沿，而黄龙府为大本营。⑦还有学者认为黄龙府兵马都部署司与东京留守之间是

---

① 王雪萍、吴树国：《辽代东北路统军司考论》，《中国边疆史地研究》2014 年第 1 期，第 61 页。

② 张宏利：《辽朝部族制度研究——以行政区划的部族为中心》，长春：吉林大学博士学位论文，2015 年，第 137 页。

③ 余蔚：《中国行政区划通史·辽金卷》，第 71 页。

④ 康鹏：《辽代五京体制研究》，第 84 页。

⑤ 李锡厚：《辽朝的边防》，《中国边疆史地研究》1993 年第 2 期，第 22 页。

⑥ 余蔚：《中国行政区划通史·辽金卷》，第 71 页。

⑦ 王曾瑜：《辽金军制》，第 54-55 页。

上下级的军事隶属关系。①

（三）辽朝诸系统军队研究

1. 部族驻军的相关研究

《辽史·营卫志》有言"分镇边圉，谓之部族"，是对部族军职能的重要概括。受部族组织形式的影响，辽代部族军的镇戍地和镇戍区与部族的居住地有不同程度的联系，学界一般将两者结合起来共同研究。基于部族镇戍地与居住地分离而出现的戍户和留后户，也成为学者解读部族军镇戍形式的一把钥匙。与之相对应的戍军（戍户）长官自然也在讨论之列。

关于部族军镇戍地和镇戍区的研究，有从整体研究部族驻牧地者，也有对部分或个别部族驻牧地进行研究者。舒焚着重介绍了辽圣宗三十四部的居住地与戍守地。②高井康典行列举了五院、六院等十八部戍军与留后户的所在地。③岛田正郎对四大部族、隶属于各个地区性军事机构的部族居住地、戍守地进行了考证，并对《营卫志》和《兵卫志》记载差异之处进行讨论。④张宏利分时间段探讨部族的居住地和镇戍地。文章以辽圣宗统和二十二年（1004）为时间点，认为在此之前，部族的居住地、镇戍地多位于同一地，但已出现分处两地的发展趋势；在此之后，部族居住地、镇戍地以分居两地

---

① 王雪萍、吴树国：《辽代东北路统军司考论》，《中国边疆史地研究》2014 年第 1 期，第 59 页。
② 舒焚：《辽史稿》，武汉：湖北人民出版社，1984 年，第 157–160、340–347 页。
③ ［日］高井康典行：《遼朝の部族制度と奚六部の改組》，《史観》1997 年，第 137 页。
④ ［日］岛田正郎著，何天明译：《大契丹国——辽代社会史研究》，第 53–69 页。

为主。①

孟广耀《唐以后奚族诸部的对应关系及奚王府所属诸部剖析》②和《试论辽朝直辖奚族诸部营——兼论奚人契丹化问题》③结合唐代以来奚人的分布地，就隶属于奚王府的伯德、楚里、遥里、奥里及辽朝直辖的乙室奥隗、撒里葛、窈爪、讹仆括等八个奚人部族的居住地进行了论述。

杜承武依据阴山地区发现的几处契丹墓地推测，大约从神册元年（916）以后，阴山南北就有契丹族居住，其中乙室部可能是镇戍这一地区的主要部族之一。④爱新觉罗·乌拉熙春、呼格吉勒图认为《萧孝恭墓志》记载的初鲁得就是《辽史》的楮特部，初鲁得氏族本帐在今内蒙古赤峰市翁牛特旗境内。⑤任爱君《辽朝对奚族诸部的征服及其统治方略》一文，考证乌马山奚的主体部落锄勃德部即楮特部，乌马山奚原驻地在今内蒙古赤峰市巴林右旗、翁牛特旗境内，辽朝时则基本分布在潢河即今西拉木伦河中游的南北两岸地区。⑥楮特部为契丹八部之一，主要是契

① 张宏利：《辽朝部族制度研究——以行政区划的部族为中心》，长春：吉林大学博士学位论文，2015年，第36-77页。

② 孟广耀：《唐以后奚族诸部的对应关系及奚王府所属诸部剖析》，《北方文物》1987年第1期，第58-64页。

③ 孟广耀：《试论辽朝直辖奚族诸部营——兼论奚人契丹化问题》，《东北地方史研究》1988年第3期。

④ 杜承武：《契丹与阴山》，陈述主编：《辽金史论集》（2），北京：书目文献出版社，1987年，第134页。

⑤ ［日］爱新觉罗·乌拉熙春、呼格吉勒图：《初鲁得族系考》，《内蒙古大学学报（人文社会科学版）》2007年第6期，第3-9页。

⑥ 任爱君：《辽朝对奚族诸部的征服及其统治方略》，辽上京契丹·辽文化研究学会编：《首届辽上京契丹·辽文化学术研讨会论文集》，呼伦贝尔：内蒙古文化出版社，2009年，第27-37页。

丹人，将其主体部落定为乌马山奚恐怕不能成立。关树东指出，《辽史·百官志》中的乌隗于厥部、隗乌古部、乌隗乌古里部即乌隗乌古部，是辽初新建的八个直属部落之一，辽朝中期以后，镇戍于西南路。①

　　围绕辽朝部族军镇戍地而形成的戍区及戍区整合，研究者相对较少涉及。关树东着重研究了辽朝四大部族的屯戍区。他指出五院部、六院部负责"镇南境"，主要针对中原宋朝。乙室部主要是负责宋与西夏的边防。奚王率本部屯戍松花江流域，防遏女真。五院、六院、乙室三部戍地自东至西一线排开，有监视、威慑燕云地区汉军的战略意图，奚部屯戍于东北，也有对渤海军的制衡作用。②任爱君列举了太祖二十部中的一些部族居、戍地。他认为辽太宗会同元年（938）对契丹部落戍区（驻牧地）进行调整，契丹部落组织的分镇戍守情况大致在这一时期也确定下来，辽圣宗时期更置的三十四部只是对这种戍守状态的补充。③

　　部族军驻地的研究，多数学者注意到了不同时期居地、戍地的变化。但根据居者与行者（戍军）的隶属关系可知，两者绝不仅仅是地点上的合与分，与其政治、军事体制的改革关系密切。大部分学者是就史料而谈部族，也有一些学者将碑刻资料与文献

① 关树东：《辽朝乌隗乌古部与倒塌岭统军司考述》，《中国边疆史地研究》2021年第4期，第67页。
② 关树东：《辽朝部族军的屯戍问题》，《中央民族大学学报（哲学社会科学版）》1996年第6期，第48-51页。
③ 任爱君：《辽朝史稿》，兰州：甘肃民族出版社，2012年，第117-119、134-135、259-260页。

记载相结合，但也只针对某一部或几部，而未从整体上进行考究。从文献角度来讲，除去辽朝和北宋的资料，《金史》及相关文献的利用率比较低，仅孟广耀在谈及奚六部时，言其下石烈在辽末已转换为部的事实。虽然只是针对奚王府的研究，但从奚部到辽末的变化，提醒我们其他部族也可能存在辽代文献所未载的转变。这一点，从《金史》中有特里特勉部（得里得满部）的记载来看，是成立的。

关于部族军镇戍形式的研究。杨若薇指出辽朝各部族从戍的原则是选取部落中的富民组成戍军，其家属及未被抽调的部落成员则依旧留在部族牧地，从事畜牧生产，称作"留后户"；由于屯戍地常常距离部族牧地很远，戍军与留后户要分别统领、管理，即戍军隶节度使，留后户隶司徒。由于游牧生产的移动性，戍军与留后户并不总是相距很远，有时部落直接驻在屯戍地界，与戍军邻近。①关树东赞同杨若薇将部族分为戍守户和留后户的说法。不同的是，关文提出根据各部的实际情况和军事需要，部族的戍区有的与分地相近或戍守本部，有的则远离本部、戍守境外。并且他认为留后户为戍军提供必要的后勤保障。②杨、关两位前辈将部族分为戍户和留守户的主要依据是《辽史·营卫志》。然而，部族是否正如杨、关二人所言选富民家的丁壮从戍，戍军家属和未戍部族留后，尚有疑问。余蔚较

---

① 杨若薇：《契丹王朝政治军事制度研究》(修订版)，北京：社会科学文献出版社，2022年，第231页。

② 关树东：《辽朝部族军的屯戍问题》，《中央民族大学学报（哲学社会科学版）》1996第6期，第49页。

早关注到这一问题，并指出辽朝驻屯军人大多携眷屯戍，往往是以"户"为单位。① 那么，戍户与留后户之间关系就需要我们重新审视。此外，关树东在《辽朝部族军的屯戍问题》一文中提及辽朝部族军选富民防边，兼行补役之法。一般情况下，驻军皆有更戍时间。但是，辽代文献中并无部族军更戍时间的具体记载。关树东所言"补役之法"很可能就是辽朝部族戍军的更戍原则。

辽朝部族的长官曾称夷离堇、令稳，五院部、六院部、乙室部长官在会同初改为大王，其他部族长官至辽圣宗统和中改称节度使。《辽史》卷33《营卫志下》明确记载"凡戍军隶节度使"，② 即部族戍军的军事长官为大王、节度使。关于部族军长官的研究。林荣贵指出辽朝部族节度使的职掌军政、民事和定期选任都与方州节度使相同，部族节度使和方州节度使本质相同，都是地方行政长官，只是部族节度使有一定的自治权。③ 关树东《辽朝部族军的屯戍问题》一文认为各部大王或节度使、都监统率戍军镇戍边地，司徒负责管理留后户，并为前方戍军提供必要的后勤服务。④

《辽史》中关于"详稳"的记载有多重含义，与部族军事长官相关。其中，《百官志》记载，辽朝各大、小部族，皆有"部

---

① 余蔚：《中国行政区划通史·辽金卷》，第122页。

② （元）脱脱等：《辽史》卷33《营卫志下》，第437页。

③ 林荣贵：《辽朝经营与开发北疆》，北京：中国社会科学出版社，1995年，第65-67页。

④ 关树东：《辽朝部族军的屯戍问题》，《中央民族大学学报（哲学社会科学版）》1996第6期，第49页。

族详稳司"。《营卫志》记载，辽朝部族"胜兵甲者即著军籍，分隶诸路详稳、统军、招讨司"。① 显然"详稳"与辽朝部族和地方军事机构有所关联。

陈得芝《辽代的西北路招讨司》指出辽朝的制度是，各较大的属部置详稳治理，而"都详稳"则是统辖某一方面诸部的大员，常常就是招讨使或者统军使的别称。② 武玉环《辽代部族制度初探》认为地方部族管理机构，以部为单位，每部设节度使与详稳主管军事、兼理诉讼，民事则由司徒掌管。节度使、详稳与司徒管理的区域与办公地点不同，各部下设石烈、弥里实行管理。③ 武氏的结论是辽朝部族中的节度使与详稳是并存的，且具有相同的职能。余蔚《中国行政区划通史·辽金卷》对"详稳"的研究更为细致，他指出辽朝任何性质的机构都可以置详稳。"国内"部族，详稳一般由朝廷直接派出；"国外"诸部则设有双重"详稳"，一重是本族酋长从辽廷获封"详稳"之职，另一重是辽朝直接派出详稳，作为朝廷的代表，行"监治"权。比详稳高一级的是都详稳，设置"都详稳"还是"详稳"，不仅与所管部落的大小、多少相关，还因其所管地区的面积、所领兵力的数目、所辖部族对国家生活的重要程度，以及该详稳是否有上级地方机构来判断其层级。在此基础之上，余蔚进一步指出，若仅置详稳，那么该地区的事务，包括兵事在

---

① （元）脱脱等：《辽史》卷32《营卫志中》，第427页。
② 陈得芝：《辽代的西北路招讨司》，中国社会科学院历史研究所宋辽金元史研究室编：《宋辽金史论丛》第1辑，北京：中华书局，1985年。
③ 武玉环：《辽代部族制度初探》，《史学集刊》2000年第1期，第35页。

内，皆由详稳全面管理。在某些重要的方向，设置了都详稳司或详稳司之后，因军事行动增多，而专门将军事部门独立出来，故而有都招讨司、都统军司等军事机构，高层军事区划由此产生。①

值得注意的是，辽朝的部族、部族军与文献中出现的"乣（糺）军"之间的关系复杂，学界也因此出现多种观点。早在 20 世纪 30 年代，日本学者箭内亘《辽金乣军及金代兵制考》即指出"所谓各部族乣军者，为部族军队之全部，抑为其一部……所谓部族者，'分镇边围'，则此乣军为戍守边境军队之一无疑矣"。②朱子方《辽金乣军考略》认为"辽之乣军，专为行宫、宫分、遥辇、部族、群牧守卫，以防叛逆盗贼，且维秩序，似不仅担任边防任务"。意为乣军不单出自部族，还包括其他系统的军队。③谷霁光《辽金乣军史料试释》④、陈述《乣军考释初稿》⑤认为乣军并不能称为一部。陈述指出，乣军只是部族军的一部分，当中担任戍边任务的，用青旗曰"乣军"。杨若薇认为《辽史》中的"乣"意为"军"，部落也可称为"乣"，乣官就是部落之官。并且进一步提出辽朝部族中，入内地"番居"的，是暂时的、少数的；驻扎在边地的人户是长期的、多数的。与"番居内

① 余蔚：《中国行政区划通史·辽金卷》，第 64-65 页。
② ［日］箭内亘著，陈捷、陈清泉译：《辽金乣军及金代兵制考》，上海：商务印书馆，1933 年，第 8-9 页。
③ 朱子方：《辽金乣军考略》，《东方杂志》1946 年第 11 期，第 36 页。
④ 谷霁光：《辽金乣军史料试释》，"中央"研究院历史语言研究所集刊第 15 本一册，上海：商务印书馆，1948 年，第 398 页。
⑤ 陈述：《乣军考释初稿》，"中央"研究院历史语言研究所集刊第 20 本下册，上海：商务印书馆，1948 年，第 261-274 页。

地者"相对而言，他们被称作"边防糺户"。①

一些学者提出糺军是由一些特殊身份的人组成的。李桂芝《辽朝糺军管见》一文指出辽朝的"糺军"不完全等同于糺人、糺户，也不完全等同于部落。"糺军"是契丹各部族贵族属民组成的军队，与由贵族子弟组成的郎君军同为契丹诸部族所属的军队。②苏航《糺音义新探》认为，辽代糺和糺军是从部族和宫帐属民中选出来的亦兵亦民的军户组织及其军兵，糺在史籍中亦有称为军者，但可能只是一种泛称。③

关于"糺"军的文章较多，王恩厚《辽金元糺军考释》④、蔡美彪《辽金元史十五讲》⑤大体持以上观点，不一一论述。就目前的研究来看，糺军与部族军的关系可以概括为：糺军等于部族军；糺军中包含部族军；部族军中包含糺军。这可以说是三种完全不同的认识，可见，这方面的研究至今仍是一个难解之题。

部族军作为辽朝军队的主力，对于其运作机制的把握可以有效透视有辽一代的军事体制。部族军管理体制的演变也在一定程度上体现着统治者权力控制力度的变化。目前，学界对于部族军运作机制的研究多从机构设置出发，可分为中央和地方两个层级。

多数学者认为管理部族的最高军事机构是北枢密院。关于北枢密院之下的管理机构和统辖方式，前贤有不同认识。关树

---

① 杨若薇：《契丹王朝政治军事制度研究》（修订版），第223-230页。
② 李桂芝：《辽朝糺军管见》，《东北史地》2007年第2期，第16-23页。
③ 苏航：《糺音义新探》，《中国边疆史地研究》2016年第4期，第127页。
④ 王恩厚：《辽金元糺军考释》，《天津师专学报》1984年第3期，第17页。
⑤ 蔡美彪：《辽金元史十五讲》，北京：中华书局，2011年，第144页。

东《辽朝部族军的屯戍问题》①，何天明《试探辽代北宰相府的职能》②，何天明、麻秀荣《辽代南宰相府探讨》③皆认为诸部族分属北、南宰相府的同时，又分隶诸路详稳、统军、招讨（方面性边防军政机构）。岛田正郎则认为在北枢密院之下，部族的具体事务归北、南宰相府分掌。两宰相府之下，各个地区分别有统帅机关。各个小部族在军事上属于其统辖。④也就是说，岛田正郎认为辽朝的部族管理机构自上至下，依次为：北枢密院——北、南宰相府——地区统帅机关。张宏利梳理了北枢密院与北、南宰相府地位的变化过程。他认为北枢密院逐渐成为最高中央管理机构之后，北、南宰相府的军事职能虽逐渐减弱，但具有部分军事职能。他还提出辽朝对于部族建立了两套不同的军事管理体系，一套为北枢密院——部族军，另一套为北枢密院——方面性军事机构。相应地，辽朝将部族军分为两个部分，一部分为北枢密院直辖的部族军，另一部分为隶属于方面性军事机构的部族军。⑤

　　有部分学者未提及枢密院，但认同北、南宰相府掌管部族的军事。比如，林荣贵《辽朝经营与开发北疆》⑥、武玉环《辽代

①　关树东：《辽朝部族军的屯戍问题》，《中央民族大学学报（哲学社会科学版）》1996年第6期，第48页。

②　何天明：《试探辽代北宰相府的职能》，《内蒙古社会科学（汉文版）》1998年第1期，第54页。

③　何天明、麻秀荣：《辽代南宰相府探讨》，《黑龙江民族丛刊》1999年第4期，第59页。

④　［日］岛田正郎著，何天明译：《大契丹国——辽代社会史研究》，第50页。

⑤　张宏利：《辽朝部族制度研究——以行政区划的部族为中心》，长春：吉林大学博士学位论文，2015年，第95、118页。

⑥　林荣贵：《辽朝经营与开发北疆》，第83-84页。

部族制度初探》①、肖爱民《中国古代北方游牧民族两翼制度研究》②等。

实际上，《营卫志》中已载部族的戍军隶属节度使，节度使又隶属于地方军事机构，而与地方军事机构对接的是北枢密院，并非北、南宰相府。研究者需要注意的是，北、南宰相府在辽朝早期是部族的管理机构，在北枢密院设立之后，其军事职能就逐渐弱化了。认为北、南宰相府具有军事职能的学者当是忽视了其阶段性的变化。北、南宰相府仅在前期是部族的军事管理机构，从军事职能来看，他们与北枢密院之间并非上下统属的关系。

《营卫志》《兵卫志》记载了各部族所隶的地方军事机构，主要有西南面招讨司、西北路招讨司、东北路招讨司、东北路统军司、东北路兵马司、黄龙府都部署司、乌古敌烈统军司、东京都部署司。前贤多关注每一军事机构下有哪些所属部族军。除此之外，研究者较为关注的是部族军和地方军事机构之间关系，但研究较为零散。

有学者依据部族军的驻扎范围来界定地方军事机构的统辖范围。比如，"黑山北"是西南面招讨司下部族驻扎的军事重地，这一地点成为界定西南面招讨司北部统辖范围可到达何处的问题。何天明认为北接西北路招讨司辖境，东北至涅剌六部戍守的黑山，即大兴安岭南侧。③樊文礼则提出"黑山"应在

---

① 武玉环：《辽代部族制度初探》，《史学集刊》2000 年第 1 期，第 34—35 页。

② 肖爱民：《中国古代北方游牧民族两翼制度研究》，北京：人民出版社，2007年，第 210—212 页。

③ 何天明：《辽代西南面招讨司探讨》，《内蒙古社会科学（文史哲版）》1990 年第 6 期，第 68 页。

今包头市北部一带，这一地区是部族驻地，并未到达大兴安岭南侧。①

　　部族军也被用来解释某军事机构下的特殊军队和官职。西南面招讨司下有"五押军"。刘国生、王玉亭认为，此军是由西南面五押招讨司统辖的，在各部族或其他部队征集、编组的五支边境戍兵；②杨浣虽然赞同这支军队由西南面招讨使指挥，但他提出这支军队是跨系统的私人武装，来自不同部族的混编部族军。③《耶律宗福墓志》记载，西北路所辖"节度、金吾□二十部"。关于"节度""金吾"以及"二十部"的解释也是学者关注的问题，尚未达成一致意见。王曾瑜《辽金军制》研究得出，所谓"节度、金吾"是指部族或属国首领拥有辽朝封赐的节度使、金吾卫上将军、金吾卫大将军之类的头衔。④张宏利认为，"节度"指西北路招讨司下辖的品部、楮特部、突吕不部、奥衍女真部、室韦部节度使，属于实职；"金吾"指金吾卫上将军、金吾卫大将军，属于虚衔；"二十部"当属概称。⑤

　　还有一些部族军驻扎在某一特殊区域，并未设地方管理机构，或者不隶属于各《志》所载管理机构。未设管理机构者，如："镇南境""镇西南境"和戍隗乌古部的部族。前文张宏利的

① 樊文礼：《辽代的丰州、天德军和西南面招讨司》，《内蒙古大学学报（哲学社会科学版）》1993年第3期，第76页。
② 刘国生、王玉亭：《辽"五院"与"五押"问题分析》，《赤峰学院学报（汉文哲学社会科学版）》2006年第1期，第10页。
③ 杨浣：《辽代"五押"考释》，《中国史研究》2007年第3期，第67页。
④ 王曾瑜：《辽金军制》，第48页。
⑤ 张宏利：《辽朝部族制度研究——以行政区划的部族为中心》，长春：吉林大学博士学位论文，2015年，第128页。

研究中指出这些是直接隶属于北枢密院的部族军。

不隶属于《志》载管理机构的是南京统军司，设于南京地区。关树东认为南京地区的部族军由南京统军司统领，汉军由南京侍卫亲军司统领，二者皆隶于南京总管府（元帅府）。[①] 余蔚与关树东的观点大体相似，又有所深化。他认为南京地区（即余文所言"南京路"）的军事管理制度大体可用元帅（兵马都总管）府——都统军司、侍卫亲军马步军都指挥使司的体制来概括，三个机构皆驻南京析津府。南京兵马都总管府（元帅府）为辖区内的最高军事机构，在其下，本路战斗力最强的部队归都统军使指挥，而南京本地的汉军则属侍卫马步军都指挥使。下一级控鹤、禁军详稳二司归马步司管辖；南、北皮室军详稳司归统军司管辖。[②]

部族军中央和地方管理体制的研究比较注重军事体制运作的大框架，而忽视了具体运作的细节模式，使得其上下运作的研究缺乏系统性。所以我们从以往研究中认识到的仅是一个比较笼统的部族军事体制，自然也就很难从军制中理解辽朝统治者权力控制的具体方式。

2. 辽朝京州驻军相关研究

关于京州驻军并无专文研究，仅有一些相关成果。首先是关于军事权限的研究，主要有两种观点。一种主张州县长官的军事权限较小。岛田正郎认为辽朝州县长官的任务主要是在民

---

① 关树东：《辽朝部族军的屯戍问题》，《中央民族大学学报（哲学社会科学版）》1996 第 6 期，第 48 页。

② 余蔚：《中国行政区划通史·辽金卷》，第 47–51 页。

政事务方面，在兵事上没有重要地位。[①]温海清持类似观点，认为相较于宋朝州长官领有兵权，辽代"节度—刺史"体系官员的兵权趋于式微。[②]另一种观点是强调州县，尤其是节度州的军事权限。林荣贵较早提出辽朝在沿边、沿海地区设置的节镇皆出于军事目的。[③]王曾瑜则直接将辽代各节镇州视为一个小军区。[④]

辽代的侍卫亲军马步军存在于南面禁军之中，对其性质及职能范围的界定，学界有较大争议。王曾瑜在《试论辽朝军队的征集和编组系统》中首次提出了有关辽朝侍卫亲军的问题，王曾瑜推测辽朝的侍卫亲军司当设于五京及黄龙府、平州等处，负责这些重地的城防，其首领侍卫亲军都指挥使为南面官。[⑤]后李锡厚《辽朝的汉军》一文也有所涉及。[⑥]赵宇则认为辽朝侍卫亲军马步军都指挥使司只置于南京，故其在辽代相关史料中常被称作"南京马步军都指挥使""燕京马步军都指挥使"或"南京侍卫马步军都指挥使"，等等。其权限只在于统辖南京汉军，是契丹、渤海军的后备部队。即使在南京路内，其军事权责与地位尚居于元帅和统军使之下。辽朝侍卫亲军仅设置于南京一路，实际为幽州驻

---

① ［日］岛田正郎著，何天明译：《大契丹国——辽代社会史研究》，第165-166页。
② 温海清：《画境中州：金元之际华北行政建置考》，上海：上海古籍出版社，2012年，第192页。
③ 林荣贵：《辽朝经营与开发北疆》，第65-67页。
④ 王曾瑜：《辽金军制》，第57-60页。
⑤ 王曾瑜：《试论辽朝军队的征集和编组系统》，朱东润等主编：《中华文史论丛》第4辑，上海：上海古籍出版社，1986年，第141-166页。
⑥ 李锡厚：《辽朝的汉军》，《中国史研究》1989年第1期，第98-107页。

军的一部。① 余蔚指出这一机构的全称当为南京侍卫亲军马步军都指挥使。缺乏独立意味，平时或负责南京治安，战时则以南京城防为主职。②

　　关树东对辽代各类州县的军事隶属关系进行探讨，认为州县分隶诸总管府、统军司、招讨司，由主管全国军事的北枢密院统一指挥。③ 还有一些文章讨论了州长官节度使。王立凤从整体上进行了研究。④ 还有学者进行了个案研究，比如平州节度使⑤和锦州节度使⑥。

　　有一些对于某一州的个案研究，突出了州的军事地位。樊文礼认为辽天德军的地理位置与丰州在同一地，即今呼和浩特地区。天德军节度使为丰州的军事和行政长官。天德军的主要军事职能是负责丰州地区的防务。丰州境内的部族军与乡兵一道担当起丰州的防务。⑦ 吴凤霞认为辽代显州不仅是奉陵州和隶宫州城，也是汉、渤海移民州城。为了加强对移民区的控制，显州又

---

① 赵宇：《辽朝侍卫亲军体制新探——兼析〈辽史·百官志〉"黄龙府侍卫亲军"诸问题》，姜锡东主编：《宋史研究论丛》第17辑，保定：河北大学出版社，2015年，第568页。

② 余蔚：《中国行政区划通史·辽金卷》，第49、53-57、571-576页。

③ 关树东：《辽朝州县制度中的"道""路"问题探研》，《中国史研究》2003年第2期，第133-134页。

④ 王立凤：《辽代节度使制度研究》，长春：吉林大学硕士学位论文，2008年，第16-20页。

⑤ 吴凤霞、武文君：《辽代平州节度使的选任及其特点》，《内蒙古社会科学（汉文版）》2016年第1期，第88-93页。

⑥ 陈天宇：《辽代锦州临海军节度使研究》，锦州：渤海大学硕士学位论文，2016年。

⑦ 樊文礼：《辽代的丰州、天德军和西南面招讨司》，《内蒙古大学学报》1993年第3期，第72-77页。

成为兵士驻防和武器存储之地。① 吴凤霞有另文对平州进行了考述。她认为平州是辽朝的驻军重地，始终是辽朝实施军事控制的地区。从辽初至辽末，平州没有受制于南京，而是由辽廷直接管控。平州长期与辽南京共同承担防御宋朝的重任。② 王珏指出，保州初建时的定位就是立足于对高丽事务，与一同建立的宣、定一线诸州成为辽军的东南大本营。在和平时期，保州在东南边防建设中成为核心。到重熙中，军事保州路和保州（都）统军司的设立标志着保州正式成为东南边防的核心。③ 此外，也有学者对宜州、懿州有所研究。④

3. 辽朝宫帐军研究

学界偏重于对宫帐系统的宫分军和出自腹心部的皮室军研究，尤其是皮室军至辽朝末期已经转化为部族，具有驻防职能。

杨若薇认为辽朝的斡鲁朵户不仅担负了扈从皇帝的职能，而且由这些人户组成的游牧集团，作为一个部落单位，又承担了辽朝境内其他部族担负着的一些共同义务。比如，斡鲁朵户也需要轮流屯戍在边防地区。或许是从辽道宗朝（或辽后期）开始，惩罚有罪的宫分人户采用了戍边的形式。⑤ 余蔚认为斡鲁

---

① 吴凤霞：《辽代显州的建置及其政治、军事地位》，《内蒙古社会科学（汉文版）》2011 年第 2 期，第 61 页。
② 吴凤霞：《辽朝经略平州考》，《社会科学辑刊》2015 年第 4 期，第 111-115 页。
③ 王珏：《辽代保州与东南边防研究》，保定：河北大学硕士学位论文，2018 年。
④ 任仲书、洪嘉璐：《辽代宜州建置与其特殊地位》，《渤海大学学报（哲学社会科学版）》2016 年第 3 期，第 13-18 页。余蔚：《辽代懿州考》，《中华文史论丛》2009 年第 4 期，第 273-289 页。张志勇：《辽金时期懿州历史与文化研究》，武汉：长江出版社，2010 年。
⑤ 杨若薇：《契丹王朝政治军事制度研究》（修订版），第 29 页。

朵军与征自各部族的皮室军，是捺钵扈从武力的两个主要部分，两者分属于诸斡鲁朵和北枢密院。斡鲁朵下辖机构与人户的空间分布，在辽代有一个南移过程，表明斡鲁朵的主要功能渐由"制内"转向"防外"，与部族、州县等在功能上趋同。斡鲁朵户分散于四方，终年随捺钵迁徙不定的契丹行宫都部署、汉人行宫都部署及各宫使。①

专门涉及"宫卫骑军"的也有一些研究成果。箭内亘研究得出，斡鲁朵"各宫分乣军乃宫卫诸军中之由部族征发者。但虽名宫分乣军，亦非仅护卫宫殿陵墓，似战时亦出征者"。②李锡厚、白滨对"宫卫军"进行研究，他们认为弘义宫组成部分的腹心部是阿保机的宫分军。"腹心部""宫分军"就是"皮室军"，完全听命于阿保机本人。皮室军即宫卫军，是由诸宫卫设在各地的提辖司负责征召的。通过提辖司的设置情况，提出皮室军主要是来自燕云地区。这支军队不仅用于战争，还用于宫廷宿卫。③如果说腹心部和宫分军的关系尚不明晰，但宫分军并非皮室军却是学界公认的，皮室军也显然不是征自燕云地区。

唐统天认为斡鲁朵军具有亲军性质，其职能是宿卫；驻守京师和军事重地；四向出征作战。辽朝有专门称为"禁军"的禁军存在。这些"禁军"可能是辽穆宗受北宋影响而建立的。④陈述研究认为，皇帝的头下兵，即宫分军，具有禁卫性质。这些军的

---

① 余蔚：《辽代斡鲁朵管理体制研究》，《历史研究》2015年第1期，第54-64页。

② ［日］箭内亘著，陈捷、陈清泉译：《辽金乣军及金代兵制考》，第8页。

③ 李锡厚、白滨：《中国政治制度通史·辽金西夏》第7卷，第141-146页。

④ 唐统天：《辽代的禁军》，《军事历史研究》1990年第1期，第79-87页。

禁卫意义随着时间逐渐淡薄，在某些点上也比之于部族。①

　　目前学界多将斡鲁朵下提辖司理解为军事机构，比如张念棠、张国庆。②还有一些学者认为提辖司具有军事、政治等多种职能。比如，李桂芝提出提辖司不仅有军事职能，同时具有政治、经济和社会方面的职能。③余蔚认为斡鲁朵统军队的管理路径是：行宫都部署司——某宫都部署司——某宫某京（州）提辖司。提辖司下是非契丹人口，它是一个兼管军事与民事的斡鲁朵之下的负责机构。提辖司有固定驻地，是为了便于建立对周边斡鲁朵的日常管理，也便于对斡鲁朵军的召集。④孙大坤指出，汉人渤海都部署以提辖司为单位管理斡鲁朵内的农耕民户，各提辖司的最高长官称诸行宫提辖制置使，简称诸宫制置使，总辖各提辖司，受汉人行宫都部署管理。诸宫提辖制置使的下属职官包括某宫都提辖使，管理该斡鲁朵下的各提辖司；以及独立于各斡鲁朵，在提辖司分布较为集中的区域设置的某京或某州提辖制置使。基层提辖使全称某宫某地提辖使，受某宫都提辖使和某京或某州提辖制置使的双向领导。⑤

　　杨军指出斡鲁朵所属优质牧场逐渐转为私人占有，斡鲁朵的

①　陈述：《契丹军制史稿》，刘宁主编：《辽金历史与考古》第3辑，沈阳：辽宁教育出版社，2011年，第8-9页。
②　张念棠、张国庆：《略论辽朝军事机构及军事制度的特色》，《辽宁大学学报》1996年第2期，第76页。张国庆：《石刻所见辽代军事系统职官考——〈辽史·百官志〉补遗之二》，辽宁省博物馆编：《辽宁省博物馆馆刊》，沈阳：辽海出版社，2010年，第450页。
③　李桂芝：《辽朝提辖司考》，《学习与探索》2005年第2期，第131-135页。
④　余蔚：《辽代斡鲁朵管理体制研究》，《历史研究》2015年第1期，第64-66页。
⑤　孙大坤：《〈辽史·百官志〉研究》，长春：吉林大学博士学位论文，2020年，第135页。

经济基础受到动摇。再加上契丹故地的过度放牧和开发所导致的
环境问题，致使斡鲁朵牧业衰落，契丹故地武装力量削弱，以致
女真能够迅速攻克辽上京、中京，战争中没有见到宫卫骑军发挥
明显的抵抗作用。①

  由于辽太祖时期皮室军与腹心部的特殊关系，学界多将二者
共同研究。杨若薇认为腹心部的设立早于斡鲁朵，腹心部是皮室
军的起源，而斡鲁朵只是"心腹之卫"，而非腹心部。②余蔚认为
皮室军在辽太祖朝，由他的斡鲁朵军构成，至辽太宗时，皮室军
与斡鲁朵已分流。③

  皮室军属性问题研究。陈烈认为中央皮室军仅北、南即左右
二部；地方各部族也有冠以部落名的皮室军。皮室军当为部族军
的一种。④陈述认为，皮室军主要担任宿卫，也参加内外战事以
及临时屯戍，有辽一代，基本上属于皇家的私兵，即头下军。而
黄皮室是部族军，并非禁卫之选，统领皮室军的军官也称皮室。
皮室均指掌皮室军官，故宋人以皮室称宰相。⑤辽朝初期皮室军
将士基本是契丹人；辽太宗之后，皮室军的兵源征集范围扩大到
其他民族。⑥

---

① 杨军：《牧场与契丹人的政治》，《首都师范大学学报（社会科学版）》2017年
 第2期，第5页。

② 杨若薇：《契丹王朝政治军事制度研究》（修订版），第203页。

③ 余蔚：《辽代斡鲁朵管理体制研究》，《历史研究》2015年第1期，第57页。

④ 陈烈：《辽代部族军考》，《昭乌达蒙族师专学报》1992年第1期，第16页。

⑤ 陈述：《契丹军制史稿》，刘宁主编：《辽金历史与考古》第3辑，沈阳：辽宁教
 育出版社，2011年，第13页。

⑥ 吴飞：《辽代大帐皮室军兵源探析》，《齐齐哈尔大学学报》2017年第3期，第
 96—99页。

皮室军的职能研究。杨若薇研究得出，辽朝中期以后，皮室军逐渐成为镇戍部队，驻扎在边防，与"分镇边圉"的部族的职能几乎相同了。① 关树东与杨若薇的说法类似，并有所深入。关文以为，除了由契丹、汉各族精锐组成的皮室军外，辽朝还有单个部落编组，或由某属部精锐组成的皮室军。② 还有其他学者也对皮室军的职能进行研究，基本持此观点。③

至于属国（属部）的军队，通常认为在辽朝战时随军出兵，平时归属地方军事机构。如生女真属部事务主要由咸州详稳司管辖，辽末，东北路都统军司对生女真属部亦有军事监管职责。④ 属国属部体制下，辽朝可以通过西北路招讨司，直接统辖阻卜各部的军事力量。⑤

总体而言，经过前辈学者多年的辛勤耕耘，辽朝驻防体系的相关研究已经有了新的突破，产生了较为丰硕的可资参考的成果。然惜尚未见到全面系统地考察辽代驻防体系的专门著作。辽朝各系统军队如何驻防，相互之间怎样协调都仍是一个模糊的问题。就单系统军队而言，其具体的征发、管理、运作等方面皆需要继续审视。

---

① 杨若薇《契丹王朝政治军事制度研究》(修订版)，第202页。

② 关树东：《辽朝的中央宿卫军》，《内蒙古社会科学（文史哲版）》1995年第6期，第48-52页。

③ 王欣欣：《辽朝皮室详稳探析》，《黑龙江民族丛刊》2012年第5期，第104页。何希：《契丹大帐皮室军研究》，长春：吉林大学硕士学位论文，2015年，第13-20页。

④ 程尼娜：《辽代生女真属部官属考论》，《兰州大学学报（社会科学版）》2020年第5期，第146页。

⑤ 田晓雷：《辽金阻卜、阻鞳治理体制差异述论》，《西夏研究》2020年第3期，第98页。

辽朝"雄长二百余年"，除去战争时期强大的战斗力，更与其平时的驻防息息相关。辽朝驻防体系的构建是统治者经过不断的调整，试图调和边疆与内地、中央与地方、游牧与农耕之间关系的结果，也体现出建立中原式政权的北方民族的二元统治体系，及其演变规律。近年来契丹小字解读和各方面研究新成果的出现，为研究这一问题提供了新的材料和研究视角。对于辽朝驻防体系进行全面研究，深入了解其驻防体系及运作模式，我们才能够进一步了解作为北方民族建立的政权辽朝的基本运作机制，了解其统治者的国家治理理路。

第一章　无在不卫：辽朝宫卫军驻防

不同于以往游牧民族建立的政权，契丹建立辽朝后，其政治中心始终在移动的捺钵。为保证统治者、统治中心的安全与稳定，分散驻扎在捺钵地的宫卫军显得尤为重要。

关于宫卫的研究学界已有一定积累。日本学者岛田正郎从《辽史·百官志》"北面御帐官"条出发，指出本条中各官制成立皆在圣宗朝前后。其中北、南护卫府及宿直司在此前似无拥有类似职掌者，其余的官司则大致在建国初期作为御帐的私人机构存在。这些御帐官大部分皆系掌理自皮室军、属珊军、宫卫骑军番上事宜的官府。[1] 杨若薇从整体上进行考辨，提出辽朝前期皇帝的禁卫任务由皮室军负担，后为殿前都点检司负责；出于禁卫需要建立的诸斡鲁朵共同随从皇帝，与当朝皇帝的行宫为大禁围与小禁围的距离，而提辖司户（"蕃汉转户"）则是宫分户的一支后备军。[2] 关树东在两位学者基础上作了进一步探讨，具体考证方面，他认为"北面御帐官"条中所谓侍卫司、宿卫司、禁卫局都

---

[1] ［日］岛田正郎：《辽朝御帐官考》，"国立编译馆"主编：《宋史研究集》第6辑，台北："国立编译馆"，1986年，第300-303页。

[2] 杨若薇：《契丹王朝政治军事制度研究》（修订版），2022年。

是辽朝御帐宿卫机构的代称，其下所列职官皆附会《辽史》纪、传而来。① 整体论述上，关文指出，辽朝中央行宫的宿卫军前期以皮室军为主，中后期以宫分军为主。行宫宿卫的领导机构初为皮室军详稳司，后为殿前都点检司，并应统领二皮室军。②

前贤对辽朝宫卫的研究着重于具体考订和演变发展过程，③ 鲜少涉及完整宫卫体系和颇具特色的运作机制。基于此，本章拟对辽朝宫卫进行系统研究，明确其在军事驻防与国家治理中的重要作用。

第一节　大小禁围内外：辽帝行宫的空间格局

辽朝捺钵的情况集中记载于《辽史·营卫志·行营》，其内容是以赵志忠《阴山杂录》为主体框架，嵌入陈大任《辽史·地理志》所记具体捺钵地点，再引宋人使辽语录作为细节填充。其中，辽帝活动或居住场所的细致描摹，出自宋人出使辽朝归国后所呈语录等相关记载。④ 尽管其不是出于辽朝史官之手，且杂糅不同时间、地点的文献资料，但不可否认还原宋人视角下的捺钵更便于认识辽帝行宫的空间分布格局。以下将几处集中记载辽帝捺钵布局的材料进行对比。

① 关树东：《辽朝御帐官考》，《民族研究》1997年第2期。林鹄：《辽史百官志考订》，北京：中华书局，2015年，第31-44页。
② 关树东：《辽朝的中央宿卫军》，《内蒙古社会科学（文史哲版）》1995年第6期，第48-53页。
③ 唐统天：《辽代的禁军》，《军事历史研究》1990年第1期。何希：《契丹大帐皮室军研究》，长春：吉林大学硕士学位论文，2015年。张敏：《捺钵与辽代政治研究》，长春：吉林大学博士学位论文，2022年。
④ 苗润博：《〈辽史〉探源》，北京：中华书局，2020年，第138-143页。

表 1　搽钵文献记载对比表

《辽史·营卫志》①	王易《重编燕北录》②	彭汝砺《广平甸诗》"序"③	沈括《熙宁使虏图抄》④
"冬捺钵：曰广平淀。……皇帝每岁十月中旬起牙帐，卜吉地为冬捺钵。皇帝牙帐以枪为硬寨，用毛绳连系。每枪下黑毡伞一，以庇卫士风雪。枪外小毡帐一层，每帐五人，各执兵仗为禁围。南有省方殿，殿北约二里曰寿宁殿，皆木柱竹榱，以氈为盖，彩绘韜柱，锦为壁衣，加绯绣额。又以黄布绣龙为地障，窗槅皆以氈为之，傅以黄油绢。基高尺余，两厢廊庑亦以氈盖，无门户。省方殿北有鹿皮帐，帐次北有八方公用殿。寿宁殿北有长春帐，卫以硬寨。宫用契丹兵四千人，每日轮流番直，夜则铺枪为硬寨，枪外设铺，传铃宿卫。"	"清宁四年（1058）戊戌冬十月二十三日，戎主一行起离靴甸，任西北约二百七十余里，地名永兴甸，行柴册之礼。于十一月一日先到小禁围内宿泊。十一月一日当夜子时与戎主夫人，相离出小禁围内……先望日四拜，次拜七祖殿，木叶山神，次拜金神，次拜太后，次拜赤娘子，次拜七祖各有行礼。次上柴笼受册，次入黑龙殿受贺。当日行礼毕，却入小禁围内，与戎主在大禁围外东夜至三更退……小禁围在大禁围外东北门，内有毡帐一座，大禁围每一面长一百一十步，有毡帐十座，黑色兵幕七座。大小禁围外有契丹兵甲一万人，各执枪刀、旗鼓、弓箭等。"	1091年使辽，广平甸，谓北地险，至此广大而平易云。初至单于行在，其门以卢泊为潘垣，上木去其花以为饰，上谓之羊箝门。作山门，为牌，左曰桃源，右曰省方。总谓之蓬莱宫。殿曰省方者数百，其左金紫冠袍而立者数百人，同之多酉豪，其右青紫而立者数十人。山棚之前作花槛，有桃杏杨柳之类，自中墀十步谓之龙墀，前设青毡毯……	1075年沈括使辽，至夏搽钵记载："单于庭依搽儿山之麓广莫之中，毡庐数十……有屋，单于之朝寝，萧后之朝寝凡三。其余皆毡庐，不过数十。庭以松干表其前，悉东向。庭立松干之间，曰阁门，人持牌立帐之间，曰中书、枢密院、客省，又东，毡庐一，旁驻毡车六，前植毡庐，曰大庙，皆苓莽之中。东数里有潢洞，洞东原隰十余里，其西与北皆山也。其北山，庭之所依者，曰搽儿山北十余里，曰市场，小民之为市者，以车从之山间。"

① （元）脱脱等：《辽史》卷32《营卫志中》，第425页。

② （宋）王易：《重编燕北录》，（明）陶宗仪等编：《说郛三种》卷38，上海：上海古籍出版社，2012年，第645页。苗润博指出说郛本王易《燕北录》实际抄自宋人武珪《燕北杂录》。参见《〈辽史〉探源》，第446页。武珪为自辽入宋的人，其记载更具有史料价值，不影响结论。

③ （宋）彭汝砺：《鄱阳集》卷8《律诗》，景印文渊阁四库全书第一一〇一册，台北：台湾商务印书馆，1986年，第258页。

④ （宋）沈括：《熙宁使虏图抄》，赵永春辑注：《奉使辽金行程录》（增订本），北京：商务印书馆，2017年，第95-102页。

《辽史·营卫志》"冬捺钵"条与宋人王易、彭汝砺的描述①
颇为相近，所载为辽道宗时期的情况，大概亦来源于宋人记载。
那么，宋帝行宫是何种情形呢？《宋史·礼志》"巡幸"云："凡
行幸，太祖、太宗不常其数。自咸平中，车驾每出，金吾将军帅
士二百人，执梃周绕，谓之禁围，春、夏绯衣，秋、冬紫衣。郊
祀、省方并增二百，服锦袄，出京师则加执剑。亲王、中书、枢
密、宣徽行围内，余官围外。"②对照宋朝皇帝出行情形，可知其
行宫格局亦用"禁围"来形容。沈括《梦溪笔谈》云："车驾行
幸，前驱谓之'队'，即古之清道也。其次卫仗，卫仗者视阑入
宫门法，即古之外仗也。其中谓之'禁围'，如殿中杖，天官掌
舍'无宫则供人门'，今谓之'殿门'。天武官，极天下长人之选
八人，上御前殿，则执钺立于紫宸门下，行幸则为禁围门，行于
仗马之前。又有衡门十人、队长一人，选诸武力绝伦者为之，上
御后殿，则执梃东西对立于殿前，亦古之虎贲、人门之类也。"③
据此看来，宋朝皇帝出行时所谓的"禁围"是由卫士组成的人
墙，可构成宫门、殿门等，将其清晰地划分为"围内""围外"。
显然，辽朝"捺钵"的记载与宋帝行宫的诸类称呼存在较大程度

---

① 《广平旬诗》原文："四更起趁广平朝，上下沙陁道路遥。洞入桃源花点缀，门
横苇箔草萧条。时平主客文何缛，地大君臣气已骄。莫善吾皇能尚德，将军不
用霍嫖姚。"其下文为《沙陁逢正旦使副》："踏雪予今济土河"，载《使辽诗》，
赵永春辑注：《奉使辽金行程录（增订本）》，第138页。可以看出所至为冬捺
钵地。
② （元）脱脱等：《宋史》卷114《礼志十七》，北京：中华书局，1985年，第
2704页。
③ （宋）沈括撰，金良年点校：《梦溪笔谈》卷1《故事一》，北京：中华书局，
2015年，第7-8页。

的相似性。这应当是宋人以自身作比拟的结果，却也增加了我们还原辽朝捺钵空间格局面貌的可能性。

作为比较，可以看出列表中辽朝的捺钵也是以皇帝行宫为中心，依禁围进行分割形成禁围内外的格局分布。不同的是列表所载辽朝捺钵不止有一个禁围。根据王易《重编燕北录》的记载，辽朝捺钵可分为小禁围、大禁围、"大小禁围外"三个区域，小禁围和大禁围是两个独立区域。杨若薇对此作出解释，认为小禁围应是辽帝（道宗）的行宫，大禁围应是前代诸宫的禁围。[1] 辽帝在大禁围内行柴册礼、设九帐，依次参拜七祖殿、木叶山神、金神、太后、赤娘子、七祖眷属、柴笼、黑龙殿。七祖眷属和诸神皆在大禁围内，表明除去前代诸宫，大禁围内有其他帐和殿。这些帐和殿应包括《营卫志》所载的省方殿、寿宁殿、鹿皮帐、长春帐等类。《广平甸诗》"序"中亦言辽帝行宫有省方殿，"酋豪"（皇族、大臣）皆列其中。结合《熙宁使虏图抄》所言，辽帝宫帐群东有六七帐，有中书、枢密院、客省，再东有太庙。这里中书、枢密院、客省等的描述，与省方殿含皇族、大臣的记载相符，亦即《辽史·营卫志》所言："皇帝四时巡守，契丹大小内外臣僚并应役次人，及汉人宣徽院所管百司皆从。汉人枢密院、中书省唯摘宰相一员，枢密院都副承旨二员，令史十人，中书令史一人，御史台、大理寺选摘一人扈从"[2]。太庙与《重编燕北录》中的七祖殿等同。这也符合辽帝所至之处"官属皆从""官属部落

---

① 杨若薇：《契丹王朝政治军事制度研究》（修订版），第14页。
② （元）脱脱等：《辽史》卷32《营卫志中》，第426页。

咸辇妻子以从"①的情形。因此，小禁围内是以辽帝宫帐为主，根据实际需求，大概由毡帐"二三座"至"小毡帐一层"不等，其他诸殿、眷属、百官应在大禁围内。②

从小禁围、大禁围内的诸帐设置来看，辽帝捺钵的规模似乎并不大。实际上是因为随行捺钵人员是分散驻扎的，真正与皇帝驻扎在一起的随行人员并不多。③沈括在《熙宁使虏图抄》中记载："单于庭依犊儿山之麓广荐之中，毡庐数十。"④宋元祐四年（1089，辽大安五年），出使辽朝的苏辙称："虏帐冬住沙陀中，索羊织荜称行宫。从官星散依冢阜，毡庐窟室欺霜风"⑤。大概在

---

① （宋）路振：《乘轺录》，赵永春辑注：《奉使辽金行程录》（增订本），第18、21页。
② 李鹏认为辽朝冬捺钵地皇帝行帐区的结构，尽管驻跸地点不同，但布局基本相同，即由牙帐区、御寝区和硬寨区等三部分组成。（《"中会川"考——"阿都乌素辽代遗址群"初步调查与研究》，教育部人文社会科学重点研究基地吉林大学边疆考古研究中心边疆考古与中国文化认同协同创新中心编：《边疆考古研究》第22辑，北京：科学出版社，2017年，第290页）张敏结合吉林省乾安县辽金春捺钵的考古成果，认为遗址群较大的藏字区可能是辽帝的行帐所在地，面积较小的腾字区和地字区则可能是贵族和群臣的行帐所在地。并且，同样认为辽帝行帐区由牙帐区、御寝区和硬寨区三部分构成。其结构布局是以牙帐为中心，形成护卫之势。牙帐区主要包括省方殿、鹿皮帐和八方共用殿三部分。御寝区由寿宁殿和长春帐两部分组成，硬寨区是为牙帐区和御寝区所设置的禁卫区。（《捺钵与辽代政治研究》，长春：吉林大学博士学位论文，2022年，第36页、第44-45页）一方面，通常学界称辽代皇帝的行帐为牙帐，牙帐区应当是御寝区，并且作者对文献的解读有误，如寿宁殿明显不是皇帝寝帐等，另一方面，如果说根据空间大小来判断格局，那么藏字区反而不是辽帝的行宫，据宋人文献记载的大、小禁围，辽帝是在小禁围内，空间更小。且小禁围也不在正中间，是在大禁围的东北或西北。
③ 杨军：《辽代捺钵三题》，《史学集刊》2016年第3期，第149页。
④ （宋）沈括：《熙宁使虏图抄》，赵永春辑注：《奉使辽金行程录》（增订本），第95页。
⑤ （宋）苏辙：《奉使契丹二十八首》之《虏帐》，赵永春辑注：《奉使辽金行程录》（增订本），第130页。

多数情况下大禁围与小禁围并不相连，而是有一段距离。宋朝使者站在大禁围内，"（契丹）国主帐在毡屋（省方殿、寿宁殿）西北，望之不见"①。就像辽圣宗时，大臣耶律隆运所居毡帐距离辽帝至少有二里的距离。②大禁围也并不限于"每面长一百一十步"，仅省方殿与寿宁殿之间就可以有二里的距离。可见围绕辽帝行宫形成的捺钵空间分布是较为松散的。

　　捺钵松散的空间分布范围究竟多广？春捺钵地鸭子河泺，"东西二十里，南北三十里"。冬捺钵地广平淀，"东西二十余里，南北十余里"③。辽朝皇帝平时捺钵基本上分布在二三十里范围内。特殊情况下，捺钵范围可以达到数百里，如另一处春捺钵地延芳淀"方数百里"④。作为游牧民族建立的政权，从捺钵所需草场的角度分析，理论上跟随捺钵的所有人员当分散驻扎在直径 20 公里左右的圆形区域内，或边长 20 公里左右的方形区域内。⑤

---

① （宋）宋绶：《契丹风俗》，赵永春辑注：《奉使辽金行程录》（增订本），第 34 页。

② （宋）叶隆礼撰，贾敬颜、林荣贵点校：《契丹国志》卷 18《耶律隆运传》，北京：中华书局，2014 年，第 198 页。

③ （元）脱脱等：《辽史》卷 32《营卫志中》，第 424-425 页。

④ （元）脱脱等：《辽史》卷 40《地理志四》，第 564 页。（元）脱脱等：《金史》卷 74《宗望传》"都统果已克中京，宗翰在北安州，获辽护卫习泥烈，知辽主在鸳鸯泺，宗翰请袭之。"（北京：中华书局，2020 年，第 1807 页）由此可见，护卫习泥烈距离天祚帝有较远的距离。

⑤ 杨军：《辽代捺钵三题》，《史学集刊》2016 年第 3 期，第 149 页。12 世纪初，中亚地区伊斯兰学者马卫集所撰《动物之自然属性》中记载契丹"ūjam 周长约 2 法尔萨赫（Farsakh）。该 Mamlaka（王国或领土？）为一道插在地中的弯木棒编成（的篱笆）所环绕。沿线每 2 法尔萨赫即驻有一些士兵。他们经常巡逻，追踪行人的脚印，杀死被他们发现的任何没有（合法）事务的外出者"。（胡锦州、田卫疆译：《马卫集论中国》，《中亚研究资料·中亚民族历史译丛（一）》，1985 年增刊，第 172 页）康鹏认为 ūjam 就是契丹皇帝的捺钵地（即行宫）。（康鹏：《辽代五京体制研究》，第 198 页）按照 1 法尔萨赫为 3.7—6.7 公里 （转下页）

在捺钵广阔的范围内，小禁围一般位于大禁围的北方。《重编燕北录》称小禁围在大禁围外东北角，宋绶《契丹风俗》载其"东向设毡屋，署曰省方殿。无阶，以毡藉地，后有二大帐。次北，又设毡屋，曰庆寿殿，去山尚远，国主帐在毡屋西北，望之不见。"① 根据后者的描述，辽帝宫帐在诸毡屋（省方殿、庆寿殿）的西北，即小禁围则在大禁围的西北方位。辽帝捺钵驻扎地基本位于向阳之地，且要保证毡帐东向，小禁围毡帐如果依山而扎，在山的南麓，大禁围只能在更南的方位，即小禁围在大禁围的北方（西北或东北）。

以上看来，辽帝捺钵在空间上基本可划分为小禁围、大禁围、禁围外三个区域。其中，小禁围以辽帝为中心。辽帝牙帐外"以枪为硬寨"，"每枪下黑毡伞一，以庇卫士风雪"；"枪外小毡帐一层，每帐五人，各执兵仗为禁围"。《辽史·百官志》有硬寨司"掌禁围枪寨、下铺、传铃之事"②。大概硬寨卫士负责信息传递、宿卫等事。据此，小禁围应分为两重宫卫：硬寨—黑毡伞兵、枪外兵。大禁围以百官机构为中心。大禁围内驻有

（接上页）（学界尚未统一，据目前研究 1 法尔萨赫最小为 3.7 公里，最大为 6.7 公里。参见康鹏：《辽代五京体制研究》，第 195 页），行宫的周长约 14.8—26.8 里，如果按四面计算，每面平均长 3.7—6.7 里。然《燕北录》称辽朝大禁围每面长110 步（北宋一步约 1.536 米，韩丛耀主编：《中华图像文化史·宋代卷》（上），北京：中国摄影出版社，2016 年，第 13 页），约 168.96 米。《燕北录》与马卫集的记载相差甚远。虽然辽帝捺钵禁围的面积实际是不固定的，但辽帝小禁围的周长也不至于到十几至二十里。相较之下，马卫集所言可能是大禁围的范围。并且，其言"沿线每 2 法尔萨赫即驻有一些士兵"的情况，也符合大禁围之外，零散驻扎部落、军队的记载。

① （宋）宋绶：《契丹风俗》，赵永春辑注：《奉使辽金行程录》（增订本），第 34 页。
② （元）脱脱等：《辽史》卷 45《百官志一》，第 790 页。

宫用契丹兵四千人，每日轮番千人祗直。禁围内诸殿、帐当有卫队，如长春帐"卫以硬寨"。此可整体视为保护辽帝的又一重宫卫。大小禁围外则有契丹兵甲一万人，这一万兵中包括另外不用在大禁围内宿值的三千宫用契丹兵。大小禁围外还有包括皇族、官员在内的部落驻扎。如春捺钵"国主、皇族、群臣各有分地"；①秋捺钵"每岁车驾至，皇族而下分布泺水侧"；②《妙行大师行状碑》载妙行大师出生时神光满室从帐顶而出，有数十尺高，"扈从百官，远近咸睹"。③由此而知，大禁围内的官员主要是枢密院、中书省等机构的当值人员，其他不当值者一般在禁围之外扈从捺钵。

总之，辽帝行宫在空间上形成以辽帝为中心的小禁围、以官僚机构为中心的大禁围、由百官、部落等应役人次构成的禁围外三大区域。辽帝行宫的宫卫军依次分布在各个区域内，形成行宫的四重宫卫军。除去专门的宫卫军之外，围绕辽帝驻扎的诸侍从、官员在一定程度上皆具有护卫职能。

第二节　从专领到分管：辽帝四重宫卫

辽帝行宫的四重宫卫有相应的称呼和职能，历经君主更替，呈现出阶段性变化。《辽史·百官志一》"北面御帐官"条

---

① （元）脱脱等：《辽史》卷40《地理志四》，第564页。

② （元）脱脱等：《辽史》卷32《营卫志中》，第425页。

③ 《妙行大师行状碑》，向南：《辽代石刻文编》，石家庄：河北教育出版社，1995年，第584页。

小序对宫卫的总结，颇有将诸处记载强加理解和组合之嫌。学界也早已提出过质疑，"出于贵戚为侍卫"至"北南部族为护卫"疑元人录自旧史，余则元史臣所撰。① 侍卫司、宿卫司、禁卫局等机构则可能不存在，都是指行宫宿卫的领导机构。② 与大小禁围相似，辽帝宫卫的大致情形依然可以从宋人的记载中找到线索。

北宋仁宗庆历三年至五年（辽兴宗重熙十二年至十四年，1043—1045）三次出使辽朝的使者余靖归朝后曾作《契丹官仪》，记载称：

> 契丹从行之兵，取宗室中最亲信者为行宫都部署以主之。其兵皆取于南北王府十宫院人充之。亦有大内点检、副点检之官，以备宿卫。北王府兵剌左臂，南王府兵剌右臂。十宫院人呼小底，如官奴婢之属也。巡警者呼拽剌，逐部分各有首领及判官等。渤海亦有宿卫者，又有左右等五比（北）室。契丹调金刚为比（北）室，取其坚利之名也。汉人亦有控鹤等六军。③

根据余靖在辽朝捺钵地的所见，辽帝行宫随从兵分别是：行宫都部署所主兵，来自南北王府和十宫院人；大内（都）点检、

---

① 林鹄：《辽史百官志考订》，第32页。
② 关树东：《辽朝御帐官考》，《民族研究》1997年第2期，第65-69页。
③ （宋）余靖撰，黄志辉校笺：《武溪集校笺》卷18《杂文·契丹官仪》，天津：天津古籍出版社，2000年，第541-542页。

副点检之下的兵，渤海军，负责宿卫；称为拽剌的巡警；皮室军；控鹤等汉人六军。这与《辽史》、辽代石刻资料中的零散记载基本相符，特别是可以与辽道宗清宁九年（1063）七月重元之乱发生时，辽帝与重元两方参与叛乱的人员构成情况相对应。

当时跟随耶律重元作乱的人员众多，包括重元之子涅鲁古、陈国王陈六、同知北院枢密使事萧胡睹、诸行宫都部署贴不（宗熙）、林牙涅刺薄古、南京统军使萧迭里得、驸马都尉参、驸马都尉弟术者、驸马都尉弟图骨、旗鼓拽剌详稳耶律郭九、文班太保奚叔、内藏提点乌骨、护卫左太保敌不古、护卫左太保按答、副宫使韩家奴、副宫使宝神奴、兴圣宫太保古迭、殿前都点检耶律撒刺竹等四百余人，带弩手军犯行宫。① 辽帝一方已知者有：南院枢密使耶律仁先、知北院枢密事耶律乙辛、南府宰相萧唐古、北院宣徽使萧韩家奴、北院枢密副使萧惟信、知枢密院事耶律祺、敦睦宫使耶律良、永兴宫使耶律挞不也、彰愍宫都部署耶律庆嗣、护卫苏、护卫萧乐音奴、近侍详稳渤海阿厮（思）、宿卫官萧乙辛、宿卫官回鹘海邻（海里）、宿卫官裹里、宿卫官耶律挞不也、宫分人急里哥、宫分人霞抹、宫分人乙辛、宫分人只鲁等。② 按照职务划分，重元一方包括扈从官员、护卫、宫使、

---

① （元）脱脱等：《辽史》卷22《道宗纪二》、卷112《耶律重元传》、卷114《萧胡睹传》《萧迭里得传》《古迭传》《撒刺竹传》，第298、1652、1664、1665、1666页。《耶律仁先墓志》，向南：《辽代石刻文编》，第353页。《耶律弘礼墓志》，周阿根校注：《辽代墓志校注》，天津：天津古籍出版社，2022年，第477页。

② （元）脱脱等：《辽史》卷22《道宗纪二》、卷96《耶律良传》《耶律仁先传》《萧乐音奴传》《耶律阿思传》，第298-299、1536-1537、1539、1542、1544页。《耶律庆嗣墓志》，向南：《辽代石刻文编》，第457页。

诸行宫都部署、殿前都点检、旗鼓拽剌、弩手军等；辽帝一方则有扈从官员、近侍、宿卫、宫分人、宫使等。

《契丹官仪》"渤海亦有宿卫者"，指的应是宿卫之中有渤海人，强调宿卫的民族身份。如此，重元之乱中出现的兵士，除去皮室军、汉人控鹤等六军外，基本与《契丹官仪》的记载对应。

首先来看皮室军。作为辽帝宫卫，皮室军的职能在前后期有所变化，第一阶段是辽太祖至辽穆宗时期，承担中央宿卫军的职能；第二阶段是辽景宗、辽圣宗时期，由宿卫军向野战机动部队的过渡阶段；第三阶段是圣宗以降，转变为野战机动部队。[1]中央宿卫军时期的皮室军以保卫皇帝安全为第一要务，始终屯驻于辽帝近旁。而辽朝实行四时捺钵制度，辽朝诸帝的四季驻扎地各有不同，相应地，皮室军的驻地也随着皇帝变动于四季捺钵之间。此时，在役的皮室军应在小禁围的范围内，在战时扈从，比如，辽太祖时期，耶律朔古为右皮室详稳，"从伐渤海"。[2]由宿卫向野战部队过渡时期的皮室军，仍具有宿卫职能，但已经不像之前与皇帝关系密切，开始脱离辽帝远出作战。辽圣宗统和初，左皮室详稳萧排押，"讨阻卜有功"[3]。辽圣宗开泰年间，右皮室详稳耶律欧里斯"将本部兵，从东平王萧排押伐高丽"。[4]这一时期的皮室军既有宿卫职能，又单独成军作战，其驻地早已不在小禁围内，可能驻扎在大禁围的范围内。比如，统和四年（986）九

---

① 何希：《契丹皮室军职能转变原因探析》，《东北史地》2015年第2期，第62-63页。

② （元）脱脱等：《辽史》卷76《耶律朔古传》，第1374页。

③ （元）脱脱等：《辽史》卷88《萧排押传》，第1475页。

④ （元）脱脱等：《辽史》卷81《耶律室鲁传附子欧里斯传》，第1416页。

月攻打宋朝之前，辽圣宗"诏遣皮室详稳乞的、郎君拽剌先赴本军缮甲兵"[①]。说明皮室军平时驻扎在某一地，与辽帝有一定距离，而其长官是跟随在皇帝身边的。

变为野战部队时期的皮室军应该更接近于部族的镇戍形式。辽道宗咸雍九年（1073），"会宋求天池之地，诏（萧）迪鲁兼统两皮室军屯太牢古山以备之"[②]。咸雍十年（1074），"经略西南边，撤宋堡障，戍以皮室军，上嘉之"[③]。两则材料表明，辽道宗时期皮室军屯戍在辽宋边境。《辽史·百官志》亦载辽朝南京元帅府下有南皮室军详稳司、北皮室军详稳司。[④]《百官志》的记载当出自《亡辽录》，其原文为："燕山路则燕京都总管府、侍卫马步军控鹤都指挥使、都统军司、牛栏军寨、石门详稳司、南北皮室司、猛拽剌司，并隶总管府"[⑤]。这一记载的相关内容为辽朝末期的情况。依《辽史》记载，左、右皮室军确实自辽道宗时期已经镇戍在辽宋边境，而且，当是按照部族军携带家属的镇戍形式。左、右皮室军在辽朝后期已经屯驻辽朝南境。

结合《契丹官仪》的作者余靖出使时间是在辽兴宗统治期间，而景宗、圣宗时期皮室军已经开始向野战部队过渡，道宗时

---

① （元）脱脱等：《辽史》卷11《圣宗纪二》，第133页。

② （元）脱脱等：《辽史》卷93《萧迪鲁传》，第1515页。此事当为1074—1077年间辽宋双方的又一次天池之争。（陶玉坤：《辽宋天池之争》，《内蒙古大学学报（人文社会科学版）》2005年第1期，第8—9页）

③ （元）脱脱等：《辽史》卷99《萧速撒传》，第1565页。

④ （元）脱脱等：《辽史》卷46《百官志二》，第837页。

⑤ （宋）徐梦莘：《三朝北盟会编》卷21《政宣上帙二十一》引《亡辽录》，上海：上海古籍出版社，2019年，第153页。

期的皮室军已经变为机动部队，[1]镇戍辽朝诸边。故皮室军未涉及叛乱实属正常。

至于《契丹官仪》所言"汉人亦有控鹤等六军"也并非空穴来风。辽朝捺钵地诸项礼仪活动之中曾出现控鹤官，[2]辽帝身边亦存在控鹤军。《韩瑜墓志》记载，"景宗皇帝绍位之始，命选禁卫，端求荩臣。以公壮志不群，良图可用，授控鹤都指挥使、绛州防御使、检校司空，寻授金紫崇禄大夫、检校太保、左羽林军大将军。紫庭奉职，耀簪绂以输忠；红旆御戎，森戈矛而称略"[3]。耿延毅辽圣宗时，"除控鹤都指挥使，进位左领卫大将军"[4]。两条史料表明，辽帝宫卫军中有一支称为控鹤的汉人军队，长官为都指挥使。

控鹤军、控鹤军都指挥使之外，辽帝行宫还有其他汉军和长官称呼。辽景宗保宁四年（972）高嵩为右散祗候指挥使。[5]辽圣宗统和年间，王悦由辽兴军节度衙内都指挥使"欲趋禁掖，预佐藩垣。既负干勤，遂隆渥泽。入为严胜、龙卫兵马都部置（署）"。[6]墓志中又有随驾三军都虞候蔡志顺。[7]辽朝对宋作战时有"马步军厢都指挥使……复授马军都指挥使。统戎从御，护

---

① 关树东：《辽朝的中央宿卫军》，《内蒙古社会科学（文史哲版）》1995年第6期，第49-50页。

② （元）脱脱等：《辽史》卷50《礼志二》、卷51《礼志四》、卷53《礼志六》，第937-938、945-951、963页。

③ 《韩瑜墓志》，向南：《辽代石刻文编》，第94页。

④ 《耿知新墓志》，向南：《辽代石刻文编》，第184页。

⑤ 《高嵩墓志》，向南、张国庆、李宇峰辑注：《辽代石刻文续编》，沈阳：辽宁人民出版社，2010年，第38页。

⑥ 《王悦墓志》，向南：《辽代石刻文编》，第113页。

⑦ 《蔡志顺墓志》，向南、张国庆、李宇峰辑注：《辽代石刻文续编》，第261页。

驾亲征，部卒三千，横行万里"① 表面上看，辽帝身边的汉军名目繁杂，然参照宋制② 便可以发现，都指挥使、指挥使、右散祗候指挥使、都虞候等，都应在殿前司或侍卫司之下。又，现有文献中辽代的侍卫亲军只屯驻在南京，③ 且辽帝捺钵未见侍卫司，故这些汉军军队应该隶属于殿前司，由殿前都点检掌领。这也与殿前都点检掌汉、渤海侍卫④ 相合。这部分军队驻扎在辽帝大、小禁围之外，所以耶律重元之乱时，殿前都点检是从围场出发加入叛乱，从外围逼宫的重元才能够顺势诱胁弩手军⑤ 谋反。

---

① 《张守节墓志》，周阿根校注：《辽代墓志校注》，第 210—211 页。

② （元）脱脱等：《宋史》卷 166《职官志六》"殿前司"条：都指挥使、副都指挥使、都虞候各一人。掌殿前诸班直及步骑诸指挥之名籍，凡统制、训练、番卫、戍守、迁补、赏罚，皆总其政令。而有都点检、副都点检之名……骑军有殿前指挥使、内殿直、散员、散指挥、散都头、散祗候、金枪班、东西班、散直、钧容直及捧日以下诸军指挥。步军有御龙直、骨朵子直、弓箭直、弩直及天武以下诸军指挥。诸班有都都虞候指挥使、都军使、都知、副都知、押班。御龙诸直，有四直都虞候，本直各有都虞候、指挥使、副指挥使、都头、副都头、十将、将虞候。骑军、步军，有捧日、天武左右四厢都指挥使，捧日、天武左右厢各有都指挥使。每军有都指挥使、都虞候，每指挥有指挥使、副指挥使，每都有军使、副兵马使、十将、将虞候、承局、押官，各以其职隶于殿前司。（第 3927—3928 页）

③ 赵宇：《辽朝侍卫亲军体制新探——兼析〈辽史·百官志〉"黄龙府侍卫亲军"诸问题》，姜锡东主编：《宋史研究论丛》第 17 辑，保定：河北大学出版社，2015 年，第 577 页。

④ 《辽史·萧翰传》记载其："宰相敌鲁之子……会同初，领汉军侍卫。"这里的汉军侍卫可能即应历中所置殿前司的前身。（林鹄：《辽史百官志考订》，第 306 页）故而，殿前都点检之下的兵马为非游牧民族。而太平五年（1025）十二月甲子，以萧守宁为点检侍卫亲军马步军 ［（元）脱脱等：《辽史》卷 17《圣宗纪八》，第 224 页］，其所任系都点检之重出 ［杨若薇：《契丹王朝政治军事制度研究》（修订版），第 206 页］，也可证明通常以汉人、渤海人为主的侍卫亲军马步军是受都点检管控。

⑤ "弩手军"当指侍卫汉军中的弩手营。（林鹄：《辽史百官志考订》，第 115 页）

当然，如《契丹官仪》所载，殿前都点检所领兵马只是宫卫军的一部分。辽朝早在穆宗之后，北南护卫、殿前都点检、诸宫分军同领宿卫。① 文献中有一些北南护卫、殿前都点检、诸宫分军同领宫卫的证明。《契丹国志·后妃传》记载："太后之废也，诸舅满朝，权势灼奕，帝惧内难，乃与殿前都点检耶律喜孙、护位（卫）太保耶律刘三等定谋废后，召硬寨拽刺护位（卫）等凡五百余人，帝立马于行宫东之二里小山上，喜孙等直入太后宫，驱后登黄布车，幽于庆州。"② 《辽史·孝先传》载："重熙三年（1034），太后与孝先谋废立事，帝知之，勒卫兵出宫。"③ 二者所言为同一事，"卫兵"指殿前都点检、护卫太保、硬寨拽刺护位（卫）④ 等人。萧撒八重熙年间，曾同时任永兴宫使、总领左右护卫、同知点检司事。⑤ 萧信先重熙十四年（1045），为左护卫太保、同知殿前点检司事。⑥ 也就是说，至少在辽兴宗时，辽帝行宫的安全已经分为三组人马保护。

弄清楚这一点，我们再回过头探讨辽帝行宫其他宫卫军的情况。首先来看护卫一组人马。"北法，护卫惟国主有之"⑦。护卫的出身为各部落、族帐、宫分的贵族子弟。⑧ 如耶律斡腊保

① 林鹄：《辽史百官志考订》，第36页。

② （宋）叶隆礼撰，贾敬颜、林荣贵点校：《契丹国志》卷13《后妃传》，第164页。

③ （元）脱脱等：《辽史》卷87《萧孝穆传附弟孝先传》，第1468页。

④ 大康六年七月癸未，为皇孙梁王延禧设旗鼓拽刺六人卫护之。[（元）脱脱等：《辽史》卷24《道宗纪四》，第323页] 这里的旗鼓拽刺相当于护卫。

⑤ （元）脱脱等：《辽史》卷87《萧孝穆传附子撒八传》，第1467页。

⑥ （元）脱脱等：《辽史》卷90《耶律义先传附弟信先传》，第1495页。

⑦ （宋）叶隆礼撰，贾敬颜、林荣贵点校：《契丹国志》卷18《耶律隆运传》，第198页。

⑧ 关树东：《辽朝御帐官考》，《民族研究》1997年第2期，第67页。

宁初补护卫；萧蒲奴开泰间选充护卫；耶律仁先重熙三年补护卫。①等等。护卫又称为"诨子"，其长官为太保。②诨子部"夜以五十人番直。四鼓将尽，歌于帐前，号曰'聒帐'。每谒拜木叶山，即射柳枝，诨子唱番歌"。③护卫（诨子）应在辽帝帐前执事。

《耶律宗福墓志》载"主上以环卫之列，切在严毅，齐率之员，必须雄干。王虽妙季，乃副是选，授南北面都护卫太保"④。南北面都护卫太保即总领左右护卫，是护卫长官的完整称谓，负责辽帝宫卫安全。执事辽帝帐前的护卫军应在辽帝小禁围内，即"枪外小毡帐一层，每帐五人，各执兵为禁围"。

南北面都护卫太保，又可称为"宿直将军"。耶律仁先本传载其重熙三年（1034）以护卫的身份，授宿直将军，累迁殿前副点检。⑤《耶律仁先墓志》载"诏从銮跸。寻授左千牛卫将军，出入禁闼，给事左右。再授崇德宫使，总辖图版，兼领禁卫。又迁殿前副点检"⑥。宫使、殿前都/副点检、护卫太保为同时存在的职官，又因辽道宗清宁间，萧兴言"承祖之荫，置于宿直禁卫之列"，当中的宿直与禁卫是平行同义词。因此，耶律仁先"领禁

---

① （元）脱脱等：《辽史》卷94《耶律斡腊传》、卷87《萧蒲奴传》、卷96《耶律仁先传》，第1520、1469、1535页。
② 关树东指出在辽帝亲卫中，护卫之长称太保，则诨子或即护卫的另一称呼（《辽朝御帐官考》，《民族研究》1997年第2期）。
③ （宋）马端临著，上海师范大学古籍研究所、华东师范大学古籍研究所点校：《文献通考》卷346《四裔考·契丹下》，北京：中华书局，2011年，第9606页。
④ 《耶律宗福墓志》，向南、张国庆、李宇峰辑注：《辽代石刻文续编》，第141页。
⑤ （元）脱脱等：《辽史》卷96《耶律仁先传》，第1535页。
⑥ 《耶律仁先墓志》，向南：《辽代石刻文编》，第352页。

卫"只能是南北面都护卫太保，亦即宿直将军。

需要指出的是，前文出现"硬寨拽剌护位（卫）"中的"拽剌"是健儿、勇士的意思。[1] "硬寨以严晨夜"，[2] 硬寨太保"掌禁围枪寨、下铺、传铃之事"，其职能与护卫相似。硬寨军应是有专称的护卫。辽圣宗时人耶律遂正曾"初授卫将军，次硬寨监军。升十二卫之崇□"，[3] 就是护卫转迁的证明。硬寨司可能统于护卫府。[4] 故硬寨军是有具体职责和称呼的护卫，也在小禁围内，大概在辽帝帐外。[5]

基于此，护卫中的硬寨军和其他护卫形成小禁围的两重宫卫。辽帝护卫分左右，长官为太保，二者之上有"总领左右护卫"，[6] 全称为"南北面都护卫太保"。

宫分军一组则如《契丹官仪》所指"契丹从行之兵，取宗室中最亲信者为行宫都部署以主之，其兵皆取于南北王府、十宫院人充之"。"行宫都部署"分契丹行宫都部署和汉人（渤海）行宫都部署，前者掌诸斡鲁朵中契丹族、蕃户的军政、民政，后者掌诸斡鲁朵汉人、渤海人的军政、民政。[7] 诸行宫都部署直接统领的兵来自南北王府和斡鲁朵。斡鲁朵军即"诸宫分军"，如萧孝资任永兴宫使期间"服戈寝甲，无懈昼夜，自是禁中以严密

---

① 辽代拽剌有勇士、军名、专职拽剌等多重含义。（蔡美彪：《辽金元史十五讲》，第242页）

② （元）脱脱等：《辽史》卷45《百官志一》，第785页。

③ 《耶律遂正墓志》，向南、张国庆、李宇峰辑注：《辽代石刻文续编》，第68页。

④ 林鹄：《辽史百官志考订》，第44页。

⑤ 大禁围内亦有硬寨，负责其他帐的安全，此处只涉及负责辽帝的硬寨军。

⑥ （元）脱脱等：《辽史》卷87《萧孝穆传附子撒八传》，第1467页。

⑦ 杨若薇：《契丹王朝政治军事制度研究》（修订版），第153页。

闻"。① 宫使（都部署）是诸行宫都部署的下一级宫卫长官。

宫卫取兵自南北王府亦有所据。辽朝"银牌有三道（上是番书"朕"字），用金镀银成。见在内侍左承宣宋璘处收掌，用黑漆匣盛，每日于戎主前呈封一遍。或有紧急事宜，用此牌带在项上，走马于南北大王处抽发兵马，余事即不用也"。② 南北大王府的兵马，并不是宫卫的常备军，而是有急事才征用。通常南北两府大王和都监率军分春夏季和秋冬季，镇戍在辽帝捺钵的边缘，③ 也是便于辽帝征调。故重元之乱时，辽道宗欲幸北、南院，耶律仁先劝道"南、北大王心未可知"④。也是考虑到作为宫卫长官的诸行宫都部署也参与了叛乱。是故，诸行宫都部署之下的直属军队以宫分军⑤ 为主，驻扎在大禁围内，即"宫用契丹兵四千人，每日轮番千人祇直"。

综上，辽朝负责皇帝宫卫的长官包括南北面都护卫太保（总

① 《萧孝资墓志》，向南、张国庆、李宇峰辑注：《辽代石刻文续编》，第265页。
② （宋）王易：《重编燕北录》，（明）陶宗仪等编：《说郛三种》卷38，第646页。
③ 武文君：《辽代部族军研究》，合肥：黄山书社，2022年，第91页。
④ （元）脱脱等：《辽史》卷96《耶律仁先传》，第1536页。
⑤ 汉人渤海宫分军可能征发至隶属于斡鲁朵的提辖司。汉人渤海都部署以提辖司为单位管理斡鲁朵内的农耕民户，各提辖司的最高长官称诸行宫提辖制置使，简称诸宫制置使，总辖各提辖司，受汉人行宫都部署管理。诸宫提辖制置使的下属职官包括某宫都提辖使，管理该斡鲁朵下的各提辖司；以及独立于各斡鲁朵，在提辖司分布较为集中的区域设置的某宫或某州提辖制置使。基层提辖使全称某宫某地提辖使，受某宫都提辖使和某京或某州提辖制置使的双向领导。（孙大坤：《〈辽史·百官志〉研究》，长春：吉林大学博士学位论文，2020年，第135页）换言之，提辖司在中央归汉人渤海都部署管理。而学界已达成共识隶宫州县为斡鲁朵提供的是非军事服务，因此归斡鲁朵管理的提辖司内的农耕人户只可能是为其提供兵源。故《辽史》卷116《国语解》称提辖司为"诸宫典兵官"，（第1700页）《辽史》卷35《兵卫志中》记载有"有兵事，则五京、二州各提辖司传檄而集，不待调发州县、部族，十万骑军已立矣"。（第458页）

领左右护卫）、诸行宫都部署、殿前都点检，分别掌小禁围、大禁围、大小禁围外的宫卫兵。其中，小禁围内又可分两重宫卫，共同构成辽帝行宫的四重宫卫。

受季节、地形等因素的影响，辽帝捺钵的空间格局会有所变化，禁围的空间分布或紧密或松散。如冬捺钵大、小禁围的描述，"皇帝牙帐以枪为硬寨，用毛绳连系……"夏捺钵"并无殿宇，惟松棚数楹而已"。① 一般认为文献中辽帝捺钵的集中记载是辽朝中后期，特别是道宗、天祚帝时期的捺钵景象。辽帝完整的宫卫体系也大概形成于辽朝中后期。辽帝的宫卫前期为皮室军，后穆宗置殿前都点检，与皮室军详稳共掌禁军，② 至辽中后期，殿前都点检、南北面都护卫太保、诸行宫都部署同掌宫卫。辽帝宫卫力量从单一、双领，再到一分为三，逐渐走向分权。

第三节　辽朝宫卫的运作机制

辽朝宫卫长官长期扈从在皇帝身边，作为辽帝最信任的人，逐渐参与政治事务和军事事务。自辽帝宫卫皮室军及其长官淡出辽帝宫卫体系的核心区，行宫形成由殿前都点检、南北面都护卫太保、诸行宫都部署–宫使带领的宫卫体系。诸宫卫长官及其属

---

① 耶律铸：《双溪醉隐集》卷5《阿延川诗》注引金刘无党《地志》，《辽海丛书》第3册，沈阳：辽沈书社，1985年，第1928页。

② 杨若薇：《契丹王朝政治军事制度研究》（修订版），第211页。自景宗保宁元年（969），"以殿前都点检耶律夷腊、右皮室详稳萧乌里只宿卫不严，斩之。"［（元）脱脱：《辽史》卷8《景宗纪上》，第97-98页］这之后皇帝的宫卫逐渐发生了变化。虽然殿前都点检仍掌宿卫事，但已经不是独自掌权了。

官地位不同，参政议政的方式亦颇存差异。

《辽史》载萧撒八重熙年间曾同时任永兴宫使、总领左右护卫（南北面都护卫太保）、同知点检司事。①据此条史料，似乎宫使、南北都护卫太保、同知点检司事为同一级别。实则不然。

辽兴宗重熙六年（1037）六月，以护卫太保耶律合住兼长宁宫使；②重熙中萧乌野迁护卫太保，又"历官兴圣、延庆二宫使"③。又有韩德凝曾累迁护卫太保、都宫使之职，④表明都宫使（部署）在护卫太保之上，护卫太保与宫使当属同一级别。同知点检司事的级别则高于二者。辽道宗清宁间永兴宫使耶律塔不也定乱有功，为同知点检司事；⑤大康中，药师奴为兴圣宫使，累迁同知殿前点检司事。⑥同知点检司事即同知殿前点检司事，故宫使在同知殿前点检司事之下。耶律乙辛重熙间为护卫太保，道宗即位，同知点检司事，"常召决疑议"，升北院同知。⑦这一时期耶律乙辛在辽朝一路升迁，护卫太保也在同知点检司事之下。南北面都护卫太保则可能由左、右护卫太保其中的一位兼任，导致其似乎与宫使一个级别。如耶律信先即在重熙十四年（1045），为左护卫太保、同知殿前点检司事。⑧

此外，护卫太保、宫使可转迁者，还包括殿前副点检。辽道

---

① （元）脱脱等：《辽史》卷87《萧孝穆传附子撒八传》，第1467页。
② （元）脱脱等：《辽史》卷18《兴宗纪一》，第247页。
③ （元）脱脱等：《辽史》卷92《萧乌野传》，第1509页。
④ （元）脱脱等：《辽史》卷74《韩知古传附子匡嗣传》，第1361页。
⑤ （元）脱脱等：《辽史》卷22《道宗纪二》，第299页。
⑥ （元）脱脱等：《辽史》卷91《萧术哲传附侄药师奴传》，第1502页。
⑦ （元）脱脱等：《辽史》卷110《耶律乙辛传》，第1634页。
⑧ （元）脱脱等：《辽史》卷90《耶律义先传附弟信先传》，第1495页。

宗清宁间，萧十三为护卫太保，迁殿前副点检，后迁殿前都点检；① 寿昌二年（1096）萧胡笃转永兴宫太师（宫使），天庆初，累迁至殿前副点检。② 宫卫长官彼此兼任、迁转是当时较为常见的现象。③ 殿前都点检地位在南北面都护卫太保之上。

不过，无论是殿前都点检，还是南北面都护卫太保，皆不能与诸行宫都部署相提并论。诸行宫都部署才是宫卫长官中地位最高者。《辽史·仪卫志》记载："契丹枢密院、契丹诸行军（宫）部署、汉人枢密院、中书省、汉人诸行宫都部署印，并银铸，文不过六字。以上以银朱为色。"④ 诸行宫都部署与辽朝最高军政机关枢密院、中书省所用印牌规格相同，其权威受到了官方认证。最为鲜明的例子当属景、圣二宗时期的大臣韩德让，为了突出其地位，在赐姓耶律之外，"拜大丞相，充契丹、汉儿枢密使，南北面诸行宫都部署"⑤。

如同北院枢密使地位高于南院枢密使，契丹行宫都部署地位亦高于汉人行宫都部署。《辽史·礼志》祭奠辽道宗仪式："先帝小敛前一日，皇帝丧服上香，奠酒，哭临。其夜，北院枢密

---

① （元）脱脱等：《辽史》卷110《萧十三传》，第1638页。

② （元）脱脱等：《辽史》卷101《萧胡笃传》，第1582页。

③ 宫卫长官亦兼任其他职务，如陈昭衮统和中，为敦睦宫太保，兼掌围场事，开泰五年，迁围场都太师。[（元）脱脱等：《辽史》卷81《陈昭衮传》，第1418页] 而前述重元之乱时，其同党殿前都点检耶律撒剌竹"适在围场，闻乱，率猎夫来援"[（元）脱脱等：《辽史》卷114《萧胡睹传》，第1664页] 也是殿前都点检兼围场事的原因。

④ （元）脱脱等：《辽史》卷57《仪卫志三》，第1017页。

⑤ （宋）叶隆礼撰，贾敬颜、林荣贵点校：《契丹国志》卷18《耶律隆运传》，第197页。

使、契丹行宫都部署入，小敛。"①北院枢密使和契丹行宫都部署
在辽朝重要场合中扮演首要角色。正是因契丹行宫都部署的特殊
地位，其也具有更多职能。耶律仁先任契丹行宫都部署时曾"奏
复王子班郎君及诸宫杂役"。②王子班郎君是诸王子中没有职官
和封号者，由王子郎君班详稳，也称王子郎君详稳和王子班详稳
管理。③辽道宗寿昌四年（1098）十月，南府宰相斡特剌兼任契
丹行宫都部署之后，用"以传导燕国王延禧"④。耶律延禧为辽道
宗的孙子，即后来的天祚帝，此时应在王子班。足见除去诸宫事
务，契丹诸行宫都部署还对皇储和诸王子负责。

　　诸行宫都部署、殿前都点检、南北面都护卫太保的地位差
异，导致其参政的方式各有不同。辽兴宗重熙三年（1034），耶
律仁先补护卫，"帝与论政，才之"⑤。辽帝与耶律仁先论政是因
其特殊的身份，并非护卫本身职能，护卫太保参政也是在迁任
宰执或南北臣僚会议大臣之后。护卫太保萧韩家奴在大康二年
（1076）迁知北院枢密副使。⑥殿前都点检参与政务往往要兼任同

① （元）脱脱等：《辽史》卷50《礼志二》，第934页。

② （元）脱脱等：《辽史》卷96《耶律仁先传》，第1536页。

③ 李桂芝：《契丹郎君考》，陈梧桐主编：《民大史学》第1辑，北京：中央民族大
　　学出版社，1996年，第269–270页。林鹄认为，"王子帐"当即斡鲁朵中管理
　　太祖后裔的机构。王子班郎君盖王子帐出任随侍帝廷的郎君。林鹄：《辽史百官
　　志考订》，第65页。

④ （元）脱脱等：《辽史》卷26《道宗纪六》，第349页。

⑤ （元）脱脱等：《辽史》卷96《耶律仁先传》，第1535页。

⑥ （元）脱脱等：《辽史》卷92《萧韩家传》，第1508页。按：《金史》卷56《百
　　官志二》言，殿前都点检司，"掌亲军，总领左右卫将军、符宝郎、宿直将军、
　　左右振肃、宫籍监、近侍等诸局署、鹰坊、顿舍官隶焉……左右宿直将军，从
　　五品，掌总领亲军，凡宫城诸门卫禁、并行从宿卫之事，八员。"（第1339–1340
　　页）对比看来，辽金的宿直将军并不完全一致。

知枢密院事。如辽道宗时萧十三作为殿前都点检，兼同知枢密院事。① 为了方便辽帝与同知点检司事耶律乙辛商讨"疑议"，将其升为北枢密院同知，② 即同知北枢密院事。

反观诸行宫都部署则可以直接参与政务。清宁元年（1055），辽道宗曾对诸宫都部署直言："凡有机密事，即可面奏；余所诉事，以法施行。有投诽讪之书，其受及读者皆弃市"③。此为一则证明。另一则为辽道宗大康中契丹行宫都部署萧陶隗，参与辽帝与群臣关于北枢密院人员任命问题的讨论。④ 同样地，汉人行宫都部署亦具有面奏举荐人才的机会，王继忠就曾举荐萧敌烈为枢密使人选。⑤ 从三者参政、议政的方式也可以看出，诸行宫都部署为宫卫长官中地位最高者，殿前都点检次之，南北面都护卫太保再次之。前者大概可以统领后两者。

不仅如此，诸行宫都部署和殿前都点检还与辽朝的宰执群体相互兼任。辽圣宗开泰六年（1017）四月，以枢密使漆水郡王耶律制心权知诸行宫都部署。⑥ 辽道宗大康三年（1077），萧余里也为北府宰相，兼知契丹行宫都部署事；⑦ 寿昌四年（1098），南府宰相斡特剌兼契丹行宫都部署；⑧ 大康七年（1081），北府宰相萧挞不也兼殿前都点检，八年（1082），兼知契丹行宫都部

---

① （元）脱脱等：《辽史》卷110《萧十三传》，第1638页。

② （元）脱脱等：《辽史》卷110《耶律乙辛传》，第1634页。

③ （元）脱脱等：《辽史》卷62《刑法志下》，第1047页。

④ （元）脱脱等：《辽史》卷90《萧陶隗传》，第1496页。

⑤ （元）脱脱等：《辽史》卷88《萧敌烈传》，第1474页。

⑥ （元）脱脱等：《辽史》卷15《圣宗纪六》，第196页。

⑦ （元）脱脱等：《辽史》卷23《道宗纪三》，第317页。

⑧ （元）脱脱等：《辽史》卷26《道宗纪六》，第349页。

署事。①

宰执群体之外，诸行宫都部署、殿前都点检可与辽朝四大部族的大王相互兼任、转迁。辽道宗大安二年（1086），"以契丹行宫都部署耶律阿思兼知北院大王事"。②大康元年（1075）六月，以兴圣宫使谢家奴知奚六部大王事。③寿昌三年（1097）六月，以契丹行宫都部署耶律吾也为南院大王。④大安七年（1091）四月，以汉人行宫副都部署耶律谷欲知乙室大王事，八年（1092）十一月，汉人行宫都部署奚回离保知奚六部大王事。⑤寿昌五年（1099）六月，以奚六部大王回离保为契丹行宫都部署。⑥大康九年（1083）闰六月，以汉人行宫副部署可汗奴为南院大王。⑦从时间上判断，四大部族的大王与宫卫长官的迁转受到重元之乱的影响。当时辽帝欲幸南北大王府避难，被耶律仁先阻止，平乱之后不久即出现都部署兼知大王事。虽然未载部族大王是否参与重元叛乱，但至少事后受到了猜忌。

很明显，宫卫长官在辽朝后期频繁参政、议政，与朝廷重要职官相互兼任和迁转。作为军事机构的宫卫逐渐具有政治职能，是辽帝权力扩大的表现。中央参与政事之外，宫卫长官及其军队在战时作为最高军事指挥成员而存在。

《辽史·兵卫志》记载，辽朝每出征"选勋戚大臣，充行营

---

① （元）脱脱等：《辽史》卷24《道宗纪四》，第324—325页。
② （元）脱脱等：《辽史》卷24《道宗纪四》，第330页。
③ （元）脱脱等：《辽史》卷23《道宗纪三》，第315页。
④ （元）脱脱等：《辽史》卷26《道宗纪六》，第348页。
⑤ （元）脱脱等：《辽史》卷25《道宗纪五》，第338、339页。
⑥ （元）脱脱等：《辽史》卷26《道宗纪六》，第350页。
⑦ （元）脱脱等：《辽史》卷24《道宗纪四》，第326页。

兵马都统、副都统、都监各一人"①。辽朝战争基本上由行军统帅、副统帅、都监组成。辽朝非皇帝或皇太后亲征时，大规模战争的行军统帅在圣宗以前以北、南宰相为主，圣宗朝时两宰相与北院枢密使并行，圣宗以后，基本以北院枢密使为主。辽圣宗征伐高丽的战争中，殿前都点检先后3次分别担任行军都监和行军副统，以行军统帅出征首次见于辽兴宗重熙十七年（1048），此后开始多次担任行军都统领兵出征，直到辽末依旧如此。②比如，圣宗开泰四年（1015）征高丽，以北府宰相刘慎行为都统，枢密使耶律世良为副统，殿前都点检萧虚烈为都监；六年（1017）征高丽，以枢密使萧合卓为都统，汉人行宫都部署王继忠为副，殿前都点检萧虚烈为都监。③辽朝大规模行军打仗之时，行军的最高军事指挥成员基本由宰执官和宫卫长官组成。

一般情况下，宫卫官出征要带领天子禁兵（宫卫军）参与到战争中。辽兴宗重熙初，耶律独撷为左护卫，将禁兵从伐夏。④辽道宗大安十年（1094）四月讨磨古斯，以知北院枢密使事耶律斡特剌为都统，夷离毕耶律秃朵为副统，龙虎卫上将军耶律胡吕都监，积庆宫使萧乣里监战。⑤萧乣里虽为监战，但也带领积庆宫兵跟随作战。

宫卫长官出征期间，宫卫职能由下属或其他人暂替。重熙

---

① （元）脱脱等：《辽史》卷34《兵卫志上》，第451页。

② 武文君、向燕南：《集兵点将：辽朝行军体制研究》，《河南师范大学学报（哲学社会科学版）》2022年第4期，第142–143页。

③ （元）脱脱等：《辽史》卷115《高丽传》，第1673页。

④ （元）脱脱等：《辽史》卷92《耶律独撷传》，第1508页。

⑤ （元）脱脱等：《辽史》卷25《道宗纪五》，第341页。

十七年（1048）八月戊子，"以殿前都点检耶律义先为行军都部署，忠顺军节度使夏行美副部署，东北面详稳耶律术者为监军，伐蒲奴里酋陶得里"[1]。耶律义先于重熙十六年（1047）任殿前都点检，其弟耶律信先在重熙十四年（1045）为左护卫太保，同知殿前点检司事，十八年（1049），又兼右祗候郎君班详稳。[2] 信先、义先两兄弟当时应同掌殿前司，义先率军出征期间，殿前司事由信先负责。并且，按照辽帝宫卫多重构成的特征，即使一两位宫卫官领兵出征，仍有其他宫卫军主力守卫皇帝。

基于以上，辽朝宫卫的运作机制如下图所示：

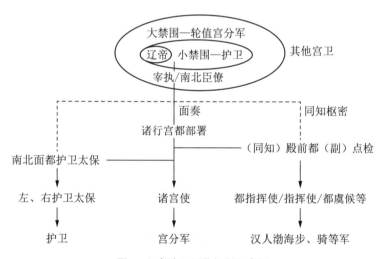

图 1　辽朝宫卫运作机制示意图

综上所述，辽朝宫卫体系运作主要依靠诸行宫都部署、殿前都点检、南北面都护卫太保共同协作，三者职能相同，却又分工

---

① （元）脱脱等：《辽史》卷20《兴宗纪三》，第273页。
② （元）脱脱等：《辽史》卷90《耶律义先传附弟信先传》，第1494-1495页。

明确，且有自己的直属军队。辽朝中后期，以诸行宫都部署为首的宫卫长官逐渐参与到辽朝的军、政事务之中。辽朝宫卫长官不仅仅作为天子"家臣"，在皇帝与朝廷机关之间扮演承上启下、贯通内外的角色，①而且可以进入宰执群体或南北臣僚会议参政议政，与重要的政治官员相互迁转、兼任，参与辽朝国家运作的重要事务。可以说，辽朝宫卫体系的完善与重构，使得辽帝的宫卫军（侍卫亲军）组织，由最初的军事机构逐渐转变为具有军、政双重性质的机构。

余　论

草原游牧民族"只有当征服了诸多其他民族，建立了汗国或政权之后，建立较大规模的常备军才成为必要，这时，伴随着草原贵族、部落首领向单于、可汗或皇帝转化，他们的侍卫亲军就会演化成为一支国家或政权的精锐常备军，一旦有大规模战事爆发，作为由单于、可汗或皇帝直接指挥的精锐部队，往往起到主力核心的作用"。②辽朝亦是如此。自辽太祖建国以后，"腹心部"—皮室军不仅在规模上有所扩充，由一开始的千余人发展至三万，③并且，不断扩充诸多民族为亲军，后来发展为天子禁兵，具有镇戍地方的职能。皮室军作为辽帝宫卫，在辽朝中后期驻扎

---

① 乐日乐：《辽朝郎君再考述》，《内蒙古民族大学学报（社会科学版）》2018年第3期，第52-56页。
② 晓克：《北方草原民族侍卫亲军制探析》，《内蒙古社会科学（汉文版）》2007年第5期，第35页。
③ 杨军：《辽代斡鲁朵研究》，《学习与探索》2015年第5期，第152-153页。

在大小禁围外，一方面仍有轮流至辽帝行宫守卫的职能，负责外围警备；①另一方面则经常被派出镇戍四方要地。②

皮室军外，辽朝还有游牧民族组成的专支军队跟随在辽帝身边，如鹰军、凤军、龙军、铁鹞子军等。③辽太祖时已有鹰军，壮大后分为大小军，辽道宗咸雍九年时小鹰军屯戍在涿州。④辽道宗时人萧阳阿"年十九，为本班郎君。历铁林、铁鹞、大鹰三军详稳"⑤。其中，铁鹞军在辽太宗时即已存在。太宗会同元年（938），高模翰兼总左右铁鹞子军⑥；会同八年（945）三月，与后晋作战中，"命铁鹞军下马，拔其鹿角，奋短兵入击"⑦。《资治通鉴》的记载同此，并有胡注："契丹谓精骑为铁鹞，谓其身被铁甲，而驰突轻疾，如鹞之搏鸟雀也"⑧。《辽史·国语解》称鹰军，"鹰鸷，以之名军，取捷速之义。后托龙军、虎军、铁鹞军者，仿此"⑨。铁鹞军与鹰军、龙军、虎军等取名类似，且皆为骑兵。文献中的大小鹘军、凤军皆是。太祖七年（913）五月"以生口六百、马二千三百分赐大、小

---

① 杨若薇：《契丹王朝政治军事制度研究》（修订版），第236页。

② 如《辽史》卷93《萧迂鲁传》所载左皮室详稳萧迂鲁，"会宋求天池之地，诏迂鲁兼统两皮室军屯太牢古山以备之"。（第1515页）

③ （元）脱脱等：《辽史》卷46《百官志二》，第829–830页。

④ 林鹄：《辽史百官志考订》，第116页。（宋）李焘撰，上海师范大学古籍整理研究所、华东师范大学古籍整理研究所点校：《续资治通鉴长编》卷248，熙宁六年（1073）十一月壬寅条，北京：中华书局，2004年，第6039页。

⑤ （元）脱脱等：《辽史》卷82《萧阳阿传》，第1426页。

⑥ （元）脱脱等：《辽史》卷76《高模翰传》，第1378页。

⑦ （元）脱脱等：《辽史》卷4《太宗纪下》，第60页。

⑧ （宋）司马光编著，（元）胡三省音注：《资治通鉴》卷284，后晋齐王开运二年（945）三月癸亥条，北京：中华书局，2012年，第9417页。

⑨ （元）脱脱等：《辽史》卷116《国语解》，第1691页。

鹘军"①。大小鹘（鹄）军为二室韦军号。②辽圣宗统和十二年
（994）六月"诏龙、凤两军老疾者代之"③。辽朝涿州新城"有
凤军契丹数千人屯戍"④。据文献所载，辽代部族军多数有明确
的驻地，集中见于《辽史·营卫志·部族》⑤，不同程度地贯穿
了契丹内地、州县和"边圉"⑥。这些游牧兵具有明确的军号，
且不隶属于部族军，可能是天子禁兵。并且，辽道宗大安年
间，回离保曾"补护卫，稍迁铁鹞军详稳"⑦。如萧阳阿以本班
郎君身份任铁林、铁鹞、大鹰军详稳，回离保以护卫迁铁鹞军
详稳，都是以辽帝近卫的身份转迁这些军事长官，在一定程度
上也是对其禁兵身份的肯定。他们与皮室军的性质是相同的，
辽代文献中出现皮室军屯戍在地方，但不是一直都在某一地，
是禁兵轮戍所致。

辽帝禁兵镇戍遍及州、城、堡、寨。如易州和涿州之间有
牛栏寨，辽末宋将刘光世攻辽，"至白沟，为牛栏军所败，不得
前"，"牛栏贼千余，从古城出"⑧。禁兵镇戍地方之后，由辖区内
的最高军事长官统领。《亡辽录》记载牛栏军寨、南北皮室司、

---

① （元）脱脱等：《辽史》卷1《太祖纪上》，第8页。

② （元）脱脱等：《辽史》116《国语解》，第1692页。

③ （元）脱脱等：《辽史》卷13《圣宗纪四》，第157页。

④ 河北省文化局文物工作队：《河北新城县北场村金时立爱和时丰墓发掘记》，《考
古》1962年第12期，第650页。

⑤ （元）脱脱等：《辽史》卷33《营卫志下》，第435-445页。

⑥ 武文君、杨军：《分镇边圉：辽朝部族军驻防研究》，《中央民族大学学报（哲学
社会科学版）》2020年第4期，第98页。

⑦ （元）脱脱等：《辽史》卷114《奚回离保传》，第1666页。

⑧ （宋）徐梦莘：《三朝北盟会编》卷9《政宣上帙九》引《封氏编年》，第65页。

猛挞剌司等军事机构皆隶属南京总管府（都元帅府）。① 这些游牧禁兵具有番上的职能，在捺钵地应归诸行宫都部署管辖。

地方的汉人、渤海军也具有番上职能。如余靖在捺钵地所见的控鹤军，即南京侍卫亲军马步军都指挥使之下的诸军之一。南京侍卫亲军马步军都指挥使与中京、上京诸军都虞候同属禁军系统，统辖汉军，② 故有大安元年（1085），蔡志顺被任命为随驾三军都虞候，③ 即诸京军队番上所致。他们到捺钵番上应暂时隶属于殿前都点检。具体事例如，《高嵩墓志》记载，基于当时的燕京留守高勋重视自己的衙兵"近臣"，高嵩在保宁三年被提拔为龙厅直第一指挥使，于保宁四年充右散祗侯指挥使至捺钵番上，所以能够"居牙璋之下，领貔豹之威"④。这类军官番上管理的可能不是当地军队。辽圣宗统和年间，王悦由辽兴军节度衙内都指挥使"入为严胜、龙卫兵马都部置（署）"。⑤《辽史·圣宗纪》记载，圣宗时，"诏蔚、朔等州龙卫、威胜军更戍"，当时还发生"朔州威胜军一百七人叛入宋"的事件。⑥ 龙卫军应当是蔚州的衙军，⑦ 故而王悦所任兵马都部署中就包括番上的蔚州衙军。

① （宋）徐梦莘：《三朝北盟会编》卷21《政宣上帙二十一》引《亡辽录》，第153页。

② 陈俊达：《辽朝军事区划体系研究——兼论辽代"道""路"诸问题》，《史学集刊》2022年第3期，第61页。按：南京侍卫亲军马步军都指挥使与中京、上京诸军都虞候辖下军队不番上时属五京州军系统，番上时属禁军系统。实际上，辽朝五京州军在时人口中统称"禁军"。详见下文。

③ 《蔡志顺墓志》，向南、张国庆、李宇峰辑注：《辽代石刻文续编》，第261页。

④ 《高嵩墓志》，向南、张国庆、李宇峰辑注：《辽代石刻文续编》，第38页。

⑤ 《王悦墓志》，向南：《辽代石刻文编》，第113页。

⑥ （元）脱脱等：《辽史》卷13《圣宗纪四》，第159-160页。

⑦ 陈俊达：《辽朝节镇体制研究》，上海：上海三联书店，2021年，第143-144页。

　　辽帝一方面将跟随自己的禁兵派驻地方，隶属于地方最高军事长官，另一方面，令地方军队至捺钵地番上，由宫卫长官调配。在出入之间，辽统治者牢牢掌握军权，实现中央与地方军队的调度，以把控诸方势力。

　　辽朝宫卫管理虽然分契丹和汉人（渤海），但在其运作模式及与地方军事力量的互动中，超出了契、汉之分，更注重的是军、政两方面的管理。与此同样地，辽朝部族系统在运行过程中亦表现出军、政二元管理的模式（详见下文）。这不得不令我们反思，《辽史》中虽言辽朝"以国制治契丹，以汉制待汉人"，体现出辽朝对契丹（奚）和汉人（渤海）分而治之的特征。但综合诸方文献和研究成果可以发现，辽朝在国家治理中更加注重军事制度和政治制度。

第二章　军政二元：辽朝部族管理模式

　　《辽史·营卫志》将部族的军事和民政划分为二元隶属关系，[①] 而《百官志》仅罗列一些部族职官，[②] 部族军事与民政之间的关系尚不清晰。且部族节度使与司徒分驻两地，二者如何管理部族，文献记载也存在矛盾。是故，治辽史者长期致力于辽朝部族管理模式的研究。针对部族上属机构方面，前贤多赞同北枢密院是部族的最高管理机构，主要分歧在于北枢密院之下的统辖体系。何天明提出诸部族既分属北、南宰相府，又分隶诸路军事机构。[③] 岛田正郎认为，部族具体事务归北、南宰相府，两宰相府之下，各地区分别由统帅机关管辖。[④] 关树东则主张，辽内四部族直接对北枢密院负责，其他各部落军分隶于北、南二宰相府，

① （元）脱脱等：《辽史》卷31《营卫志上》、卷33《营卫志下》，第409-410、436-444页。

② （元）脱脱等：《辽史》卷46《百官志二》，第813-820页。

③ 何天明：《试探辽代北宰相府的职能》，《内蒙古社会科学（汉文版）》1998年第1期。何天明、麻秀荣：《辽代南宰相府探讨》，《黑龙江民族丛刊》1999年第4期。

④ ［日］岛田正郎著，何天明译：《大契丹国——辽代社会史研究》，呼和浩特：内蒙古人民出版社，2007年。

再受统于枢密院。① 针对部族基层管理和内部统辖，研究者更侧重考察部族节度使的权力，② 而对部族内部军事管理体系则鲜少涉及。本章综合出土辽代墓志和传世文献，揭示辽朝部族的军事和民政二元管理体系，以便于下一步探讨部族军驻防体制的运行模式。

第一节　军事路与部族军营：部族军事统属体系

《辽史》中的《营卫志》和《兵卫志》记载部族军的军事机构包括西北路招讨司、西南面招讨司、乌古敌烈统军司、东北路统军司、黄龙府都部署司、咸州兵马司、东京都部署司、南京都元帅府。③ 诸高层地方军事机构基本可自成某一军事路。④

未隶属军事路的部族军，大概可分为两类。一类是五院部、六院部、乙室部和奚六部的军队。四大部族的军队由四大王府统

① 关树东：《辽朝部族军的屯戍问题》，《中央民族大学学报（哲学社会科学版）》1996 年第 6 期。
② 杨若薇：《契丹王朝政治军事制度研究》（修订版），第 230-238 页。
③ （元）脱脱等：《辽史》卷 33《营卫志下》、卷 35《兵卫志中》，第 437-444、466-470 页。原《志》所载东北路招讨司当为西北路招讨司之误，东北路（女直）兵马司即咸州兵马司 / 北女直详稳司。（武文君：《辽代部族军研究》，第 87 页）除去《志》载外，辽朝南京地区的部族军所属都统军司、牛栏监军寨、石门详稳司、南北皮室司、猛拽剌司等军事机构皆隶属总管府 [（宋）徐梦莘：《三朝北盟会编》卷 21《政宣上帙二十一》引《亡辽录》，第 153 页]，辽兴宗重熙四年（1035）由都总管府改为都元帅府 [（元）脱脱等：《辽史》卷 46《百官志二》，第 836 页]。部族军还应隶属于南京都元帅府。
④ 余蔚：《中国行政区划通史·辽金卷》，第 47 页。

· 072 ·

领，大王府大抵与军事路同级，① 甚至地位略高。② 另一类是镇戍于隗乌古部和倒塌岭 ③ 两个要塞的部族军，统治者在两地设节度使司管理戍军。④ 简言之，除军事路外，部族军所隶机构还包括

① 宋神宗元丰四年（1081），河北路曾上言辽朝五京留守、南北王府主兵官、诸招讨使等在辽中京议事［（宋）李焘撰，上海师范大学古籍整理研究所、华东师范大学古籍整理研究所点校：《续资治通鉴长编》卷 313，宋神宗元丰四年（1081）六月丁丑条，第 7591 页］，此次议事属于高层军事会议，从参加的军事长官看，大王府和军事路的级别大致相同。

② 武文君：《辽代部族军研究》，第 94 页。兵力对比上有所体现。辽代多方墓志提及北、南二王统领"四十万"兵马，而招讨使等则统兵"三十万"。"四十万兵马都总管、兼侍中、南大王、赠政事令、陈王讳遂贞，赐名直心（韩制心、遂贞）。"（《韩椅墓志》，向南：《辽代石刻文编》，第 204 页）"王讳万辛，于重熙四年封为北大王……四十万之军戎，咸归掌握"。（《北大王墓志》，向南：《辽代石刻文编》，第 223–224 页）耶律宗政"为四十万军南大王。兵府浩繁，暂资统领。"（《耶律宗政墓志》，向南：《辽代石刻文编》，第 307 页）"故守太子太保、西北路招讨使、三十万兵都统军萧公墓志铭。……改详稳司为统军司，复授三十万兵都统军"。（《萧兴言墓志》，向南、张国庆、李宇峰辑注：《辽代石刻文续编》，第 188 页）"复授"表明其在作为详稳统领西北部时亦是"三十万兵都统军"，说明作为地方管理机构的详稳司与统军司等同。招讨司亦同。可见，大王府的级别比军事路略高。

③（元）脱脱等：《辽史》卷 33《营卫志下》，第 439–443 页。

④ 统和二年（984）二月，见有隈（隗）乌古部节度使。［（元）脱脱等：《辽史》卷 69《部族表》，第 1203–1204 页］倒塌岭所设为节度使司还是统军司，学界对其性质存在争议。辽道宗清宁初，西北路招讨使萧夺剌，"请以本路诸部与倒塌岭统军司连兵屯戍"。［（元）脱脱等：《辽史》卷 92《萧夺剌传》，第 1505–1506 页］有学者提出倒塌岭设统军司。统观辽代文献，倒塌岭统军司仅出现 1 次，不免令人生疑。且学界多将"倒塌岭"与"统军司"连读，实际上，二者各有所指，倒塌岭指倒塌岭节度使司，统军司指乌古敌烈统军司。这样作为西北路招讨使的萧夺剌才可以请与其地域相接的两个机构连兵屯戍。其原文应为"请以本路诸部与倒塌岭、统军司连兵屯戍"。并且，辽末人史愿《亡辽录》记载，"沙漠之北则置西北路都招讨府、隩隗乌隗部族衙、芦沟河统军司、倒挞岭部衙，以镇慑（摄）鞑靼、蒙古、迪烈诸国"。［（宋）徐梦莘：《三朝北盟会编》卷 21《政宣上帙二十一》，第 152–153 页］将"统军司"与"部衙"区别开来，二者明显不能等同。倒塌岭的机构设置应为节度使司，他与戍隗乌古部的部族统辖模式相同。参见武文君：《辽代部族军研究》，第 135–136 页。

四大王府和二节度使司。

部族军以何种形式、规模镇戍，又以怎样的建制隶属于诸军事机构，《辽史》并未明晰记载。《辽史·营卫志》称部族戍军隶节度使，各部族节度使又归相应军事机构统属，[①] 反映出部族节度使具有率军外出镇戍的职责。不过，散见于《辽史》中的记载却透露出石烈长官亦率军镇戍。《辽史·营卫志》提到辽太宗会同二年至三年（939—940），将五院部的瓯昆石烈、乙习本石烈和六院部的斡纳阿剌石烈迁往北方"乌古""海勒水"之地（乌古敌烈统军司辖区）。[②] 五院、六院部大王与都监平时驻辽朝内地及周边，[③] 并不在"乌古""海勒水"区域，镇戍地的部族军平时当是由三石烈长官夷离堇统领，遇事直接向乌古敌烈统军使汇报。《辽史·萧敌烈传》称辽圣宗开泰初年（1012），萧敌烈巡察西边，"时夷离堇部下闸撒狨扑里、失室、勃葛率部民遁，敌烈追擒之，令复业"[④]。闸撒与弥里同级，[⑤] 长官为闸撒狨。参照五院、六院部三石烈的统辖方式，应直接由夷离堇向萧敌烈上报闸撒狨率部民出走一事，而未经部族节度使。

从《辽史》记叙来看，部族军镇戍，存在节度使率部镇戍和

① 如楮特部节度使属西北路招讨司，突吕不室韦部节度使属东北路统军司，稍瓦部节度使属东京都部署司。参见（元）脱脱等：《辽史》卷33《营卫志下》，第438-444页。

② （元）脱脱等：《辽史》卷33《营卫志下》，第436-437页。

③ （元）脱脱等：《辽史》卷33《营卫志下》，第436页。

④ （元）脱脱等：《辽史》卷88《萧敌烈传》，第1474页。

⑤ 杨军："'变家为国'：耶律阿保机对契丹部族结构的改造"，《历史研究》2012年第3期，第22页。

石烈长官夷离堇率本石烈军民镇戍两种模式。二者的关系和差异，仍有待考辨；其与诸军事机构之间统属关系，亦有待澄清。幸而，出土文献提供了有价值的信息。

《耶律宗福墓志》记载，辽朝"西北路之所辖者，节度金吾逮二十部，精兵勇士余二万众"[1]。所谓"节度金吾逮二十部"，王曾瑜认为，"'节度、金吾'，应是指部族或属国首领拥有辽朝封赐的节度使、金吾卫上将军、金吾卫大将军之类头衔"[2]。张宏利则提出"节度"是西北路招讨司下辖部族节度使，"金吾"为虚衔，"二十部"属概称。[3]二说为认识西北路节度、金吾二十部提供了线索，但仍可进一步探讨。

辽朝属国军并非常备军，"有事则遣使征兵，或下诏专征……助军众寡，各从其便，无常额"[4]，不当在西北驻军之列。而且，《辽史·地理志》称："镇州，建安军……选诸部族二万余骑充屯军"[5]。"诸部族二万余骑"恰与"精兵勇士余二万众"相合，"二十部"精兵勇士，当指征发自诸部族的兵马，并不包含属国军。

检《辽史·营卫志》，西北路征发部族包括品部、楮特部、突吕不部、奥衍女直部、室韦部共五部，[6]他与二十部的数量相差

---

① 王利华等：《辽〈耶律宗福墓志〉校勘补述》，刘宁主编：《辽金历史与考古》第3辑，沈阳：辽宁教育出版社，2011年，第313页。

② 王曾瑜：《辽金军制》，第48页。

③ 张宏利：《辽朝部族制度研究——以行政区划的部族为中心》，长春：吉林大学博士学位论文，2015年，第128页。

④ （元）脱脱等：《辽史》卷36《兵志志下》，第485页。

⑤ （元）脱脱等：《辽史》卷37《地理志一》，第509页。

⑥ （元）脱脱等：《辽史》卷33《营卫志下》，第437-443页。

甚远，故"节度金吾逮二十部"为概称的可能性亦不大。显然，"节度金吾逮二十部"之"部"，并非部族之"部"，而有其他含义。这也意味"节度、金吾"需要另作解读。其中"节度"指部族节度使，当无疑义，关键在于"金吾"究竟所指为何。这可以从文献中找到一些线索。

辽朝西北路"金吾"在文献中多次出现。《辽史·圣宗纪》载太平元年（1021）十月己未，任命"聊了西北路金吾"。①《辽史·道宗纪》载大安八年（1092）十月辛酉，"阻卜磨古斯杀金吾吐古斯以叛"②。"金吾"指金吾卫上将军、大将军，是辽代武资官，标识武官品级。③但就《辽史》载"西北路金吾"来讲，金吾作为武资官，虽为虚衔，任"西北路金吾"者却有实际职事；从"金吾吐古斯"来看，其似为镇戍西北、羁縻阻卜的统兵官。

辽代官制上承唐制，兼采宋制，其职官体系包括职（使职）、官（职事官，包括文资官和武资官）、散、勋等，尤以职、官最为紧要，前者表示具体职掌，后者表示品秩级别。④"西北路金吾"，金吾为官，而统兵官则为职。那么，"西北路金吾"具体可能担任哪些统兵官？金吾卫上将军、大将军，在唐代诸卫将军之列。诸

---

① （元）脱脱等：《辽史》卷16《圣宗纪七》，第211页。

② （元）脱脱等：《辽史》卷25《道宗纪五》，第339页。

③ 杨军：《辽朝南面官研究——以碑刻资料为中心》，《史学集刊》2013年第3期，第10页。

④ 此方面研究成果较为丰富，可参见唐统天：《辽代汉官的散阶制》，《社会科学辑刊》1988年第3期。王曾瑜：《辽朝官员的实职和虚衔初探》，氏著：《点滴编》，保定：河北大学出版社，2010年。杨军：《辽朝南面官研究——以碑刻资料为中心》，《史学集刊》2013年第3期。孙大坤：《〈辽史·百官志〉研究》，长春：吉林大学博士学位论文，2020年。

卫将军，在唐后期逐渐阶官化，成为虚衔。[1]唐宋时期，带诸卫上将军衔者，多为节镇节度使，而带诸卫大将军衔者，则为节度副使、防御观察使、兵马都监、刺史或节镇大将等。比如，唐僖宗乾符年间（874—879）"左金吾卫上将军齐克让为兖州节度使"[2]；唐《承天军城记》记载带金吾卫大将军者有陈遵峤、吴庭宝、张如珪等诸副使、武将；[3]唐德宗贞元二年（786）七月，右金吾大将军论惟明为鄜州刺史、鄜坊都防御观察使；唐德宗贞元七年（791），张茂昭为左金吾卫大将军、节度观察留后；[4]宋太宗雍熙二年（985），陈万友为右监门卫大将军、河阴兵马都监；[5]宋真宗大中祥符二年（1009）赵惟忠"进左监门卫大将军、叙州刺史"[6]。

辽朝同样如此。如辽兴宗重熙十八年（1049）五月，授五国部节度使耶律仙童左监门卫上将军。[7]再如，辽朝出使北宋使者，授节度使者，多带上将军衔。仁宗皇祐四年（1052），辽顺义节度使、右监门卫上将军萧昌等至宋贺乾元节；仁宗至和二年（1055），辽归德节度使、左骁卫上将军萧知微，保安节度使、左

---

① 张国刚：《唐代阶官与职事官的阶官化论述》，《中华文史论丛》1989 年第 2 期，第 79、81 页。阎步克：《中国古代官阶制度引论》，北京：北京大学出版社，2010 年，第 299 页。

② （后晋）刘昫等：《旧唐书》卷 200 下《黄巢传》，北京：中华书局，1975 年，第 5391 页。

③ （清）陆耀遹：《金石续编》卷 8《承天军城记》，上海：上海古籍出版社，2020 年，第 696–697 页。

④ （后晋）刘昫等：《旧唐书》卷 12《德宗纪上》、卷 141《张孝忠附子茂昭》，第 353–354、3858 页。

⑤ （元）脱脱等：《宋史》271《陆万友传》，第 9292 页。

⑥ （元）脱脱等：《宋史》卷 244《燕王德昭附子惟忠传》，第 8680 页。

⑦ （元）脱脱等：《辽史》卷 20《兴宗纪三》，第 274 页。

监门卫上将军耶律防等至宋贺乾元节；辽忠顺节度使、左金吾卫
上将军耶律元亨至宋告哀。[1]部族节度使带上将军衔，契丹小字
亦可为证。《萧图古辞尚书墓志铭》第10行契丹文与汉译对应
如下：[2]

丙余火	卄火	爻平关	伏卄夾	今余	厈关	丹冬	厈为氕	今米	几亦有	化关	今仐万 兪万
复	授	于	骨里	部	都	使	又	上	将	军之	号 封

"都使"即"度使"，亦即节度使。此处意指授于骨里部节度
使，加上将军衔。可知，辽朝部族官，加上将军衔者，主要为节
度使。

辽代部族官，加大将军衔者，则为石烈长官和部族都监。石
烈长官，在会同改制（938）后，多称夷离堇，相当于州刺史。[3]
《续资治通鉴长编》称辽朝"内外官多仿中国（北宋）"，"夷离
堇，刺史也"[4]。石烈长官，所带官阶（武资官），暂未见记载。然

---

[1] （宋）李焘撰，上海师范大学古籍整理研究所、华东师范大学古籍整理研究所点校：《续资治通鉴长编》卷172，仁宗皇祐四年（1052）四月丙戌条；卷179，仁宗至和二年（1055）四月己亥条；卷181，仁宗至和二年（1055）九月戊午条，第4141、4329、4370页。

[2] 清格尔泰、吴英喆、吉如何：《契丹小字再研究》，呼和浩特：内蒙古大学出版社，2017年，第1279页。刘凤翥译为乌隈奥里部节度使（刘凤翥：《契丹文字研究类编》，北京：中华书局，2014年，第689页），皆为部族节度使，不影响结论。

[3] 杨军：《辽代州县体制的形成及演变》，《学习与探索》2018年第1期，第168页。

[4] （宋）李焘撰，上海师范大学古籍整理研究所、华东师范大学古籍整理研究所点校：《续资治通鉴长编》卷110，仁宗天圣九年（1031）六月丁丑朔，第2560页。（宋）叶隆礼撰，贾敬颜、林荣贵点校：《契丹国志》卷23《建官制度》，第250页。

辽代刺史往往加大将军衔，比如《韩橁墓志》载张崇一任左监门卫大将军、知檀州刺史事，[①] 可知石烈夷离堇应带大将军衔。另外，都监为部族统军官，为节度使的军事副手，也可加大将军衔。道宗咸雍八年（1072），乌古敌烈部都监萧阿鲁带升任详稳，加左监门卫上将军。[②] 此前都监所带衔等级当比上将军低，为大将军衔。

可以看出，辽代部族官加上将军衔者，为部族节度使，而加大将军衔者，为部族都监和石烈长官夷离堇。明晰此点，可知"节度金吾"二十部之"节度"为部族节度使，"金吾"当指带上将军或大将军衔的部族都监和石烈夷离堇等部族统兵官。"节度金吾逮二十部"，当即节度使和带金吾上将军、大将军的部族统兵官，共计统领二十部。

上文已论，镇戍西北部族仅五部，远不足二十之数，"部"的含义需要重新审视。据《辽史·百官志》记载，"北面边防官"条下西北路诸司中的"西北路金吾军"[③]；而辽阳路诸司中有"金吾营"[④]。"营"显然指军事单位，"金吾营"当与"金吾军"同，此为"节度金吾二十部"之"部"真正含义。更言之，不仅石烈夷离堇统兵，以石烈为单位建置一"金吾营（军/部）"，部族都监，乃至节度使领兵镇戍，亦按石烈为单位建"营"统兵。其实，辽代同一部族往往镇戍于不同地点，或者同一部族内部民轮

---

① 《韩橁墓志》，向南：《辽代石刻文编》，第 204 页。
② （元）脱脱等：《辽史》卷 23《道宗纪三》，第 311 页。
③ （元）脱脱等：《辽史》卷 46《百官志二》，第 840 页。
④ （元）脱脱等：《辽史》卷 46《百官志二》，第 835 页。

流镇戍，即便节度使统兵，也不大可能统领整个部族的部族军，也只能以石烈为单位征调兵马建营，与都监、夷离堇统兵，并无本质差异。这也是"节度金吾二十部"中"节度""金吾"并列，看上去大体同级的原因。

各部族按石烈征调兵马建"营"，①由节度使、都监或石烈夷离堇统率镇戍。各"节度""金吾"营军在镇戍区（路），皆直辖于各路统兵机构，构成"军事路—部族营军"二级军事统属体系。

第二节　营军与营部：石烈的双重性质及其演变

"营军"为辽代部族军镇戍的基本单位，大抵以石烈为单位征调组成。不过，回顾契丹历史发展，则会发现部族"营军"与部族、石烈关系复杂，既存在军、政分工，又存在互相转化关系，并伴随着历时性变化。

《辽史·营卫志》记载，迭剌部祖先益古之时，其部"凡六营"。辽太祖天赞元年（922），迭剌部析分为五院部和六院部。五院部包括大蔑孤、小蔑孤、瓯昆石烈、乙习本4个石烈；六院部包括辖懒、阿速、斡纳拨石烈、斡纳阿剌4个石烈，可知迭剌部析分后共计8个石烈。其中五院部大蔑孤石烈和小蔑孤石烈当由原先蔑孤石烈分割而来，六院部斡纳拨石烈和斡纳阿剌石烈当由斡纳石烈分割而来。更言之，迭剌部未析分时共6个石烈，

---

① 为与行政"营"相区别，下文称部族的军事营为"营军"。

恰与迭剌部"六营"相当，益古时"凡六营"之"营"，即指石烈。①

《营卫志》又言迭剌部"析五石烈为五院，六爪为六院"②。《辽史·国语解》解释"六爪"道："爪，百数也。辽有六百家奚，后为六院，义与五院同。"③照此，六院部源于"六爪"，指六百家奚；五院与之同义，源出"五石烈"，则一石烈与一爪同，皆指"百家"。统计五院/五石烈和六院/六爪，共11院（石烈），与上述契丹建国前后迭剌部共6或8营（石烈）的数目显然不合。又《辽史·皇子表》称肃祖长子洽眘任迭剌部夷离堇，曾分五石烈为七，六爪为十一。④洽眘任迭剌部夷离堇，在遥辇氏统治时期，从《皇子表》记载来看，当时所谓"五石烈""六爪"进一步析分，共分成18"石烈"和"爪"。这与上述契丹建国前后迭剌部营（石烈）的数目更不相合。显然，在这两种语境下，"石烈"的含义是不同的。在迭剌部"六营""八石烈"语境下，"石烈"是部族之下的二级行政单位；而在"五院""六院"语境下，"石烈"相当于"爪"，指百人、百家。

"五院""六院"之"院"，在汉文语境下，有营军、兵营之义。比如唐后期西川节度使刘辟部下有"五院子弟"；⑤景福初

---

① 杨军：《契丹社会组织与耶律阿保机建国》，《中国边疆史地研究》2020年第2期，第16页。

② （元）脱脱等：《辽史》卷33《营卫志下》，第436页。

③ （元）脱脱等：《辽史》卷116《国语解》，第1704页。

④ （元）脱脱等：《辽史》卷64《皇子表》，第1064页。

⑤ （宋）王钦若等编纂，周勋初等校订：《册府元龟》（校订本）卷12《帝王部》，南京：凤凰出版社，2006年，第124页。

（892）置"五院兵"①；元和十二年至十三年（817—818），李愬征讨淮西，所部牙兵号"六院兵马"②。再如镇海军节度使李锜帐下设"四院随身兵马使"③。"五院子弟""五院兵""六院兵马""四院随身兵马"等，是唐后期节度使所置亲兵，或称"后院兵"。以"院"称呼营军、兵营是当时通例。④此种用例，至辽金犹存。例如《金史·太祖纪》提及宁江州"惟四院统军司与宁江州军及渤海八百人耳"⑤，所谓"四院统军司"，盖指东京契丹、奚、渤海、汉四营（军）统军司。⑥

辽朝迭剌部"五院""六院"之"院"，当亦指"营"（营军）。"五院"本出"五石烈"（五营），在洽眷任迭剌部夷离堇时，析分为七营；"六院"，出自"六爪"（六营），洽眷时析为十一营。那么，"五院"（五营）和"六院"（六营），在迭剌部未分部时，为何已有区别？盖二者来源不同，五院出自契丹（迭剌）本部，六院则为俘获奚人。就此来看，契丹语"石烈"一词，可译为汉语"营"，但既可指行政组织（营部、营帐），亦可指军事组织（院军、

---

① （宋）薛居正等撰：《旧五代史》卷90《相里金传》，北京：中华书局，2015年，第1387页。

② （后晋）刘昫等：《旧唐书》卷133《李晟附子李愬传》，第3680页。

③ （宋）欧阳修、宋祁撰：《新唐书》卷224上《李锜传》，北京：中华书局，1975年，第6383页。

④ 张国刚：《唐代藩镇研究》（增订版），北京：中国人民大学出版社，2010年，第83-84页。

⑤ （元）脱脱等：《金史》卷2《太祖纪》，北京：中华书局，2020年，第25页。

⑥ 史愿《亡辽录》记载，辽末"辽阳路则东京兵马都部署司、契丹奚（汉）渤海四军都指挥使（司）、保州都统军司、汤河详稳司、金吾营、杓窊司，空（控）扼高丽。"[（宋）徐梦莘：《三朝北盟会编》卷21《政宣上帙二十一》，第153页]四军都指挥使司即四院统军司（陈俊达：《辽朝军事区划体系研究——兼论辽代"道""路"诸问题》，《史学集刊》2022年第3期，第61页）。

营军）。①也正是因此，造成辽代"石烈"和"营"的复杂情况。

不过，契丹部族军事组织和行政组织难以截然两分。部族军一般征调出于部族组织，即便是常置军队，亦必然有依附士兵之亲属，这是北方游牧民族兵民关系的惯例。按军事管理之"营"（营军），随着亲属繁衍，也必然要从军事组织向行政组织（营部、营帐）转变。《辽史·营卫志下》载："奚有三营：曰撒里葛，曰窈爪，曰耨盌爪。太祖伐奚，乞降，愿为著帐子弟，籍于宫分，皆设夷离堇。圣宗各置为部，改设节度使。"②其中二营"窈爪""耨盌爪"之"爪"，疑与"六爪"之"爪"义同；"撒里葛"，或亦当作"撒里葛爪"。此处"爪"，等同于"营"，最初当即营军。盖奚人初被征服，按军事管理，"籍于宫分"。"设夷离堇"，当在辽太宗时，即改"营"为行政组织石烈。至圣宗时，随着人口繁衍，又从宫分中独立出来，升建置为"部"，设节度使管理。此即"石烈"（营）由"营军→营帐→部族"转变之实例。再如"五院""六院"析分成部后，"院部"连称，"院"原本的军事意义也已淡薄。在契丹小字中，"院"与"宫"相同，皆作"**天化**"，③已作为行政组织"院部""院帐"。

"石烈"（营）兼具民政和军事二义，正是契丹游牧民族的特点。但随着契丹从部落联盟（或酋邦）向国家的发展，部族的政

---

① 辽代文献中的"营"有多种含义，还可指营盘、营地；指宗族组织，与"帐"为同义词。（杨军：《契丹社会组织与耶律阿保机建国》，《中国边疆史地研究》2020 年第 2 期）

② （元）脱脱等：《辽史》卷 33《营卫志下》，第 441 页。

③ 参见刘凤翥：《契丹小字解读再探》，《考古学报》1983 年第 2 期。刘浦江：《辽朝"横帐"考——兼论契丹部族制度》，北京大学历史系编：《北大史学》第 8 辑，北京：北京大学出版社，2001 年，第 33 页。

治组织性质突显，"营军"意义渐从"石烈"上剥离。最初剥离，可能是征调为首领亲兵等常备兵，比如挞马狨。随着部族体制完善，部、石烈成为辽代地方（部族）行政组织，"营军"剥离形式更多地变为外出镇戍，以石烈为单位抽调"营军"，即如上文考辨之"金吾营"。

部族"营军"与石烈分离的重要表现为部族的属籍制度，即出现军籍和户籍之分。部族军籍开始出现的时间当不晚于辽太宗统治初期。史载辽太宗天显三年（928）正月"己酉，阅北剋兵籍。庚戌，阅南剋兵籍"[1]。奚王府六部在"太祖二十部"中算作一部，[2]"阅"其下军队军籍印证了辽朝的部族军属有军籍。此外，辽太宗会同九年（946）二月，"鼻骨德奏军籍"的记载，[3]亦可证明部族隶军籍。

《辽史·营卫志》云：部族"胜兵甲者即著军籍"[4]。这当是辽代部族军征调制度完善后的定制。所谓"胜兵甲者"，即指满足一定条件或标准的部族民众。辽朝征发负责镇戍的部族军，原则是"选富民防边"[5]，即按照部民财产多少进行征发；被征发的军队，若有缺额则补以"少壮"[6]。可见，辽朝征兵，主要选择有一

---

① （元）脱脱等：《辽史》卷3《太宗纪上》，第30页。辽太宗分两次检阅奚王府之下的南剋和北剋的军籍，说明两军并不同籍，是分开管理的。这可能也是两军后来可以发展为不同两部的原因之一。

② （元）脱脱等：《辽史》卷33《营卫志下》，第439页。

③ （元）脱脱等：《辽史》卷4《太宗纪下》，第61页。

④ （元）脱脱等：《辽史》卷32《营卫志中》，第427页。《辽史》卷34《兵卫志上》亦载"辽国兵制，凡民年十五以上，五十以下，隶兵籍"。（第451页）

⑤ （元）脱脱等：《辽史》卷103《萧韩家奴传》，第1594页。

⑥ （元）脱脱等：《辽史》卷103《萧韩家奴传》，第1594页。

定财产且"少壮"之人。然这些仅是具备了"著军籍"的资格。《辽史·刑法志》记载辽圣宗统治时期，"五院部民有自坏铠甲者，其长佛奴杖杀之"①。这一有能力自备铠甲的五院部人被称为"民"，未著军籍。故"著军籍"是正式入伍之后才有的。辽兴宗时期，西北路招讨使韩涤鲁曾上言："请减军籍三千二百八十人"②。韩涤鲁要自军籍中裁减的人为镇戍西北的部族军。由此，部族中"著军籍"者是正式入伍的部族军。值得注意的是，辽代军籍可能即按"营"著录。辽太宗天显四年（929）十月甲辰，"幸诸营，阅军籍"③。军队是以"营"为单位编排的，④辽太宗所"阅军籍"当亦如此。

辽朝部族著户籍者，主要指部族中未外出镇戍的部民。辽圣宗统和三年（985）三月，"上因阅诸部籍，涅剌、乌隗二部户少而役重，并量免之"⑤。涅剌部和乌隗部因"户少"而被酌情免役，知辽圣宗所阅"诸部籍"就是部族的户籍。文献中还有其他与部族户籍相关的记载，统和十二年（994），奥里部

---

① （元）脱脱等：《辽史》卷61《刑法志上》，第1041页。

② （元）脱脱等：《辽史》卷82《耶律隆运附弟德威传》，第1424页。

③ （元）脱脱等：《辽史》卷3《太宗纪上》，第33页。

④ （元）脱脱等：《金史》卷44《兵志》记载："所谓奚军者，奚人遥辇昭古牙九猛安之兵也……时以奚未平，又置奚路都统司，后改为六部路都统司，以遥辇九营为九猛安隶焉。"（第1067、1072页）"因遥辇氏属于出自宇文鲜卑的一支契丹人，故与同出自宇文鲜卑的奚人相似性更大，至金代被视为奚人"。参见杨军：《契丹始祖传说与契丹族源》，《首都师范大学学报》2014年第6期，第5页。因此，《金史》的"奚军"实际是契丹军。此时猛安谋克为军事组织，遥辇九营为九猛安，可见遥辇军以"营"为单位，营即军。同样地，《金史》卷67《奚王回离保传》："初，太祖破辽兵于达鲁古城，九百奚营来降。"（第1689页）这里的奚营即是奚军，大概有九百人的兵力。

⑤ （元）脱脱等：《辽史》卷10《圣宗纪一》，第122-123页。

"以与梅只、堕瑰三部民籍数寡，合为一部"①。并且，从遥辇帐户籍由常衮管理来看，部族还有专门管理户籍的职官。②部族中隶户籍者因未被征发仍留在石烈中，称为留后户，由部族司徒管理。③

据文献记载，无论是作为首领亲兵的"营军"、镇戍"营军"，还是行政组织的石烈，亦可转化为部族。④辽圣宗统和十二年（994），"以奚府二剋分置二部"⑤。"二剋"指南剋、北剋，"掌军官名，犹汉南北军之职"⑥。二剋所领军队是奚王府的两支卫军，此为"营军"向部族转变之一例。辽太祖的斡鲁朵最初也与"营军"有关。史载"太祖宫行营，始置腹心部，选诸部豪健二千余充之"⑦。腹心部最初就是耶律阿保机的个人亲信卫队，初设时至少有6位统领，其成员包括战士和其家属。⑧虽然辽太祖的亲卫军发展为腹心部，并最终发展为斡鲁朵，但其演变过程依然是对军演变为部的诠释。再如，皮室军最初为辽帝的宿卫军，辽朝末年已转化为部族，与女古部并列为部。⑨这些皆为亲军发

---

① （元）脱脱等：《辽史》卷33《营卫志下》，第442页。
② 辽太宗天显四年（929）二月，"阅遥辇氏户籍"。《辽史·国语解》言常衮，"掌遥辇部族户籍等事"。[（元）脱脱等：《辽史》卷3《太宗纪上》、卷116《国语解》，第32、1692页]
③ （元）脱脱等：《辽史》卷33《营卫志下》，第437页。
④ 按：传世文献中只记三者转化为部族的案例，但未言转化的背景、规模和具体条件，且存疑待考。
⑤ （元）脱脱等：《辽史》卷33《营卫志下》，第442页。
⑥ （元）脱脱等：《辽史》卷116《国语解》，第1693页。
⑦ （元）脱脱等：《辽史》卷73《耶律曷鲁传》，第1347页。
⑧ 杨军：《辽代斡鲁朵研究》，《学习与探索》2015年第5期，第152页。
⑨ （元）脱脱等：《辽史》卷28《天祚皇帝纪二》，第375页。

展为部的例子。

镇戍"营军"转化为部，以特里特勉部的发展最具代表性。《辽史·营卫志》载："初于八部各析二十户以戍奚，侦候落马河及速鲁河侧，置二十详稳。圣宗以户口蕃息，置为部，设节度使"①。这种自各个部抽取兵马镇戍的方式属于个别现象，一般情况下，各部族皆有镇戍地，部族军的征发是以部族为单位。具体到每一部族，是以石烈为单位进行征发。所以太宗会同年间五院、六院部的单个石烈可以整体迁至海勒水、乌古之地。参照石烈长官率领的部族军称为金吾营，从这个层面看，行政的石烈在特定情况下就是军事营。

传世文献中亦存行政石烈发展为部的例子。早期如辽太祖时契丹八部的"分营而领之""以其营为部""分营置部"。后来如稍瓦部和曷术部最初先取诸宫及横帐大族奴隶置石烈，至圣宗时"以户口蕃息置部"②。

辽朝部族的"营军"与行政石烈历经了由合一到分离的过程。随着部族体制日趋稳定，"营军"与行政石烈之间的关系也逐渐明晰。部族军若以石烈为单位外出镇戍，则石烈相当于"营军"；若部族军征发自石烈，构成新的"营军"，则二者不能等同。部族的"营军"和行政石烈，亦可以转化为部族。辽朝统治者通过改变"营军"、石烈与部族三者之间的转化关系，来完成对部族的拆分与增置。

---

① （元）脱脱等：《辽史》卷33《营卫志下》，第441页。
② （元）脱脱等：《辽史》卷33《营卫志下》，第436-439、441页。

第三节　部族军事、民政分属机制

辽代部族在军事和民政上，分别以营军和石烈为组织单位，形成军、政二元体系。在部族上属关系上，同样呈现出部族军事和民政的二元管理体系。

前文指出，部族营军隶军籍，石烈部民隶民籍。部族营军直接隶属于各军事路的军事机构或四大王府，而部族民政从《辽史·营卫志》来看，则归北、南宰相府管理。《志》载辽圣宗时期，"奚王和朔奴讨兀惹，败绩，籍六部隶北府"①。然此后奚王仍多次领兵出征，可知六部军事仍归属奚王，"籍六部隶北府"指的是部族民籍。诸部族皆有隶北、南宰相府的记载，民事由各自归属的北、南宰相府管理。神册六年（921），南府宰相苏，"以贿闻，民颇怨"②。辽圣宗开泰年间，萧排押为北府宰相，称其"为政宽裕而善断，诸部畏爱，民以殷富"③。两则史料皆体现出部族民政与北、南宰相府的统属关系。

部族下属的关系上，主要通过设置都监和司徒两个重要职官，并与节度使共治部族体现军、政的二元管理。部族都监为实职，司徒之称则明显是虚衔，其具体职事尚需进一步商讨。

辽朝部族"凡成军隶节度使，留后户隶司徒"④，管理部族民

---

① （元）脱脱等：《辽史》卷33《营卫志下》，第439页。
② （元）脱脱等：《辽史》卷64《皇子表》，第1073页。
③ （元）脱脱等：《辽史》卷88《萧排押传》，第1476页。
④ （元）脱脱等：《辽史》卷33《营卫志下》，第437页。

户的司徒在契丹部族中具有重要地位，大小部族皆有设置。即使《营卫志》未明确记载的五院部和六院部亦设有司徒：北大王万辛之子马九为"本王府司徒"①；耶律庆嗣为南王府司徒。②契丹部族司徒最早出现于辽太宗时期，会同元年（938）官制改革，由部族属官梯里已提升而来，"梯里已，诸部下官也，后升司徒"。③部族司徒与其他职官一样具有任期。辽圣宗开泰初年（1012），六院部人耶律欧里斯"为本部司徒。秩满闲居"。④从司徒管理留后户来看，其所代指的部族本官的地位较高。

　　林鹄认为部族留后户所隶司徒系夷离堇之副，⑤意为节度使之副，但未作进一步解释。部族节度副使在文献中出现的次数较少，辽圣宗统和三年（985）九月，"乙室姥隈（奥隗）族部副使进物"。⑥辽代不乏部族向朝廷贡物的记载，上贡事务并不归节度副使负责。太宗会同二年（939）闰七月，"罢南、北府民上供及宰相、节度诸赋役非旧制者"⑦。圣宗统和元年（983）十月，南京留守耶律休哥奏："每岁诸节度使贡献，如契丹官例，止进鞍马，从之"。⑧这些例子皆表明部族贡赋由节度使负责，乙室奥隗部节度副使向朝廷进奉只能是代替节度使行使职能。辽朝节镇的最高长官为节度使，节度副使是其下首席僚佐。节度副使的职掌

---

① 《北大王墓志》，向南：《辽代石刻文编》，第223页。

② 《耶律庆嗣墓志》，向南：《辽代石刻文编》，第457页。

③ （元）脱脱等：《辽史》卷116《国语解》，第1694页。

④ （元）脱脱等：《辽史》卷81《耶律室鲁附子欧里斯传》，第1416页。

⑤ 林鹄：《辽史百官志考订》，第89页。

⑥ （元）脱脱等：《辽史》卷69《部族表》，第1204页。

⑦ （元）脱脱等：《辽史》卷4《太宗纪下》，第50页。

⑧ （元）脱脱等：《辽史》卷10《圣宗纪一》，第120页。

涉及行政民政、司法监察、财政经济等方面，甚至可以代行节度使职权。① 根据契丹部族官制对州县体制的比附和部族司徒的职能，部族司徒为其节度副使的结论较为合理。因节度使具有带兵远戍的职能，不能时时掌控留下来的部民。故虽然部族的最高长官是节度使，其外出镇戍时由部族司徒（节度副使）负责管理留后户。

游牧部族的军队中亦存在司徒。《辽史·百官志二》"北面军官"条载："十二行糺军。诸糺并有司徒，余同详稳司"。② 《辽史·国语解》解释"遥辇糺"为"遥辇帐下军也。其书永兴宫分糺、十二行糺、黄皮室糺者，仿此"。③ "糺"可专指游牧族军。④ "十二行糺"指的应是十二行军，即 12 支游牧军构成的行军部队。重熙初，耶律独攧"为左护卫，将禁兵从伐夏有功，授十二行糺司徒"⑤。又，重熙十三年（1044）辽朝征西夏，耶律义先"为十二行糺都监"。⑥ 按照辽朝行军设有都统、副都统、都监来看，"十二行糺都监／司徒"可能即是行军都监，"诸糺并有司徒"之意就是诸军皆设都监。辽圣宗统和四年（986）十一月，攻打宋朝前"置诸部监，勒所部各守营伍，毋相错杂"。⑦ 统和十四年（996）四月甲戌，又于"东边诸糺各置都监"。⑧ 驻扎

① 陈俊达：《辽朝节镇体制研究》，第 160–161 页。

② （元）脱脱等：《辽史》卷 46《百官志二》，第 831 页。

③ （元）脱脱等：《辽史》卷 116《国语解》，第 1705 页。

④ 林鹄：《辽史百官志考订》，第 121 页。

⑤ （元）脱脱等：《辽史》卷 92《耶律独攧传》，第 1508 页。

⑥ （元）脱脱等：《辽史》卷 90《耶律义先传》，第 1494 页。

⑦ （元）脱脱等：《辽史》卷 11《圣宗纪二》，第 134 页。

⑧ （元）脱脱等：《辽史》卷 13《圣宗纪四》，第 160 页。

在各地的部族军皆设有都监，具有军事职能的司徒的职事官可为都监。

部族具有军事职能的司徒（都监）无论是行军还是驻军，一般跟随部族长官。驻军之时，如五院部、六院部"大王及都监"春夏、秋冬皆同驻一地。① 行军之时如北大王府耶律元宁，在对宋战争中表现突出，"因是军功达于睿听，宣署北大王府管军司徒"，后在对宋战争中"北大王、惕隐备西轶之虞，以公扼东人之患，两道齐进，一时夹攻"。② "管军司徒"由皇帝亲自任命，指的就是都监，而且在行军中，能够与部族长官分领军队者，亦多为都监。辽圣宗统和四年（986）十一月，"褚（楮）特部节度使卢补古、都监耶律盼与宋战于泰州"。③ 辽圣宗太平六年（1026），西北路阻卜围攻三克军，时任突举部节度使的耶律谐理"与都监耶律涅鲁古往救"。④ 依照部族都监与游牧军司徒职能相同层面，二者也应是同一职事官。

上文所见，部族中司徒所代表的职事官在不同记载中存异，可指节度副使，亦可指都监。按，司徒为正一品文资官（检校官），⑤ 是表示官员等级的虚衔。部族的司徒显然还达不到一品官员的级别。唐、五代至宋皆有以司徒之类的称呼代替本官的惯

---

① （元）脱脱等：《辽史》卷33《营卫志下》，第436—437页。

② 《耶律元宁墓志》，向南、张国庆、李宇峰辑注：《辽代石刻文续编》，第43页。

③ （元）脱脱等：《辽史》卷11《圣宗纪二》，第134页。

④ （元）脱脱等：《辽史》卷85《耶律谐理传》，第1448页。

⑤ 曾震宇：《辽朝检校衔探析——兼谈武散官的使用问题》，《汉学研究》第38卷第3期，2020年，第151页。杨军：《辽朝南面官研究——以碑刻资料为中心》，《史学集刊》2013年第3期，第10页。

例，① 辽朝的"司徒"当适用于多种契丹本官的称呼。辽朝的护军司有护军司徒，卫军司有卫军司徒。② 而部族中的司徒可代指两个职事官，一个是管军司徒，即都监，③ 分节度使的军事权；另外一个是管民司徒，即节度副使，分节度使的行政权。都监和节度副使皆可称司徒，体现出二者实际上是部族大王或节度使的重要僚佐，协助其长官管理部族事务。辽朝统治者对部族基层的二元管理就此展现出来。

辽代部族军事、民政分属，部内民事、军事分管。那么，如何协调部族军民事务呢？这则有赖于南北臣僚会议或宰执会议商议军、政事务和枢密院颁发政令。

辽朝皇帝处理政务集中于冬、夏两季，通过举行南北臣僚会议，商议国家大事。平时不定时召集宰执人员召开小规模会议，商讨治国理政。重熙二十一年（1052）七月，辽兴宗"召北府宰相萧塔烈葛、南府宰相汉王贴不、南院枢密使萧革、知北院枢密

---

① 宋太宗淳化元年（990）四月，国子祭酒孔维言："窃睹中外文武官称呼之间，多或假借。殿直、承旨差出者须邀'司徒'之称……伏乞今后员外郎以上只可正呼，五（太）傅至将作监丞得假'员外'之称，助教以上只令正呼本官……诸司使、诸卫将军不带遥郡者并诸司副使，并不得呼'太保'。三班自供奉官以下并不得呼'司徒'"。[（清）徐松辑，刘琳等校点：《宋会要辑稿·仪制五》，上海：上海古籍出版社，2014 年，第 2382—2383 页]

② （元）脱脱等：《辽史》卷 46《百官志二》，第 827 页。

③ 部族都监除了跟随军事长官外出镇戍或作战，还具有监察作用。辽兴宗重熙六年（1037）五月，"以南大王耶律信宁故匿重囚及侍婢赃污，命挞以剑脊而夺其官；都监坐阿附及侍婢罪，皆论死，诏贷之"。[（元）脱脱等：《辽史》卷 18《兴宗纪一》，第 246 页] 南大王府都监即因监察不力，受到处罚。通常来说，为了维持和分割军权，无论是戍军还是行军，都监一般与部族节度使同行，以起到监察与领兵的双重作用。

使事仁先等，赐坐，论古今治道"。① 辽道宗大康九年（1083）九月壬申，"召北、南枢密院官议政事"。② 部族事务经南北臣僚或宰执会议讨论再下达诏令。

部族事务的上传下达主要通过北枢密院进行。统和元年（983），辽圣宗"诏枢密院谕沿边节将，至行礼日，止遣子弟奉表称贺，恐失边备"③。这里的枢密院应即北枢密院，具有代替皇帝行下达政令之责。辽兴宗时期北院枢密使萧孝穆曾上奏请籍天下户口，表明部族的民政归北枢密院管理。至于其军事，辽兴宗重熙十年（1041）二月，"北枢密院言，'南、北二王府泊诸部节度侍卫祗候郎君，皆出族帐，既免与民戍边，其祗候事，请亦得以部曲代行。'诏从其请"④。部族的兵役当由北枢密院管理。天祚帝天庆二年（1112）九月，完颜阿骨打攻打附近女真部族，"女直赵三、阿鹘产拒之，阿骨打虏其家属。二人走诉咸州详稳司，送北枢密院。枢密使萧奉先作常事以闻上，仍送咸州诘责，欲使自新"⑤。咸州详稳司与北枢密院之间进行的沟通，表明部族军所隶属的军事机构同样归北枢密院管理。《金史》所言："辽故事，军政皆关决北枢密院，然后奏御"⑥ 的含义正在于此。

需要指出的是，部族事务并非必须经过北枢密院交涉。宋神宗元丰四年（辽道宗大康七年，1081），宋河北诸路牒报有称：

---

① （元）脱脱等：《辽史》卷20《兴宗纪三》，第278页。
② （元）脱脱等：《辽史》卷24《道宗纪四》，第327页。
③ （元）脱脱等：《辽史》卷10《圣宗纪一》，第118页。
④ （元）脱脱等：《辽史》卷19《兴宗纪二》，第257页。
⑤ （元）脱脱等：《辽史》卷27《天祚皇帝纪一》，第365页。
⑥ （元）脱脱等：《金史》卷75《左企弓传》，第1831页。

"北界帐前指挥七月中会五京留守及南、北王府主兵官、诸招讨于中京议事"①。诸军事机构和大王府在特殊情况下，可直接与皇帝对接，商讨军务。而北南宰相可参与南北臣僚/宰执会议，较大程度上为两府宰相与皇帝直接对接部族民事提供了便利。

至此，辽朝部族的二元管理体系逐渐清晰，如下图所示：

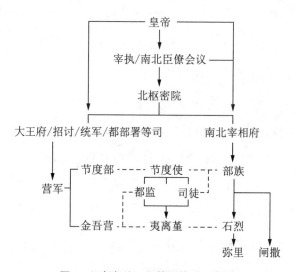

图 2　辽朝部族二元管理体系示意图

辽朝部族营军由节度使或石烈夷离堇、都监统领，隶诸军事机构和大王府。部族石烈由节度使或司徒（节度副使）统领，隶北、南宰相府。于部内，都监分节度使的军事权，司徒（节度副使）分节度使的行政权。辽朝统治者对部族实行这种自上而下的二元管理体系，无疑是为了使权力在每一步都被分散，从而加强中央集权。

---

① （宋）李焘撰，上海师范大学古籍整理研究所、华东师范大学古籍整理研究所点校：《续资治通鉴长编》卷 313，宋神宗元丰四年（1081）六月丁丑条，第7591 页。

余　论

　　辽朝统治者无论是对部族的拆分与重组，还是对部族实施军事与民政分离的二元管理，除去社会与战略的需求，皆旨在离散部落，加强中央集权。如果说辽朝对节镇的统治体现出契丹贵族与汉人世家大族联合执政的特点，① 面对部族，则恰恰是将诸帐族分离。离开本部族分地镇戍本身就远离了本帐族，而辽兴宗重熙十年（1041）北枢密院的上疏更是在制度上加深了这一意图。北枢密院言："'南、北二王府泊诸部节度侍卫祗候郎君，皆出族帐，既免与民戍边，其祗候事，请亦得以部曲代行。'诏从其请。"② 不出族帐，部族的这类人就必须尽戍边义务，远离族帐；出族帐则免去戍边任务，同样自族帐分离。两种析分，一种是距离上的剥离，一种是人户上的剥离。

　　统治者加强中央集权的方式，还体现在对部族军权划分上。诸军事机构主要对部族军的镇戍事务负责，包括"置游兵""练简精兵"③ "训士卒，增器械"等，④ 具有基本的统兵权。部族军的调兵权通常归北枢密院，但根据军队镇戍地的远近，又分情况而论。为了保证军事处理的时效性，统治者赋予镇戍地远离契丹内地的部族军所属地方军事机构长官一定的权力，可"便宜从

---

① 杨军：《辽代州县体制的形成及演变》，《学习与探索》2018 年第 1 期，第 172 页。
② （元）脱脱等：《辽史》卷 19《兴宗纪二》，第 257 页。
③ （元）脱脱等：《辽史》卷 104《耶律昭传》，第 1603 页。
④ （元）脱脱等：《辽史》卷 91《萧术哲传》，第 1501 页。

事"或"便宜行事"。至于战时部族军的指挥权则归临时任命的行军长官。[1]辽朝部族军权的划分，可以看出其既不同于唐后期藩镇军权过大，也不同于北宋中央的"三权分立"。大体而言，统兵权下放至诸军事机构乃至各部族军事长官，指挥权归属战时行军长官，而调兵权展现出中央——路级军事机构的"二级制"色彩。

---

[1] 武文君：《辽代部族军研究》，第205页。

第三章　分镇边圉：辽朝部族军驻防

　　辽朝部族驻军在四个系统的军队当中占据重心，在辽朝驻防体系中具有重要功能，正所谓："分镇边圉，谓之部族"①。本章拟对部族军的兵员构成、驻地与防区，及其部族镇戍密切相关的牧场因素②三个方面进行论述，以便了解辽朝部族驻军的运作机制，明确部族军在辽朝驻防体系中的作用与地位。

第一节　部族军的兵员与兵役

　　部族军作为辽朝的常备军和战时的主力部队由游牧民族组

---

① （元）脱脱等：《辽史》卷31《营卫志上》，第409-410页。学界关于部族军的已有研究集中于镇戍地、某部族镇戍区和后勤补给等方面。杨若薇：《契丹王朝政治军事制度研究》（修订版），第230-235页。关树东：《辽朝部族军的屯戍问题》，《中央民族大学学报（哲学社会科学版）》1996年第6期。（日）岛田正郎著，何天明译：《大契丹国——辽代社会史研究》，呼和浩特：内蒙古人民出版社，2007年。张宏利：《辽朝部族制度研究——以行政区划的部族为中心》，长春：吉林大学博士学位论文，2015年。

② 杨军认为"契丹建国后，逐渐将各部迁出契丹故地，镇戍边疆，使部族去开拓新的牧场，而将契丹故地的优质牧场保留给斡鲁朵，恐怕是重要原因之一。"（《牧场与契丹人的政治》，《首都师范大学学报（社会科学版）》2017年第2期，第5页）首先指出部族镇戍边疆与牧场有关。

成。部族军在最初仅包括契丹族，部分非契丹的一些游牧民族虽在战时跟随作战，但尚不能称为正规军队。契丹建国后经过两次部族体制改革，使得一些非契丹族的游牧民族被纳入部族常备军之列，成为辽朝的正规军队。部族体制的改革扩大了部族军的征发范围，从民族上讲，亦改变了部族军的兵员结构。

辽朝第一次进行部族体制改革是在太祖时期。契丹八部发展为二十部，即《辽史·营卫志下·部族下》记载的"太祖二十部"。除去升帐分的二国舅，① 实际有十八部。分别为：五院部、六院部、乙室部、品部、楮特部、乌隈部、涅剌部、突吕不部、突举部、奚王府六部、突吕不室韦部、涅剌拏古部、迭剌迭达部、乙室奥隗部、楮特奥隗部、品达鲁虢部、乌古涅剌部、图鲁部。②

五院、六院、乙室、品、楮特、乌隈、涅剌、突吕不、突举九部是契丹原有的八部。其中，五院部和六院部是辽太祖天赞元年（922）由迭剌部一分为二而来。③ 这些契丹部族构成了部族军最初的兵员。

---

① "辽内四部族"中有国舅帐拔里、乙室己族和国舅别部［（元）脱脱等：《辽史》卷33《营卫志下》，第436页］。辽世宗"以舅氏塔列葛为国舅别部"［（元）脱脱等：《辽史》卷67《外戚表》，第1135页］。这条记载同样见于《世宗纪》，原文为：天禄元年（947）八月，"尊母萧氏为皇太后，以太后族剌只撒古鲁为国舅帐，立详稳以总焉。"［（元）脱脱等：《辽史》卷5《世宗纪》，第72页］有一点需说明，《外戚表》中关于国舅别部的世系虽然存在错误（苗润博：《契丹国舅别部世系再检讨》，《史学月刊》2014年第4期，第126-129页），但并不影响国舅别部的存在。因此，国舅别部始建于辽世宗时期，不应在太祖二十部当中。二国舅升帐分中的"二国舅"可能指拔里和乙室己。

② （元）脱脱等：《辽史》卷33《营卫志下》，第435-440页。

③ （元）脱脱等：《辽史》卷2《太祖纪下》，第20页。

随着辽朝的对外征伐，不断将其他游牧民族纳入其兵员范围内。自突吕不室韦部至图鲁部的八个部族皆以俘获的诸游牧民族置部。这些新建部族的人户是契丹各部在对外征伐过程中俘获的人户，隶属于各契丹部族。从名称上看，此八部多冠以原契丹八部的名称。突吕不室韦部和涅刺拏古部以大、小黄室韦户置，其原来的宗主部族应分别为突吕不部和涅刺部；迭刺迭达部、① 乙室奥隗部、楮特奥隗部皆以奚户所置，迭刺迭达部原来的宗主部族应为迭刺部，乙室奥隗部的原宗主部族应为乙室部，楮特奥隗部的原宗主部族应为楮特部；品达鲁虢部以达鲁虢户置，其原宗主部族应为品部；乌古涅刺部、图鲁部以于骨里户置，乌古涅刺部的原宗主部族应为涅刺部。图鲁部虽未冠八部之名，但与乌古涅刺部来源相同，皆为辽太祖所取于骨里户，可能其原宗主部族亦为涅刺部。② 辽太祖统治稳定之后，对部落进行统一归置，将这些俘户从原宗主部族中剥离出来，设为独立的部族。

辽太祖统治时期奚王府下六部算作一部，分别为遥里部、伯德部、奥里部、梅只部、楚里部、堕瑰部。③ 其中，堕瑰部为辽太祖灭东扒里厮胡损统领的奚人以及诸部隐藏和流散的奚人而

---

① 即奚迭剌部。《辽史》卷1《太祖纪上》载，"先是德祖俘奚七千户，徙饶乐之清河，至是创为奚迭剌部，分十三县。"（第2页）

② 关树东认为修史者将"涅离"与"涅刺"混淆，将"乌古涅离部"误书作"乌古涅刺部"，乌古涅离部即"乌古涅里部""涅离部"，"乌古涅刺部"实为"乌隗乌古部"之误。图鲁部与涅离部一样，是部落别名，其全称中的契丹旧部名可能是突举部。（《辽朝乌隗乌古部与倒塌岭统军司考述》，《中国边疆史地研究》2021年第4期，第69-70页）

③ （元）脱脱等：《辽史》卷33《营卫志下》，第439页。

设。其余五部皆为原东遥里十帐部内的奚人。辽太祖基本上保留了奚人原来的组织，奚王有较大程度的自主性，统一管理奚六部。辽太祖时期奚王府及其管辖的奚人也是作为部族管理的，军队的征发以奚王为首进行。

非契丹族的游牧民族一旦成为辽朝的编户齐民，从中征发的军队就是部族军兵员的组成部分。当然，改变部族军兵员结构，增加部族兵力来源仅是辽太祖进行部族体制改革的动力之一。部族体制改革还具有较强的政治和经济因素。一方面是出于削弱契丹各部落首领势力的考虑，以便于加强自身及中央统治阶层的权力，其将契丹迭剌部一分为二就是有力证明；① 另一方面则是超出传统的部落范围，对新增人户进行体制化管理，增加税收等各方面的收入。

辽朝在圣宗统治时期进行部族体制的第二次改革，使部族军的兵员结构再次调整。《辽史·营卫志》记载有"圣宗三十四部"，② 为辽圣宗统治时期新设置的部族。需要指出的是，辽圣宗新建三十四部，并不意味着太祖时期的十八部不存在了。目前，学界的主流认识皆赞同辽圣宗时期的部族包括原辽太祖十八部和圣宗三十四部。③ 从辽圣宗以后的历史记载来看，太祖十八部是确实存在的。此外，《辽史》各志记载的部族数量虽不同，但也

---

① 迭剌部，"天赞元年，以强大难制，析五石烈为五院，六爪为六院，各置夷离堇。"[（元）脱脱等：《辽史》卷33《营卫志下》，第436页]

② （元）脱脱等：《辽史》卷33《营卫志下》，第440页。以下部族及其相关史料未注明者皆出自《辽史》卷33《营卫志下》。

③ 不同的是，武玉环认为契丹建国后的部族组织经过两次改编，第一次为辽太祖二十部；第二次是辽圣宗将契丹原有部族改编为十六部，增置十八部，共计三十四部。（《辽代部族制度初探》，《史学集刊》2000年第1期，第33页）

都可以作为太祖十八部依然为部族的证据。《营卫志下·部族下》记载部族数量为五十二个，此志的史源为耶律俨《皇朝实录·部族》，①是辽朝部族的最原始数据。《兵卫志中·众部族军》记载部族数量为四十四个，"众部族军"条可能出自陈大任《辽史·兵志》，其对于部族的统计数据应为辽朝末年。②《兵卫志》中依然存在辽太祖十八部，且与其他部族同称为"众部族军"。而《百官志二·北面部族官》载契丹部族的数目为五十三个；③《地理志》"上京道"序载有五十二个。④《辽史》各志虽然在史源上存在差异，但关于部族数量及具体部族的记载皆表明辽圣宗时期的部族包括太祖十八部和新增三十四部。

根据三十四部的来源看，主要分为以下几类：

第一类是自宫帐中析出的部族。撒里葛部、窈爪部、耨盌爪部、讹仆括部、奥衍女直部、乙典女直部、斡突盌乌古部、迭鲁敌烈部、室韦部、术哲达鲁虢部、梅古悉部、颉的部、北敌烈部、匿讫唐古部、北唐古部、南唐古部、鹤剌唐古部、河西部、伯斯鼻骨德部、稍瓦部、曷术部。其中，稍瓦部和曷术部最初是"取诸宫及横帐大族奴隶"置石烈，后户口蕃息而置。其余部族皆是自斡鲁朵中析出。

第二类是分奚王府为新六部。辽圣宗以前，统治者对于奚

① 杨军：《耶律俨〈皇朝实录〉与〈辽史〉》，《史学史研究》2011年第3期，第80页。

② 武文君：《〈辽史·兵卫志〉的史源与史料价值》，杨共乐主编：《史学理论与史学史学刊》(上卷)，北京：社会科学文献出版社，2019年，第117页。

③ （元）脱脱等：《辽史》卷46《百官志二》，第816–819页。

④ （元）脱脱等：《辽史》卷37《地理志一》，第496页。

人的控制力较小，只能通过设置宰相、常衮，派遣监军等方式协助和监督奚王府。①辽圣宗统治时期开始着手于对奚王府的改造。统和十二年（994），将奥里部、梅只部、堕瑰部合为一部，统称奥里部。新设南剋部、北剋部，加上遥里部、伯德部、楚里部，共有六部。不仅如此，统和十四年（996），辽朝以"奚王和朔奴讨兀惹，败绩，籍六部隶北府"②。将新的奚六部的管理权转归中央。而统和二十四年（1006），奚五帐院"进故奚王牙帐地"③，进一步削弱了奚王府的势力。可能在此之后，奚王府开始"侍从宫帐"④。

第三类是契丹八部析出部族，即特里特勉部。"初于八部各析二十户以戍奚，侦候落马河及速鲁河侧，置二十详稳。圣宗以户口蕃息，置为部，设节度使"⑤。特里特勉部的形成可能不单是因"户口蕃息"，还与奚人逐渐成为辽朝的部族有关。变为辽朝部族的奚人已经不需要再继续监视，故当初镇戍奚人的人户转变为特里特勉部，与其他部族等同，负责镇戍边疆。

第四类是以各族人户设置部族，有隗衍突厥部、奥衍突厥部、涅剌越兀部、薛特部、达马鼻骨德部、五国部。⑥这些

---

① 张宏利：《辽朝部族制度研究——以行政区划的部族为中心》，长春：吉林大学博士学位论文，2015年，第100页。

② （元）脱脱等：《辽史》卷33《营卫志下》，第439页。

③ （元）脱脱等：《辽史》卷39《地理志三》，第546页。

④ （元）脱脱等：《辽史》卷35《兵卫志中》，第466页。

⑤ （元）脱脱等：《辽史》卷33《营卫志下》，第441页。

⑥ 五国部在辽圣宗时归附辽朝，当时不能称之为辽朝的部族。五国部设部族节度使应在重熙六年辽兴宗设节度使以后。[（元）脱脱等：《辽史》卷33《营卫志下》，第444页]为便于叙述，这里与《营卫志》所言圣宗三十四部保持一致，仍将其视为部族。

是由其他民族的人户组成的部族。《营卫志》未言明其最初的隶属关系，可能亦是从宫帐中籍出，比如，辽景宗保宁三年（971）十一月，"胪朐河于越延尼里等率户四百五十来附，乞隶宫籍。诏留其户，分隶敦睦、积庆、永兴三宫"①。类似于这些未言明具体民族的部族。也有可能是之前来依附的未纳入宫籍的部族。

据民族看，"圣宗三十四部"中基本没有契丹人。惟一例外的是特里特勉部，设置这一部的最初目的是监视奚人。在辽圣宗重组奚六部之后，奚王府的势力被削弱，原来的职能即减弱或消失。随着镇戍人口的增加设部，这些契丹人转而成为具有与其他部族相同的特点。可以说，辽圣宗对于部族组织的调整主要是针对非契丹族人户进行的。

辽圣宗时期是辽朝拓边西北的重要时期，辽朝西北路招讨司镇州在统和二十二年（1004）置，"选诸部族二万余骑充屯军……凡有征讨，不得抽移"②。伴随着辽朝向游牧区的开疆拓土，统治者迫切需要新的部族来充实军力。这就促使统治者必须考虑扩充部族军的兵源，又限于不能短期内增加部族军可征发人口，只能改变部族军的兵员构成。

辽代部族军的兵员结构历经辽太祖和辽圣宗的改革，逐渐将诸多游牧民族纳入部族军范围，扩充了部族军兵力。部族由最初的契丹八部发展至辽太祖时的十八部，再至辽圣宗时期的五十二部。部族军兵力的需求促使部族数量的增加，而部族数量的增加

---

① （元）脱脱等：《辽史》卷8《景宗纪上》，第100页。
② （元）脱脱等：《辽史》卷37《地理志一》，第509页。

推动着统治者对部族及军队进行更加规范化的管理。辽朝部族军的军事体制变化是伴随着部族体制的变化而变化的。部族体制在辽圣宗时期定型，部族军的军事体制亦相应地在这一时期定下基调。

部族军的兵员构成弄清楚以后，接下来是部族军如何征发的问题。前文已述，部族驻军有单独的军籍，与户籍是分开的。辽代文献中关于部族军征发、更戍的一些记载，如《辽史》卷103《萧韩家奴传》记载辽兴宗重熙年间，萧韩家奴曾言：

> 且诸部皆有补役之法。昔补役始行，居者、行者类皆富实，故累世从戍，易为更代。近岁边虞数起，民多匮乏，既不任役事，随补随缺。苟无上户，则中户当之。旷日弥年，其穷益甚，所以取代为艰也。非惟补役如此，在边戍兵亦然。[1]

上述"诸部"指部族。诸部所实行的"补役之法"即部族征发徭役的方法。具体操作是从部族中"上户"或者说"富户"中征选服役人员。由于按照财产划分服役，故这些富户中的"无丁之家"也要服兵役，解决的方法是雇人服役。[2] 部族军服役的时间并不固定，一种情况记载是："或递役不归，在军物故，则复补以少壮"[3]。意为在戍边的部族军中有超过服役期死亡的，朝廷

---

[1] （元）脱脱等：《辽史》卷103《萧韩家奴传》，第1596页。
[2] （元）脱脱等：《辽史》卷103《萧韩家奴传》，第1594页。
[3] （元）脱脱等：《辽史》卷103《萧韩家奴传》，第1594页。

才会为镇戍地补充新的兵员。

另外一种情况记载，辽圣宗统和三年（985）三月，"枢密奏契丹诸役户多困乏，请以富户代之"①。"枢密"为"枢密院"，是部族军的中央管理机构，其奏言可以理解为统和三年三月之时服役的部族已经到了"困乏"的地步，需重新申请一批富户服役代替现役者。换言之，部族当中富户服役的期限是直到统治者认为其不再具有富户的财产标准。所以，部族徭役实行的是"补役之法"，尤其突出的是当中的"补"字。《道宗纪》同样记载，清宁二年（1056）六月，"命有司籍军补边戍"②。此种更戍方式，与其游牧民族的经济形态有密切关系。辽朝建国后，逐渐将各部族迁出契丹故地，镇戍边疆，使部族去开拓新的牧场，而将契丹故地的优质牧场保留给斡鲁朵。③受牧场因素影响，辽朝统治者通过改变更戍方式，将服役期增长，甚至加入世兵制的因素，以世代服役来变相地将部族迁出契丹内地。当然，"补役之法"不是自辽初就存在的。"昔补役始行"表明部族的补役之法在辽兴宗朝之前就已经开始施行了。

萧韩家奴所言之前，部族的补役制度就已经开始实行了，可能正是在辽圣宗对部族体制进行改革之后，正式确立下来的。

此外，这里提到了"居者""行者"，居者指非戍边者，行者指戍边者。与《辽史·营卫志》对应起来，居者当指留后户，行

---

① （元）脱脱等：《辽史》卷10《圣宗纪一》，第122页。

② （元）脱脱等：《辽史》卷21《道宗纪一》，第288页。

③ 杨军：《牧场与契丹人的政治》，《首都师范大学学报（社会科学版）》2017年第2期，第5页。

者当指戍户。部族分上户、中户，自然也就有下户。①萧韩家奴所言在战时兵员紧缺的情况下没有上户的部族就征发中户，表明正常情况下服兵役的部族征发的仅为上户，即富户。这样的对应关系，我们也就明白了辽朝部族军以财产为标准征发的合理之处。从富户中征发，由被征发者承担自身消耗，节约了政府的成本；被征发的富户成为行者，其余成为居者，既充实了镇戍地的兵力，又保证了各部族本身及辽朝内地有兵可征。

　　自富户中征发负责镇戍的成丁，往往携家属前往镇戍地，亦即"行者"。《辽史·地理志》记载："辽国西北界防边城，因屯戍而立，务据形胜，不资丁赋。"②屯戍是一种带有经济形态的镇戍形式，且无需缴纳赋税也是其特点之一。西北部的戍兵在镇戍时，是携带家属的。"夫西北诸部，每当农时，一夫为侦候，一夫治公田，二夫给糺官之役，大率四丁无一室处。刍牧之事，仰给妻孥。一遭寇掠，贫穷立至"③。"妻孥"的存在表明镇戍者家属从军。具体到单个部族，如特里特勉部，"初于八部各析二十户以戍奚"，至辽圣宗时期设部之后，改戍倒塌岭。④最初自契丹八部析出的一百六十户就是以部落兵制形式进行镇戍的。

　　不仅是在辽朝部族镇戍地的北部，镇戍地南部的也是这种兵役形式。辽太宗会同五年（942）正月，"诏政事令僧隐等以

---

① 宋仁宗至和元年（1054），契丹使者冯见善等人至宋朝贺正旦，宋朝接伴使劝酒，"（冯）见善曰'劝酒当以其量，若不以量，如徭役而不分户等高下也，'以此知契丹徭役亦以户等。"[（宋）范镇撰，汝沛点校：《东斋记事·补遗》，北京：中华书局，1980年，第47页]

② （元）脱脱等：《辽史》卷37《地理志一》，第509页。

③ （元）脱脱等：《辽史》卷104《耶律昭传》，第1602页。

④ （元）脱脱等：《辽史》卷33《营卫志下》，第441页。

契丹户分屯南边"①。明确指出部族军是以户的形式进行镇戍。在辽朝重镇南京地区驻扎的部族军表现更为明显。辽圣宗统和十一年（993）正月，"出内帑钱赐南京统军司军"②。统和十二年（994）十二月，"赐南京统军司贫户耕牛"。南京统军司为统领南京地区部族军的军事机构，③南京统军司下辖"贫户"即为部族民户。

然而，需要区别这种自富户中选丁服役，或者有居者和行者之分的制度在辽朝建国初期可能并不存在。《辽史·耶律阿息保传》载其祖胡劣，"太祖时徙居西北部，世为招讨司吏"④。西北路招讨使首见于景宗年间，⑤早期驻于胪朐河流域，西北路招讨司至晚在辽圣宗统和二十二年迁治所于镇州。⑥五院部人在辽太祖时期已经迁居"西北部"，应指胪朐河一带。耶律胡劣的"徙居"应是将其家属也移至辽朝的西北部。但其世代为招讨司下官

---

① （元）脱脱等：《辽史》卷4《太宗纪下》，第55页。
② （元）脱脱等：《辽史》卷13《圣宗纪四》，第155页。
③ 关树东指出南京地区的部族军由南京统军司统领，汉军由南京侍卫亲军司统领，二者皆隶于南京总管府（元帅府）。（《辽朝部族军的屯戍问题》，《中央民族大学学报（哲学社会科学版）》1996年第6期，第48页）余蔚与关树东的观点大体相似，又有所深化。他认为南京地区（即余文所言"南京路"）的军事管理制度大体可用元帅（兵马都总管）府—都统军司、侍卫亲军马步军都指挥使司的体制来概括，三个机构皆驻南京析津府。南京兵马都总管府（元帅府）为辖区内的最高军事机构，在其下，本路战斗力最强的部队归都统军使指挥，而南京本地的汉军则属侍卫马步军都指挥使。下一级控鹤、禁军详稳二司归马步司管辖；南、北皮室军详稳司归统军司管辖。（《中国行政区划通史·辽金卷》，第47-51页）
④ （元）脱脱等：《辽史》卷101《耶律阿息保传》，第1580页。
⑤ （元）脱脱等：《辽史》卷8《景宗纪上》，第99页。
⑥ 陈得芝：《辽代的西北路招讨司》，中国社会科学院历史研究所宋辽金元史研究室编：《宋辽金史论丛》第1辑，北京：中华书局，1985年，第272页。

员应是后来的事。可能是在辽太宗时，将五院、六院下的部族大批迁入当地开始的。《辽史·太宗纪》记载，会同二年（939）十月，"上以乌古部水草肥美，诏北、南院徙三石烈户居之"①。《辽史·食货志》云：太宗会同初，"以乌古之地水草丰美，命瓯昆石烈居之，益以海勒水之善地为农田。三年，诏以谐里河、胪朐河近地，赐南院欧董突吕、乙斯勃、北院温纳河剌三石烈人，以事耕种"②。《营卫志》言：瓯昆石烈，"太宗会同二年，以乌古之地水草丰美，命居之。三年，益以海勒水之地为农田"。乙习本石烈，"会同二年，命以乌古之地"。斡纳阿剌石烈，"会同二年，命居乌古。三年，益以海勒水地"③。瓯昆即欧董突吕，乙习本即乙斯勃，斡纳阿剌即温纳河剌。④太宗本纪与《食货志》《营卫志》所载三石烈隶属关系相矛盾，然皆属五院、六院是毋庸置疑的。可以看出，辽太宗会同二年将五院、六院的三个石烈迁至"乌古之地"，会同三年（940）又增给"海勒水地"。

乌古部活动范围，以今海拉尔河和克鲁伦河下游为中心，⑤于谐里河即今哈拉哈河，⑥胪朐河即今克鲁伦河，海勒水即今海拉尔河。辽太宗时期，将部族中分量最重的五院部和六院部的三个石烈迁至胪朐河流域。程妮娜认为辽朝将契丹户迁到乌古腹地，不

---

① （元）脱脱等：《辽史》卷3《太宗纪上》，第50页。
② （元）脱脱等：《辽史》卷59《食货志上》，第1026页。
③ （元）脱脱等：《辽史》卷33《营卫志下》，第436–437页。
④ 冯家昇：《辽史初校》，收入冯家昇：《辽史证误三种》，北京：中华书局，1959年，第166页。
⑤ 邱瑞中：《内蒙古通史》(第二卷)，呼和浩特：内蒙古大学出版社，2007年，第20页。
⑥ 景爱：《中国长城史》，上海：上海人民出版社，2006年，第252页。

仅有助于对乌古人的控制，还可以监视西面敌烈人和东面黄头室韦人的动向，又能够与南面契丹内地遥相呼应。[①] 不仅如此，辽朝迁至乌古地区的部族更多地起着镇戍地方的作用。辽太宗时期的相关记载反映出在这一时期部族还未实行补役之法，兵役的征发是将石烈组织整体迁移至镇戍地。

　　前述可见，虽然在辽朝早期部族已经实行军籍和民籍分开管理，并且多以"户"的形式进行对外镇戍，但多以部落组织为单位向外迁出。最晚到辽圣宗时期，部族才发展出补役之法，以财产多少进行征发。部族的这种以"户"进行镇戍并不是区域性的，而是适用于整个辽境。当然，辽朝部族军也有不以"户"为单位前往镇戍地的。比如，辽圣宗统和七年（989）七月，"以迪离毕、涅剌、乌濊三部各四人益东北路夫人婆里德，仍给印绶"[②]。这仅是个案，不具有普遍指向。

　　值得注意的是，负责镇戍的部族军还可能通过募兵的方式征集入伍。部族军中出现募兵的情况最初当是自发性的。"其无丁之家，倍直佣僦，人惮其劳，半途亡窜，故戍卒之食多不能给。求假于人，则十倍其息，至有鬻子割田，不能偿者"[③]。可能之前的军户现在家中已无成丁，迫于兵役，募人服役大概是辽朝出现募兵的原因之一。就现有资料看来，部族中的募兵仅是个人行为，并未形成制度。

---

① 程妮娜：《辽朝乌古敌烈地区属国、属部研究》，《中国史研究》2007 年第 2 期，第 89 页。

② （元）脱脱等：《辽史》卷 12《圣宗纪三》，第 145-146 页。

③ （元）脱脱等：《辽史》卷 103《萧韩家奴传》，第 1594 页。

服兵役部族军的粮食供应是辽朝统治者需要解决的重要问题。部族镇戍军以"户"的形式进行镇戍，但后勤补给略有不同。在沿边镇戍的军队多实行屯田，所屯为公田，即国家的田地，而其自家刍牧之事，则仰给妻孥。①萧阳阿曾任乌古敌烈部屯田太保，②是督导士兵耕种的长官。耶律唐古也曾受命于此，史载"命唐古劝督耕稼以给西军，田于胪朐河侧。是岁大熟。明年，移屯镇州，凡十四稔，积粟数十万斛，斗米数钱"③。"斗米数钱"指地方长官将这些屯粮对外销售，辽圣宗太平七年（1027）六月，曾"禁诸屯田不得擅货官粟"④。这一禁令主要针对私卖军粮的现象。不仅如此，也有一些地方长官将军粮挪为私用，比如西北路招讨使萧术哲。⑤辽天祚帝天庆初年，乌古部节度使到任之时，曾"出私财及发富民积，以振其困乏，部民大悦"⑥。辽廷专门在地方设屯田长官和部族地方长官擅自挪用贩卖粮食客观上反映出部族镇戍军的军粮是由地方供给的。军粮的多少与时任军事长官的经营有着密切联系。

至于部族军有无军饷，史书并无记载，推测其并不领军饷。辽朝政府只是间接性地发钱犒劳军士，或者在其贫困时出钱救济家属。比如，统和十一年（993）正月，辽圣宗曾出内帑钱赐南京统军司军队。⑦辽道宗时期则略显频繁，清宁十年（1064）

① （元）脱脱等：《辽史》卷 104《耶律昭传》，第 1602 页。
② （元）脱脱等：《辽史》卷 82《萧阳阿传》，第 1426 页。
③ （元）脱脱等：《辽史》卷 91《耶律唐古传》，第 1500 页。
④ （元）脱脱等：《辽史》卷 17《圣宗纪八》，第 227 页。
⑤ （元）脱脱等：《辽史》卷 91《萧术哲传》，第 1501 页。
⑥ （元）脱脱等：《辽史》卷 100《耶律棠古传》，第 1571 页。
⑦ （元）脱脱等：《辽史》卷 13《圣宗纪四》，第 155 页。

十一月，"命南京三司，每岁春秋以官钱犒将士"①。咸雍七年（1071）十一月，"诏岁出官钱，振诸宫分及边戍贫户"②。大安十年（1094）四月，赐西北路贫民钱。③从军家属贫困之时，辽朝扶持的力度会增大。当然，地方长官有时也从地方拨钱救济贫户。耶律义先在任南京统军使时曾"奏请统军司钱营息，以赡贫民"。最终，未满一年军备得以补充，部民亦得以修整。④

部族镇戍军服兵役的马匹和铠甲征发也有一定的制度。统和十三年（995）五月，北、南、乙室三府请括富民马以备军需，不许，给以官马。⑤三大王府同时请求自富民中征马，这当是辽朝此前的惯例，征集到马匹后到战时再统一分配。这样可以满足在战时一名正军能够配有三匹马。但并非所有的军队都是由官方配给。《宋会要辑稿》记载，"凡契丹有所调发，先下令，使自办兵器、驼马、粮糒，故其钞略所得，不补所失"⑥。有三大王府括富民马之事，显然这里的记载是不全面的，或为一个时期，或是非正军部队需自己配给兵器、战马、粮食等。

《辽史·刑法志》记载辽圣宗统治后期，"五院部民有自坏铠甲者，其长佛奴杖杀之"⑦。辽兴宗重熙十七年（1048），萧惠征西夏之时，"既入敌境，侦候不远，铠甲载于车，军士不得乘

① （元）脱脱等：《辽史》卷22《道宗纪二》，第300页。
② （元）脱脱等：《辽史》卷24《道宗纪四》，第324页。
③ （元）脱脱等：《辽史》卷25《道宗纪五》，第341页。
④ （元）脱脱等：《辽史》卷90《耶律义先传》，第1494页。
⑤ （元）脱脱等：《辽史》卷13《圣宗纪四》，第158页。
⑥ （清）徐松辑，刘琳等校点：《宋会要辑稿·蕃夷二》，上海：上海古籍出版社，2014年，第9738-9739页。
⑦ （元）脱脱等：《辽史》卷61《刑法志上》，第1041页。

马"①。两则材料似乎相矛盾，前一则材料言五院部民自坏铠甲；后一则材料又言部族军铠甲集中于一处管理，等待战时分发。真实情况可能是部族军铠甲自备并负责平时的存护，在战时为了某种便利集中于一处，待时分发。

总而言之，受北方游牧民族经济形态以及辽朝四时捺钵的影响，无论具有何种职能的部族军所实行的兵役制度既带有部落兵制的特点：以"户"的形式驻戍，具有兵民合一的色彩；又吸收了中原王朝的兵制特点，实行军、民分籍。正是基于其原本的部落兵制，一方面，其各级军事长官都是各部族首领，在作战时能够指挥便利，进退神速；另一方面，能够保证兵源不枯竭，使军队具有生命力，与氏族部落共存共荣。②加入征兵制因素，实行军、民分籍，一方面增加国家的财政收入；另一方面也有利于分散部族首领的权力，加强中央集权。

辽朝直到亡国，部族军一直实行部落兵制，其兵役制度的变化和完善都是在部落兵制的基础上进行的。但是，有一点不能忽视，即随着辽代社会的发展，部族之间、贵族与平民之间的等级分化越来越显著，影响到部族兵役的征发。辽兴宗重熙十年（1041）二月北枢密院言："'南、北二王府泊诸部节度侍卫祇候郎君，皆出族帐，既免与民戍边，其祇候事，请亦得以部曲代行。'诏从其请。"③部族中有身份的一部分人已经拥有免戍役的

---

① （元）脱脱等：《辽史》卷93《萧惠传》，第1513页。

② 林幹：《中国古代北方民族史新论》，呼和浩特：内蒙古人民出版社，2007年，第67-68页。

③ （元）脱脱等：《辽史》卷19《兴宗纪二》，第257页。

特权。而重熙十五年（1046）四月，"罢遥辇帐戍军"①。透露出
"辽内四部族"中遥辇帐此前需要戍边，而现在则可以免去此项
兵役。部族军此项兵役制度的变化，促使部族之间的等级区分拉
大，加剧了部族内部的贫富分化。兵役制度的变化客观上反映出
辽代社会的等级划分愈来愈明显，是社会秩序产生变动的提示。
从中也可以觉察到辽朝统治者为建立新的统治秩序，保证贵族和
中央权力而做出的体制变革。

第二节　部族军驻地及防区

辽朝诸部族军多数有明确的驻防地，集中见于《辽史·营卫
志下·部族下》，②部族军的驻戍地以辽朝内地（今西拉木伦河和
老哈河流域）为中心向外延伸，分隶于诸军事机构。部族军所隶
诸军事机构可分为三类：诸地方军事机构可自成军事路者，包括
西北路招讨司、西南面招讨司、乌古敌烈统军司、东北路统军
司、黄龙府都部署司、咸州兵马司、东京都部署司、南京都元帅
府；四大王府；隗乌古部节度使司和倒塌岭节度使司。③隶属于

---

① （元）脱脱等：《辽史》卷19《兴宗纪二》，第265页。

② 本节未作注释的部族驻地皆出自《营卫志下·部族下》（《辽史》卷33，第
　435-445页）；下文契丹户部族作标注，非契丹户则不作标注；文中涉及今地
　未作注者，主要参考了余蔚的《中国行政区划通史·辽金卷》和张宏利的《辽
　朝部族制度研究——以行政区划的部族为中心》（长春：吉林大学博士学位论
　文，2015年）。

③ 辽朝部族军的管理机构历经变化，最终趋向完备，形成地方管理机构、大王府
　和节度使等各层次的管理体系（武文君：《辽代部族军研究》，第36页）。这
　里仅探讨完备状态下的驻防。

各统兵机构的部族军皆有一定范围的驻防区，以及相应的防范
对象。

出兵镇戍于西北路招讨司辖区内的部族有：楮特部（契丹
户）、突吕不部（契丹户）、奥衍女真部、室韦部、品部（契丹
户）。其中，奥衍女真部"戍镇州境"，镇州为西北路招讨司的治
所，位于今蒙古国布尔根省鄂尔浑河与图拉河之间的青托罗盖
城。西北路招讨司辖境东起克鲁伦河，西至额尔齐斯河，北至色
楞格河下游，南抵沙漠与西南路辖境相接，辖境内有阻卜、[1]梅里
急、粘八葛、萌古等部落。[2]驻防在西北路招讨司辖区内的部族
军即以这些属国属部为防范对象。

出兵镇戍于西南面招讨司辖区内的部族有：涅剌部[3]（契丹
户）、迭剌迭达部、品达鲁虢部、乌古涅剌部、涅剌越兀部、梅
古悉部、斡突盌乌古部、颉的部、匿讫唐古部、鹤剌唐古部。其
中，涅剌部、迭剌迭达部、品达鲁虢部、涅剌越兀部、斡突盌乌
古部的部族军驻防之地位于"黑山北"。辽朝有几处称为黑山者，
此处的黑山指内蒙古乌拉特中旗境内的阴山。也就是说，前述五
部驻扎在阴山北部地区。史载西南面招讨司的职责为控制西夏，
但根据部族驻地看来，本司之下的部族军还具有镇压和防范阻

---

① 驻防于鄂尔浑河流域镇州的部族军，在设立之初的职责是"专捍御室韦、羽厥
（乌古）等国"[（元）脱脱等：《辽史》卷37《地理志一》，第509页]。辽朝后
期阻卜兴起，驻防的部族军主要以控驭阻卜为主。

② 陈得芝：《辽代的西北路招讨司》，中国社会科学院历史研究所宋辽金元史研究
室编：《宋辽金史论丛》第1辑，北京：中华书局，1985年，第273-275页。

③ （元）脱脱等：《辽史》卷33《营卫志下》，"涅剌部"条下，言其"节度使属西
南路招讨司，居黑山北，司徒居郝里河侧"。节度使掌部族兵，司徒所掌为部族
居地户。此处"居黑山北"应是"戍黑山北"。（第438页）

卜、党项等属国属部的职能。

出兵镇戍于东北路统军司辖区内的部族有：突吕不室韦部、涅剌拏古部、图鲁部、术哲达鲁虢部、河西部、达马鼻骨德部、伯斯鼻骨德部。东北路统军司的辖区东包混同江（今松花江流域），西跨金山（今大兴安岭）。①在此辖区内有明确驻地者为突吕不室韦部、涅剌拏古部和术哲达鲁虢部。突吕不室韦部"泰州东北"，涅剌拏古部"泰州东"，术哲达鲁虢部"戍境内，居境外"。泰州位于今黑龙江泰来县西北56里塔子城镇古城，两部族军驻戍在泰州城外，其重要性可见一斑。这可能也是有学者认为泰州为东北路统军司治所的原因之一。东北路统军司主要职能是处理东北女真事务，②驻戍在此的部族军的主要防范对象也为女真人。

镇戍于乌古敌烈统军司辖区内的部族有：五院部（契丹户）、六院部（契丹户）、迭鲁敌烈部。五院部、六院部的部族军虽未明确记载其隶属于乌古敌烈统军司，但早在辽太宗会同二年（939），五院部、六院部三个石烈已经迁至"乌古之地"，会同三年（940）又增"海勒水地"③。之后才又增迭鲁敌烈部驻戍于此范围内。乌古部南抵今洮儿河，北至额尔古纳河、石勒喀河流域，

---

① 余蔚：《中国行政区划通史·辽金卷》，第68页。

② 余蔚认为，随着乌古敌烈统军司、西北路招讨司形势的恶化，辖境跨越大兴安岭的东北路统军司，也开始参与应对西北部落的战争。（《中国行政区划通史·辽金卷》，第69页）

③ （元）脱脱等：《辽史》卷33《营卫志下》，第436-437页。《辽史》卷3《太宗纪》（第50页）和卷59《食货志》（第1026页）皆有记载，只是时间和石烈归属略有差异，学界早有论述，此处不再赘述。

海勒水即今海拉尔河。敌烈部则在今克鲁伦河上游和中游地区。① 故而，该机构在辽朝中后期管理今蒙古高原东部、大兴安岭以西克鲁伦河（辽胪朐河）流域的乌古、敌烈诸部。②

出兵镇戍于东北路女直兵马司（咸州兵马司）辖区内的部族有乙室奥隗部。有学者认为，东北路（女直）兵马司应是北女直兵马司之误，也就是咸州兵马司（北女直详稳司）。③ 辽代相关文献中并不见东北路（女直）兵马司，且东北部已经有东北路统军司。而咸州兵马司同样管理女真，很有可能是指同一机构。因此，东北路（女直）兵马司应为咸州兵马司（北女直详稳司）。

出兵镇戍于黄龙府都部署司辖区内的部族有：隗衍突厥部、奥衍突厥部、北唐古部。这些部族军配合黄龙府都部署司，弹压东京路北部的渤海，防范兀惹、铁骊、女真、五国等部。④

东京都部署全称为东京兵马都部署。东京兵马都部署初置时，为独立职官，辽道宗大康元年（1075）以后，东京留守兼任东京兵马都部署。⑤ 史载，镇戍于东京都部署司辖区内的部族有：楮特奥隗部、耨盌爪部、稍瓦部、曷术部。这些部族军既防范当地的女真、渤海人，也具有对外防御高丽的职能。

南京都元帅府不直接领部族军，其下有南京统军司统部族军。史载辽朝南京地区"又有统军，掌契丹、渤海之兵，马军、

---

① 程妮娜：《辽朝乌古敌烈地区属国、属部研究》，《中国史研究》2007 年第 2 期，第 88-92 页。

② 余蔚：《中国行政区划通史·辽金卷》，第 63 页。

③ 余蔚：《中国行政区划通史·辽金卷》，第 73 页。

④ 参见余蔚：《中国行政区划通史·辽金卷》，第 71 页。

⑤ 陈俊达：《辽朝军事区划体系研究——兼论辽代"道""路"诸问题》，《史学集刊》2022 年第 3 期，第 61-62 页。

步军，一掌汉兵"①。"统军"指南京统军司，此司的军队主要为部族军。关树东指出南京地区的部族军由南京统军司统领，汉军由南京侍卫亲军司统领，二者皆隶于南京总管府（元帅府）。②

不过，需要注意的是，从大部分的辽代文献中看，南京统军司有一定的独立权。辽圣宗太平八年（1028），备战宋朝之时的方案是，"总管备城之东南，统军守其西北，马步军备其野战，统军副使缮壁垒，课士卒，各练其事"③。辽穆宗应历十三年（963）"宋欲城益津关，命南京留守高勋、统军使崔廷勋以兵扰之"④。两则材料说明南京统军使在战时与南京留守同时受命，是平行的。辽圣宗统和元年（983），"南京统军使耶律善补奏宋边七十余村来附，诏抚存之"⑤。也证明其可以单独向中央奏称边事。前文涉及南京统军司为其下贫户奏请钱财的例子也是其独立为军的表现。而辽朝发兵前的准备更加确定了这一点。史载，辽朝出征前"惟南、北、奚王，东京渤海兵马，燕京统军兵马，虽奉诏，未敢发兵，必以闻。上遣大将持金鱼符，合，然后行"⑥。南京统军兵马在战时需要单独奉诏才可以发兵。因此，由于南京统军司的重要性，是具有单独与中央对接的权力的。

辽朝四大王府的驻地及防区与辽朝内地相接。辽朝内地南部开始先有五院部（契丹户）和六院部（契丹户）。宋人文献中

① （宋）余靖撰，黄志辉校笺：《武溪集校笺》卷18《杂文·契丹官仪》，第540页。
② 关树东：《辽朝部族军的屯戍问题》，《中央民族大学学报（哲学社会科学版）》1996年第6期，第48页。
③ （元）脱脱等：《辽史》卷17《圣宗纪八》，第228页。
④ （元）脱脱等：《辽史》卷6《穆宗纪上》，第86页。
⑤ （元）脱脱等：《辽史》卷10《圣宗纪一》，第117页。
⑥ （元）脱脱等：《辽史》卷34《兵卫志上》，第451页。

记载辽中京（治今内蒙古赤峰市宁城县）"西南至山后八军八百余里，南大王、北大王统之，皆耶律氏也"①。辽南京外侧"有北王府、南王府，分掌契丹兵，在云州（治今山西大同市）、归化州（治今河北张家口市宣化区）之北"②。两条史料比排，可知五院部、六院部驻戍地大致在今河北、山西北部至内蒙古赤峰市一带。然《辽史》记载两部的军事长官春夏分驻五院部（今内蒙古阿鲁科尔沁旗、巴林右旗附近③）之侧和泰德泉（今内蒙古巴林右旗境内赤崖附近的湖水）之北；秋冬分驻羊门甸（今河北省承德市境内或承德市附近）和独卢金（大同市附近）。说明宋人所了解的五院部、六院部的驻防地并不完整，实际还应向北拓展至今内蒙古巴林右旗一带。与此二部驻地南面相接的为乙室部（契丹户），"居雁门之北"，镇守"山后"④。"雁门"即雁门关（今山西代县），"山后"包括云州、归化州、奉圣州（治今河北涿鹿县）等在内的山西诸州。⑤排除与五院部、六院部重叠部分，乙室部应驻戍在相当于今山西中部到北部的范围内。这也符合《辽史·营卫志》对三部"镇南境"，"镇驻西南之境"的记载。

辽朝还有一些部族军隶属某一驻防地的节度使管理。文献中

---

① （宋）路振：《乘轺录》，赵永春辑注：《奉使辽金行程录》（增订本），第21页。

② （宋）余靖撰，黄志辉校笺：《武溪集校笺》卷18《杂文·契丹官仪》，第540页。

③ 五院部居地在今内蒙古赤峰市阿鲁科尔沁旗、敖汉旗，河北承德市、秦皇岛（张宏利：《辽朝部族制度研究——以行政区划的部族为中心》，长春：吉林大学博士学位论文，2015年，第71页）。五院部和六院部秋冬所驻之地相邻，皆靠近南境，春夏驻地亦应相距不远。故五院部大王春夏驻地当在阿鲁科尔沁旗、巴林右旗附近。

④ 余靖撰，黄志辉校笺：《武溪集校笺》卷18《杂文·契丹官仪》，第540页。

⑤ 武文君、杨军：《辽代山西诸州的一体化》，《古代文明》2019年第2期，第85页。

有部族军分别镇戍于隗乌古部和倒塌岭，辽朝统治者在这两处设节度使。

隗乌古也写作隈乌古，可别译为乌隈于厥、乌隈乌骨里、乌隗乌古。[1]《辽史·部族表》记载统和二年（984）二月，"五国、隈乌古部节度使耶律隈洼以所辖诸部难制，请赐诏、给剑，仍便宜从事。从之"。[2]《圣宗纪》则载为："五国、乌隈于厥节度使耶律隗洼以所辖诸部难治，乞赐诏给剑，便宜行事。从之。"[3] 两处记载为同一事，隗乌古部即乌隈于厥部。而于厥即乌古，[4] 故隗乌古部以乌古户为主。隗乌古部与五国部受同一节度使统领，二者在地域上应该毗邻。辽道宗咸雍九年（1073）七月，乌古敌烈统军使奏报敌烈人叛乱，辽廷诏隗乌古部军镇压。[5] 表明乌古敌烈和隗乌古部在地域上也是相邻的。五国部位于松花江沿岸，乌古、敌烈部则在克鲁伦河和海拉尔河流域。隗乌古部处于二者之间，大概可定于今黑龙江上游，[6] 相当于今黑龙江省漠河县、呼玛县、黑河市。[7] 驻此地者为突举部（契丹户）和北敌烈部，主要控驭和防范乌古、敌烈等部。

---

[1] 关树东：《辽朝乌隗乌古部与倒塌岭统军司考述》，《中国边疆史地研究》2021年第4期，第69页。

[2] （元）脱脱等：《辽史》卷69《部族表》，第1203-1204页。

[3] （元）脱脱等：《辽史》卷10《圣宗纪一》，第121页。

[4] 孟广耀：《辽代乌古敌烈部初探》，《中国蒙古史学会成立大会纪念集刊》，呼和浩特：内蒙古人民出版社，1979年，第247页。

[5] （元）脱脱等：《辽史》卷23《道宗纪三》，第313页。

[6] 孙进己、孙泓：《契丹民族史》，桂林：广西师范大学出版社，2010年，第155页。

[7] 于立新、刘秉新：《黑龙江上游航道状况及维护分析》，《交通科技与经济》2002年第2期，第52页。

驻戍于倒塌岭节度使司的部族为特里特勉部（契丹户）。学界一般认为倒塌岭与西南面招讨司有密切联系。①关树东通过梳理辽末天祚皇帝的逃跑路线，结合文献记载推测辽代的倒塌岭地区即以今乌兰察布大草原为核心区域，西路群牧，应以今乌兰察布草原为中心，包括巴彦淖尔草原的一部分及阴山以南草场。内流河塔布河、艾不盖河干支流及水系湖泊为乌兰察布草原提供水源。辽代中期以来，这一带是白达达（阴山鞑靼、阴山室韦），即元代汪古部的世居之地。②结合《金史》中金军追击天祚帝的具体记载，可以发现关文具有一定道理。

挞懒是追踪天祚帝的主力军之一，其本传记载："宗翰袭辽主于鸳鸯泺，辽都统马哥奔捣里，挞懒收其群牧。宗翰使挞懒追击之，不及，获辽枢密使得里底及其子磨哥、那野以还"③。《完颜杲传》中有类似记载："时辽主在草泺，使宗翰与宗干率精兵六千袭之。辽主西走，其都统马哥趋捣里。宗翰遣挞懒以兵一千往击之。挞懒请益兵于都统杲，而获辽枢密使得里底父子"④。点校本二十四史修订本《金史》注释［12］称"捣里"原作"捣里挞"，按照本书卷77《挞懒传》载为"捣里"，遂删去"挞"字。

---

① 学界将倒塌岭与西南面招讨司联系在一起。谭其骧将倒塌岭节度使司统辖范围定于西南面招讨司和南、北大王镇戍区北部（《中国历史地图集·宋辽金》第6册，第10-11页）。日本学者长泽和俊认为倒塌岭节度使大致驻地应在白塔（西南面治所丰州）北部的阴夹山附近［陈俊谋译：《辽对西北路的经营》（下），《民族译丛》1984年第5期，第43页］。余蔚则明确指出倒塌岭节度使辖区从属于西南面招讨司（《中国行政区划通史·辽金卷》，第62页）。

② 关树东：《辽朝乌隗乌古部与倒塌岭统军司考述》，《中国边疆史地研究》2021年第4期，第77-78页。

③ （元）脱脱等：《金史》卷77《挞懒传》，第1875页。

④ （元）脱脱等：《金史》卷76《完颜杲传》，第1848、1860页。

此处多出的"挞"字当作保留。《辽萧德顺墓志铭》载有"岛里
阆离"，李俊义、张梦雪认为中的"岛里阆离"即"倒塌岭"，二
者是同一个契丹语地名的异译。[①]辽朝都统马哥所奔向的"捣里"
或"捣里挞"与《辽萧德顺墓志铭》中的"岛里阆离"音近，应
该就是倒塌岭。

又，《金史》卷65《刜孙传附子蒲家奴传》记载追击天祚帝
一事为："辽帝西走，都统杲使蒲家奴以兵一千助挞懒击辽都统
马哥，与挞懒不相及，蒲家奴与赛里、斜野降其西北居延之众。
而降民稍复逃散，毗室部亦叛，遂率兵袭之。至铁吕川，遇敌
八千，遂力战，兵败"[②]。"居延之众""铁吕川"皆指今敕勒川及
附近。蒲家奴等人皆往阴山、敕勒川方向追捕辽都统马哥，可见
倒塌岭位于这一带附近，符合关说。

值得注意的是，一些文献记载中的倒塌岭似乎距离辽朝内地
不远。《辽史·道宗纪五》记载，大安十年（1094）七月，"阻卜
等寇倒塌岭，尽掠西路群牧马去。东北路统军使耶律石柳以兵追
及，尽获所掠而还"[③]。《属国表》亦载："阻卜来寇倒塌岭，西路
群牧及浑河北牧马皆为所掠。东北路统军使耶律石柳以兵追及，
尽获所掠"[④]。两相对比，倒塌岭下西路群牧似乎应当与浑河北
牧马邻近。"浑河"在《辽史》中多次出现，辽圣宗于开泰三年

---

① 李俊义、张梦雪：《〈辽萧德顺墓志铭〉考释》，《中国国家博物馆馆刊》2016年
　第1期，第71页。
② （元）脱脱等：《金史》卷65《刜孙传附子蒲家奴传》，第1643页。
③ （元）脱脱等：《辽史》卷25《道宗纪五》，第342页。
④ （元）脱脱等：《辽史》卷70《属国表》，第1291页。

（1014）正月①、五年（1016）四月②、七年（1018）二月③、八年（1019）正月④皆曾至浑河及其附近。谭其骧将此浑河定为今内蒙古境内的霍林河。⑤辽朝春捺钵时间在正月至三月底左右，地点在长春州附近，靠近霍林河。辽圣宗每在春捺钵期间至浑河，正符合谭说。由此，倒塌岭及西路群牧应在今霍林河之西。

《辽萧德顺墓志铭》言辽圣宗、兴宗时期的萧德顺曾"知岛里闼离事，湖号惠民"⑥。"湖号惠民"指的应是惠民湖。辽景宗保宁三年（971）八月，"射鸭于惠民湖"⑦。乾亨元年（979）五月"幸惠民湖"。⑧很明显，辽景宗至惠民湖射鸭属于契丹捺钵的活动。据此，倒塌岭距离契丹内地应该不远。《辽史·地理志》记载上京临潢府周围有"兴国惠民湖"。⑨辽上京道境内的庆州（治今内蒙古巴林右旗北索博日嘎苏木白塔子村古城）有兴国湖，⑩兴国湖与惠民湖为相距很近的两个湖。⑪故惠民湖应在庆州辖境附近，可能在其北部或西部。辽道宗大安七年（1091）"六月甲

---

① （元）脱脱等：《辽史》卷15《圣宗纪六》，第191页。
② （元）脱脱等：《辽史》卷68《游幸表》，第1168页。
③ （元）脱脱等：《辽史》卷16《圣宗纪七》，第205页。
④ （元）脱脱等：《辽史》卷68《游幸表》，第1169页。
⑤ 谭其骧：《中国历史地图集·宋辽金》第6册，第8-9页。
⑥ 李俊义、张梦雪：《〈辽萧德顺墓志铭〉考释》，《中国国家博物馆馆刊》2016年第1期，第67页。
⑦ （元）脱脱等：《辽史》卷68《游幸表》，第1157页。
⑧ （元）脱脱等：《辽史》卷68《游幸表》，第1159页。
⑨ （元）脱脱等：《辽史》卷37《地理志一》，第497页。
⑩ （元）脱脱等：《辽史》卷37《地理志一》，第502页。
⑪ 杨军：《辽代捺钵考》，《安徽史学》2017年第2期，第44页。作者提出了两种可能，另外一种是兴国湖、兴国惠民湖、惠民湖指同一个湖。文中已述惠民湖应在倒塌岭，不在庆州境内，故二湖并非同一湖。

午，驻跸赤勒岭。己亥，倒塌岭人进古鼎，有文曰'万岁永为宝用'"[1]。赤勒岭是道宗时期夏捺钵驻跸较为频繁之地，在庆陵附近。[2] 参照以上方位，似乎倒塌岭接近于今内蒙古乌珠穆沁旗、锡林浩特市一带。

实际上，文献之所以看起来记载矛盾，应是倒塌岭的防区广泛导致的。就目前所见倒塌岭长官来看，自辽圣宗开泰年间至辽道宗时期，有节度使（太师）、都监和知倒塌岭事，三者往往不是同时出现。[3] 倒塌岭防区的长官并不一定驻扎在倒塌岭之地，按照游牧的特征，在无战事的情况下其驻扎地可能较为灵活。驻扎的倒塌岭防区的部族军主要防范对象为阻卜等部。

以上看来，一方面，辽朝部族军驻戍地向边疆延伸具有一定的层次性。靠近契丹内地的部族为契丹户或契丹户中地位较高的部族，外层则为其他部族或契丹户中的普通部族。另一方面，各驻防区内的军事战略要地皆以契丹人为领驻，辅之以其他部族。其他部族或驻戍在本地，或驻戍在别地，体现出辽朝统治者"以夷制夷"的驻防策略。

第三节　牧场与部族军驻防

根据辽朝部族军驻地，可以看出一个共同特点，即驻扎在河

---

① （元）脱脱等：《辽史》卷25《道宗纪五》，第338页。

② 李月新：《辽朝的黑山祭祀探析》，《赤峰学院学报（汉文哲学社会科学版）》2016年第10期，第12页。

③ 武文君：《辽代部族军研究》，第135页。

流众多、水草丰美的区域内。部族戍地的选择与其游牧特性有关，这种特性决定其在选择驻地时不得不将部队驻扎所需的牧场因素考虑在内。

辽朝驻屯军人大多携眷屯戍，往往是以"户"为单位。[1]《营卫志》明确记载辽朝部族"番居内地者，岁时田牧平莽间。边防糺户，生生之资，仰给畜牧"。[2]"番居内地者"为留后户，"边防糺户"即戍守户。部族军正是以户的形式驻戍在各驻防区。文献中出现部族人户或者部族军迁入、进驻某地之时，意味着当地自此驻有辽朝的部族军和部落人户。家属随军使得后勤补给需求增多，更加强化了牧场需求。部族戍军以骑兵为主，马匹是必需物，戍军和戍户生活所需主要是羊和牛，戍守边疆的部族所涉及消耗牧场的主要是马、羊和牛。故部族军驻防区内就需要一定面积的牧场。

辽朝驻防区内的兵力部署情况，文献中记载不多。如宋真宗大中祥符二年（辽圣宗统和二十七年，1009）编写的《乘轺录》载南、北大王（五院、六院部）各统万人，[3]共2万人。《辽史·地理志》记载统和二十二年（1004），西北路招讨司治所镇州有二万余骑军。[4]《耶律宗福墓志》载辽兴宗重熙年间，"□西北路之所辖者，节度金吾□二十部，精兵勇士余二万众"。[5]西北路的边防城兵力记载，如静边城，"本契丹二十部族水草地。北邻

---

① 余蔚：《中国行政区划通史·辽金卷》，第122页。

② （元）脱脱等：《辽史》卷32《营卫志中》，第427页。

③ （宋）路振：《乘轺录》，赵永春辑注：《奉使辽金行程录》（增订本），第21页。

④ （元）脱脱等：《辽史》卷37《地理志一》，第509页。

⑤ 《耶律宗福墓志》，向南、张国庆、李宇峰辑注：《辽代石刻文续编》，第142页。

羽厥，每入为盗，建城，置兵千余骑防之"。皮被河城，"地控北边，置兵五百于此防托"①。这两城当是由之前迁入的部族军驻守。

南京地区亦有部族军，但不知所出，文献中仅有大概的记载。《宣和录》曰："易州，守城契丹亦众"②。在易州和涿州之间存有牛栏寨，易州和牛栏寨"皆契丹素屯兵马去处，声援相接"③。辽末宋将刘光世攻辽，"至白沟，为牛栏军所败，不得前"④，《封氏编年》称："牛栏贼千余，从古城出"。⑤牛栏寨驻有一千多契丹兵，与其"声援相接"的易州兵力应差不多。南京地区成军最为直接的数据见于统和三年（985）的《韩匡嗣墓志》，当中有载，"雄燕之地，皇朝所都。宗九服而表则诸侯，屯万旅而控制南夏"⑥。易州和涿州的契丹兵应在"万旅"当中。

若仅通过以上史料，不太可能判断辽朝部族军的全部兵力。按，根据辽天祚帝乾统三年（1103）的数据统计，隶属于斡鲁朵和部族的契丹人共48个石烈，约17万户，非契丹族39个部族，共16.9万户。辽朝征兵原则一般情况下一户出两丁。将成户和留后户按一比一的比例分配，契丹人与非契丹人的成军的大概兵力皆有一套计算方法。通过计算可知1103年辽朝部族军的兵力总数约为22万。⑦

---

① （元）脱脱等：《辽史》卷37《地理志一》，第509页。
② （宋）徐梦莘：《三朝北盟会编》卷16《政宣上帙十六》引《宣和录》，第114页。
③ （宋）徐梦莘：《三朝北盟会编》卷16《政宣上帙十六》引《宣和录》，第114-115页。
④ （宋）徐梦莘：《三朝北盟会编》卷9《政宣上帙九》，第65页。
⑤ （宋）徐梦莘：《三朝北盟会编》卷9《政宣上帙九》引《封氏编年》，第65页。
⑥ 《韩匡嗣墓志》，向南、张国庆、李宇峰辑注：《辽代石刻文续编》，第24页。
⑦ 武文君：《辽代部族军研究》，第151、155页。

辽朝部族军，"每正军一名，马三匹"。[1] 每一驻区的兵力为已知数，马匹数量即可知，随之，牛和羊的数量也可计算。游牧民族的畜牧饲养皆有一定比例，契丹羊的数量至少是马的6倍。通过畜牧数量可计算部族军每月所需要的牧场面积为28299.6万亩。[2] 依牧场需求视角，受其驻戍形式制约，部族军增长1人，约增加2.5人前往戍地，消耗成倍增长。这当是部族驻军增长缓慢的重要因素。通过辽朝部族军驻防区所需牧场面积的计算，我们更容易理解，部族军多选择在优质草场驻扎的原因。若没有一定面积的草场，部族戍军及戍户恐怕无法很好地维持驻防和生活。

辽朝部族军驻防地除了驻今蒙古国境内的鄂尔浑河流域和克鲁伦河流域外，大部分驻扎于今中国内蒙古自治区境内的草原地带。内蒙古草原从北面的呼伦贝尔草原到西南部的鄂尔多斯草原，从东部的科尔沁草原到西部的阿拉善荒漠草原，可利用草场面积6818万公顷，102270万亩。除去无部族驻军的阿拉善荒漠和鄂尔多斯（未在辽境内），少驻军的契丹内地和未计算延伸到内蒙古草原周边的部族驻军，比如河北张家口坝上草原，黑龙江大庆市杜尔伯特蒙古族自治县（黑龙江西部松嫩平原上），部族驻军范围大致相当于整个内蒙古草原的面积。内蒙古境内辽朝部族驻军所需的草场面积至少为5652万亩。当然，这还是不转移的情况下所需的草场面积，如果转移则需要扩大1—2倍的面积。辽朝境内的非草场区恐怕承载不了如此强大的草场需求。

---

① （元）脱脱等：《辽史》卷34《兵卫志上》，第451页。
② 武文君：《辽代部族军研究》，第159页。

由此看来，辽朝统治者在部署各区部族驻军时重视牧场因素。但部族军的主要职能是驻防，理论上战略因素当成为首先考虑的因素。两种因素的纠葛使得部族军在实际驻戍过程中，有时不能很好地协调，继而产生诸多问题。

最为明显的是西北路招讨司和乌古敌烈统军司驻防区。蒙古草原自古以来有众多游牧民族生活于此，幅员广阔。在这两处驻防区，辽朝没有兵力像其他驻防区一样以州县和部族配合戍守，只能以早先占领的克鲁伦河为后盾，向西延伸。在靠近克鲁伦河的鄂尔浑河设戍地。这一驻防区畜牧的情况是："有司防其隐没，聚之一所，不得各就水草便地"[1]。牲畜聚在一处，无法达到放牧季节内 3—4 次的放牧频率和转移频率。[2] 而不得就水草，也说明其失去了合理的牧场面积。所以，这一防区侧重于军事战略位置，而相对弱化了牧场因素。同时，在辽朝部族的畜群中羊占了很大的比例。羊的啃草能力强，可以吃到草根，因此牛、马吃过的草地可以继续牧羊，而羊刚吃过的地方却不能再牧任何牲畜了。[3] 如果转移频率低，草场的破坏速度也就越快。以上种种造成部族驻军"日瘠月损，驯至耗竭"[4]。

为解决牧场的问题，西北路的兵力保持在一定范围内。故有辽兴宗重熙初，西北路招讨使耶律涤鲁"请减军籍三千二百八十

---

[1]（元）脱脱等：《辽史》卷104《耶律昭传》，第1602页。

[2] 张秉铎：《畜牧业经济词典》，呼和浩特：内蒙古人民出版社，1987年，第102页。

[3] 韩茂莉：《历史时期草原民族游牧方式初探》，《中国经济史研究》2003年第4期，第95-96页。

[4]（元）脱脱等：《辽史》卷104《耶律昭传》，第1603页。

人"①。辽朝还通过增加西北路其他民族的比重，来改变现状。辽道宗寿昌元年（1095），"诏西京砲人、弩人教西北路汉军"②。西北路设有汉军，砲和弩的使用，表明辽朝在西北路的驻防已不仅仅靠传统草原对决的方式来防守，又加入新的方式，协助实现对这一驻区的控制。

西南面招讨司和四大王府等部族军驻防区需根据防范对象作以判断。这些防区南向是为防范北宋和西夏，后期北向防御阻卜。五院部、六院部从功能上说是为防宋和威慑南境地区燕人，比如，辽道宗咸雍四年（1068）三月，"诏南京除军行地，余皆得种稻"③。即力求骑兵可以迅速进入南京。但实际上一旦南京或者北宋有动静，调兵也需要花费时间，并不能立刻起到作用，只能保证威胁不会从居庸关进入辽朝内地。而北向防御则不同，因牧区与阻卜可达势力范围相连接，阻卜势力强大时，南部驻防区一同将防御重点转向北部，起到了较好的防御作用。

牧场是辽朝部族军选择驻地的重要因素。受牧场因素影响，各驻防区的兵力部署和驻地皆有一定限制。虽然辽朝占领了南方中原的一些州县区和东部渔猎农耕区，但部族军受牧场限制，始终未能大量进入非游牧区。

同时，需要指出的是，辽朝部族体制改革也与牧场相关，统治者须考虑契丹内地人口承载力的问题。辽圣宗将斡鲁朵中的非契丹族游牧民族析出划入部族，是其整合部族的一个重要方面。

---

① （元）脱脱等：《辽史》卷82《耶律涤鲁传》，第1424页。
② （元）脱脱等：《辽史》卷26《道宗纪六》，第346页。
③ （元）脱脱等：《辽史》卷22《道宗纪二》，第303页。

"辽国之法：天子践位，置宫卫，分州县，析部族"①。斡鲁朵下的人户包括州县和部族两种，亦即农耕和游牧两种经济形态。部族受其经济形态的影响，需要一定范围的牧场来满足各项需求。随着州县人口进入辽朝内地，占据部分牧场，在辽朝初期已经开始将部族向外迁移。统治者令部族镇戍边疆，去开拓新牧场，而将故地的优质牧场保留给斡鲁朵。②到了辽圣宗时期，新建斡鲁朵的部族民户不再"析部族"，而是来自其他斡鲁朵。③说明斡鲁朵内的人户已经达到了饱和状态，无法再接受新增人户。这一点，从诸部多因"户口蕃息"而置可以证明。契丹内地急需向外扩散人户，与边疆需要部族镇戍之间形成一种互利关系，可谓一举两得。

余 论

部族军驻防作为辽朝驻防体系的一部分，所映射的是其整体驻防的战略格局。虽然部族军的重点驻地在游牧区，但仍有部分驻戍于农耕区。并且，自契丹内地开始就已经有部族驻军，比如五院部、六院部。也就是说，部族军所镇驻的区域不同程度地贯穿了契丹内地、州县、"边围"的广大范围。部族军驻戍内地，游牧于皇帝捺钵的外围，一方面可以协助宫帐军保卫皇帝安全，

① （元）脱脱等：《辽史》卷31《营卫志上》，第410页。
② 杨军：《牧场与契丹人的政治》，《首都师范大学学报（社会科学版）》2017年第2期，第5页。
③ 杨军：《辽代斡鲁朵研究》，《学习与探索》2015年第5期，第154页。

另一方面也是防止宫帐军叛乱。而部族军驻地与京州军辖区插花田式存在，是保证其在驻戍地方的同时，起到监视州县的作用。部族驻军在辽朝驻防体系中的多重作用可见一斑。

部族军驻防地及驻防区兵力部署的情况是统治者国家战略部署的表现形式之一。辽朝在国家发展大战略上是相对均衡的，以往学界所探讨的辽朝为南下战略或西北战略应是不同时期出于某种需要而形成的阶段性战略。纵向角度审视，辽朝统治者既重视草原地区亦重视农耕地区，其所具有的草原因素和农耕因素存在一定程度上的此消彼长，但更多的是互动。

两种因素的互动还体现在部族军的军事隶属关系之中。辽朝军事机构可分为高级与中级两个层级，二者辖区加上节镇，共同构成辽朝的三级军事区划。高级军事区划"军事路"包括"五京路"和西北路、西南面、东北路、辽西路；中级军事区划位于高级军事区划内，往往为分支机构或因事而置。[①] 部族军既有隶属于高级军事区划者，也有隶属于中级军事区划者，也有隶属于节度使司者。除去四大王府的部族军外，基本可与辽朝军事机构的划分体系相匹配（详见下文）。军事机构管理下的部族驻军反映出的是农耕因素；非军事机构下的部族驻军则是草原因素的体现。因此，平常运作过程中，非军事机构下的部族军表现出较强的机动性。

值得注意的是，辽朝的部族驻军虽然有固定隶属关系，但随着防范对象的不同，驻防重点的变化，小的驻防区还可在原隶属

---

① 陈俊达：《辽朝军事区划体系研究——兼论辽代"道""路"诸问题》，《史学集刊》2022年第3期，第55页。

关系之上，形成临时驻防区。比如西南路副都部署和山北路副都部署。余蔚依据任西南路兵马副部署的耶律庆嗣和任山北路副部署的萧阿鲁带皆曾镇压达里和勃思不部民的叛乱，认为二人所任是同一职。① "西南路"和"山北路"从字面上看相差甚远，二人职能虽同，但恐怕不能直接认为是一个。如果将部族驻地和防范对象同时考虑在内，似乎可找到更为合理的解释。文献中关于西南（路兵马）副部署的记载有两条。辽兴宗重熙四年（1035），萧韩家奴上言："今宜徙可敦城于近地，与西南副都部署、乌古敌烈、隗乌古等部声援相接。"② 咸雍三年（1067），耶律庆嗣"朝廷又以达里勃思不部民叛，命公为西南路兵马副部署，往讨执讯"③。这一时期阻卜各部势力在漠南和漠北之间活动。辽朝的南部和北部驻防区部族对阻卜皆具有防范职能。而西南面招讨司下的部族军的重点驻地即靠近阻卜活动范围的黑山北。如此，将西南路都部署理解为从西南面招讨司析出的驻防区更为合适。而《辽史》中也正有与其发展相似的记载。辽圣宗时期耶律瑶质征高丽有功，"擢拜四蕃部详稳。时招讨使耶律颇的为总管，瑶质耻居其下，上表曰：'臣先朝旧臣，今既垂老，乞还新命，觊得常侍左右。'帝曰：'朕不使汝久处是任。'且命无隶招讨，得专奏事到部。戢暴怀善，政绩显著"④。这里的招讨使不知为西北路还是西南面，但其可以自招讨司下单独分出来，也是"副都部署

---

① 余蔚：《中国行政区划通史·辽金卷》，第57页。
② （元）脱脱等：《辽史》卷103《萧韩家奴传》，第1597页。
③ 《耶律庆嗣墓志》，向南：《辽代石刻文编》，第457页。
④ （元）脱脱等：《辽史》卷88《耶律瑶质传》，第1479页。

司"存在的一种合理解释。

同理，因五院、六院驻扎在山北（山后，即前文所言山西诸州），故阻卜活动至其北部驻地外侧时，在其戍地范围内形成山北路副都部署下防区。此类副都部署皆是在阻卜诸部作乱时才出现，为针对阻卜、拔思母等边患蜂起而设的临时驻防区。此类临时驻防区有演变为固定驻防区的可能，比如乌古敌烈统军司，即是由原西北路析出。①辽朝临时驻防区向固定驻防区的转变是辽朝各驻防区的一种规律性发展过程。

总而言之，辽朝统治者在国家发展上呈现出一种均衡性战略，兼顾草原地区与农耕地区，并在二者的互动之中寻找契合点。在此理路之下，统治者以部族驻军为基础，联合宫帐军与京州军构筑起辽朝的驻防体系，并通过分割部族军驻防区、建立地方军事管理机构等方式来巩固和完善这一体系。

---

① 余蔚：《中国行政区划通史·辽金卷》，第63页。

第四章　镇守疆封：辽朝京州军驻防

　　元代史官在总结辽朝军队体系建设时称："辽宫帐、部族、京州、属国，各自为军，体统相承，分数秩然。雄长二百余年，凡以此也"①。然由于辽朝军事系列的"军"与地方行政系列的"州"，二者虽系列不同，但官员却合二为一。②加之京州军较少出现在对外征战中，使得京州军驻防实态及其运作，今遂不得见。虽有王曾瑜、杨若薇、康鹏、余蔚等前贤，针对辽朝五京、节镇驻防进行研究，却又引出新的问题，即学人在研究过程中忽略了辽代京州军的整体驻防体系构建。虽不可否认的是，辽朝制度设计中存在"事简职专""因俗而治"等特点，③但辽朝南北面官制、部族制度皆在汲取唐、五代制度的基础上建构、完善而成，亦为不争的事实，其中尤其深受唐末、五代节镇体制的影响。④实际上，辽朝京州军驻防体系是在节镇体制的基础上发展

---

① （元）脱脱等：《辽史》卷46《百官志二》，第825页。
② 傅林祥：《辽朝州县制度新探》，中国地理学会历史地理专业委员会、《历史地理》编辑委员会编：《历史地理》第22辑，上海：上海人民出版社，2007年，第87页。
③ （元）脱脱等：《辽史》卷45《百官志一》，第773页。
④ 陈俊达：《辽朝节镇体制研究》，第247页。

而来，节镇体制构成京州军驻防体系的基本框架，辽朝在以节镇体制为纽带构建贯穿京、府、节镇、州（军、城）普遍驻防体系的同时，根据各地区具体防扼实情进行针对性设置。以下分述之。

第一节　京府军驻防

为管理庞大的疆域及契丹、奚、汉、渤海、女真等民族与属国属部，辽朝继承唐、渤海旧制，设五京加以管理。大致而言，设上京治理契丹勃兴之地，设中京管理奚人，设东京备御高丽与女真诸部，设南京备御北宋，设西京备御西夏与西南各部族等。故学人对五京的军事地位亦多加关注。康鹏早在研究辽代五京体制时便首次提出，五京道不是一级行政区，而是军事区划。[①] 王曾瑜在研究辽朝军事区划时，亦将五京辖区称为"大军区"[②]。本节在前人研究的基础上，重点关注辽朝以节镇体制为制度框架所构建的五京军事驻防实态，思考五京州军驻防在制度上的"同"与"异"。对于前贤研究已达成共识之处，仅稍作提及，不再赘述。

（一）五京留守的军事职掌

参照《宋史·职官志》记载："留司管掌宫钥及京城守卫、修葺、弹压之事，畿内钱谷、兵民之政皆属焉。"[③] 又据《续资治通鉴长编》记载，宋神宗元丰四年（1081，辽道宗大康七年），

---

① 康鹏：《辽代五京体制研究》，北京：北京大学博士学位论文，2007 年。

② 王曾瑜：《辽金军制》，第 39–54 页。

③ （元）脱脱等：《宋史》卷 167《职官志七》，第 3960 页。

宋河北诸路谍报称："北界帐前指挥七月中会五京留守及南北王府主兵官、诸招讨于中京议事"①。辽朝召开高级军事会议，五京留守与诸招讨使均到场参加，可见五京留守与主兵官、招讨使一样，皆为高级军事长官。五京留守战时或守土有责，或领兵出征，和平时期保境安民，维护地方治安。

战时，五京留守守土有责，需保障辖区安全。如辽景宗乾亨元年（979）七月，"以权知南京留守事韩德让、权南京马步军都指挥使耶律学古、知三司事刘弘皆能安人心，捍城池，并赐诏褒奖"②。暂代南京留守一职的韩德让，因成功挫败宋军对南京析津府的进攻，而得到朝廷的嘉奖。辽朝末年，天祚帝天庆六年（1116），面对耶律章奴反叛，率军进攻上京，时任上京留守的萧兀纳"发府库以赉士卒，谕以逆顺，完城池，以死拒战。章奴无所得而去"③。即便是天祚帝在逃亡途中仍抚谕西京留守萧查刺："金兵不远，好与军民守城"④。

五京留守战时领兵出征、指挥作战，亦体现出五京留守拥有统兵权与指挥权。以东京留守为例，辽圣宗统和元年（983）十月，"上将征高丽，亲阅东京留守耶律末只所总兵马"⑤；统和三年（985）七月，"诏诸道缮甲兵，以备东征高丽"，并"遣使阅东京

① （宋）李焘撰，上海师范大学古籍整理研究所、华东师范大学古籍整理研究所点校：《续资治通鉴长编》卷313，宋神宗元丰四年（1081）六月丁丑条，第7591页。

② （元）脱脱等：《辽史》卷9《景宗纪下》，第110页。

③ （元）脱脱等：《辽史》卷98《萧兀纳传》，第1556–1557页。

④ （宋）叶隆礼撰，贾敬颜、林荣贵点校：《契丹国志》卷11《天祚皇帝中》，第136页。

⑤ （元）脱脱等：《辽史》卷10《圣宗纪一》，第120页。

诸军兵器及东征道路"①。辽朝对高丽的第一次征伐时，② 辽军主帅
为东京留守萧恒德，③ 副都统为右监门卫上将军、检校太师、遥授
彰德军节度使萧挞凛，④ 都监为东京统军兵马都监耶律元宁。⑤ 三
位行军统帅中，两位皆为辽朝东京地区长官，足见与统和元年
（983）十月情况相似，辽军主力为东京留守所辖兵马。圣宗亲征
高丽时，⑥ 时任东京留守、封楚国公的耶律弘古担任副先锋。⑦ 辽
朝开泰三年征伐高丽时，⑧ 辽军主帅为国舅详稳萧敌烈，副帅初为

---

① （元）脱脱等：《辽史》卷10《圣宗纪一》，第123页。按：圣宗初年名为"东
征高丽"，实则其真实目的为攻打女真人与消灭渤海国残余势力建立的定安国，
借此以武力恫吓高丽，迫使其不敢出兵助宋。

② 辽圣宗统和十一年（高丽成宗十二年，993）八月至同年闰十月。详见陈俊达：
《战争·国家安全·长和平：辽圣宗对高丽的九次征伐再探讨》，南京师范大学历
史系编：《随园史学（2023辑）》，南京：江苏人民出版社，2023年，第32页。

③ （元）脱脱等：《辽史》卷88《萧恒德传》，第1476页。

④ （元）脱脱等：《辽史》卷85《萧挞凛传》，第1445页。

⑤ 据统和二十六年（1008）《耶律元宁墓志》记载："（耶律元宁）遂移权东京统军
兵马都监。会高丽恃阻河海，绝贡苞茅，时与驸马兰陵王奉顺天之词，问不庭
之罪。公躬率锐旅，首为前锋……彼累上于降书，愿为藩臣，永事天阙，故高
丽岁时之贡不绝于此，由公之力也"。（刘浦江：《辽〈耶律元宁墓志铭〉考释》，
刘浦江：《松漠之间：辽金契丹女真史研究》，北京：中华书局，2008年，第
214页）"驸马兰陵王"即萧恒德，[（元）脱脱等：《辽史》卷88《萧恒德传》，
第1476-1477页]时任东京留守，耶律元宁时任东京统军兵马都监随军出征，
故推测耶律元宁应担任行军都监，萧挞凛为行军副都统。

⑥ 统和二十八年（高丽显宗元年，1010）十一月至统和二十九年（高丽显宗二年，
1011）一月。详见陈俊达：《战争·国家安全·长和平：辽圣宗对高丽的九次征
伐再探讨》，南京师范大学历史系编：《随园史学（2023辑）》，南京：江苏人
民出版社，2023年，第39页。

⑦ （元）脱脱等：《辽史》卷88《耶律弘古传》，第1480页。

⑧ 开泰三年（高丽显宗五年，1014）五月至开泰四年（高丽显宗六年，1015）四
月。详见陈俊达：《战争·国家安全·长和平：辽圣宗对高丽的九次征伐再探
讨》，南京师范大学历史系编：《随园史学（2023辑）》，南京：江苏人民出版
社，2023年，第42页。

东京留守耶律团石，后改为东京留守萧善宁（萧屈烈）。开泰七年（1018）征伐高丽时，[①] 东京留守耶律八哥担任都监。[②] 此外，东京留守萧排押还曾于统和二十二年（1004）率军攻宋，"将渤海军，下德清军"[③]。渤海军为东京留守下辖兵马主力，据《辽史·兵卫志上》记载："凡举兵……乃诏诸道征兵。惟南、北、奚王，东京渤海兵马，燕京统军兵马，虽奉诏，未敢发兵，必以闻"[④]。王曾瑜先生指出，《兵卫志》记载体现东京作为辽朝"最重要的大军区，驻有重兵"[⑤]。重熙十三年（1044）四月，又见东京留守耶律侯哂与"知黄龙府事耶律欧里斯将兵攻蒲卢毛朵部"等[⑥]。类似记载史书中比比皆是，此处仅以东京为例，其他诸京情况不再赘述。

和平时期，五京留守负责战备工作。如应历十三年（963），高勋时任南京留守，"会宋欲城益津，勋上书请假巡徼以扰之"[⑦]。穆宗"命南京留守高勋、统军使崔廷勋以兵扰之"[⑧]，宋人筑城不

---

① 开泰七年（高丽显宗九年，1018）十月至开泰八年（高丽显宗十年，1019）三月。详见陈俊达：《战争·国家安全·长和平：辽圣宗对高丽的九次征伐再探讨》，南京师范大学历史系编：《随园史学（2023 辑）》，南京：江苏人民出版社，2023 年，第 46 页。

② （元）脱脱等：《辽史》卷 16《圣宗纪七》，第 206 页。

③ （元）脱脱等：《辽史》卷 88《萧排押传》，第 1475 页。

④ （元）脱脱等：《辽史》卷 34《兵卫志上》，第 451 页。

⑤ 王曾瑜：《辽金军制》，第 57 页。

⑥ （元）脱脱等：《辽史》卷 19《兴宗纪二》，第 262 页。按：耶律欧里斯，《辽史》卷 92《耶律侯哂传》作"萧欧里斯"（第 1507 页）。

⑦ （元）脱脱等：《辽史》卷 85《高勋传》，第 1450 页。

⑧ （元）脱脱等：《辽史》卷 6《穆宗纪上》，第 86 页。按：四年后，宋朝再次试图于益津关筑城。《辽史》卷 7《穆宗纪下》载应历十七年（967）二月，"高勋奏宋将城益津关，请以偏师扰之，上从之"（第 92 页）。卷 85《高勋传》作："十七年，宋略地益津关，勋击败之"（第 1450 页）。

果。圣宗太平八年（1028）二月，"燕京留守萧孝穆乞于拒马河接宋境上置戍长巡察，诏从之"①。耶律仁先则在东京留守任上经营对女真的防御体系，②因"女直恃险，侵掠不止，仁先乞开山通道以控制之"，最终使得"边民安业"③。

同时，和平时期五京留守需要防范间谍渗透并负责情报搜集工作。如会同六年（943）十一月，"上京留守耶律迪辇得晋谍，知有二心"④。统和元年（983）二月，"南京奏，闻宋多聚粮边境及宋主将如台山，诏休哥严为之备"⑤。同时辽朝在南京还设有专门的情报机构。据《贾师训墓志》记载："燕京留守府有□□□，凡都府事无巨细，必先阅之后行。其府置一局，诸事连外境，情涉谋叛者，悉收付之考劾，苟语一蹉跌，即真之夆戮。"⑥由墓志记载可知，南京留守府内设有专门的情报局，凡涉及情报人员派遣及侦缉、调查境外情报人员事宜，皆由此专门机构负责。⑦

最后，五京留守负责维护地方治安。如乾亨三年（981）五月，"上京汉军乱，劫立喜隐不克，伪立其子留礼寿，上京留守除室擒之"⑧。重熙年间，耶律仁先同知南京留守、权析津府尹事，

① （元）脱脱等：《辽史》卷17《圣宗纪八》，第228页。

② 孙昊：《辽代的辽东边疆经略——以鸭绿江女真为中心的动态考察》，《贵州社会科学》2010年第12期，第105页。

③ （元）脱脱等：《辽史》卷96《耶律仁先传》，第1536页。

④ （元）脱脱等：《辽史》卷4《太宗纪下》，第57页。

⑤ （元）脱脱等：《辽史》卷10《圣宗纪一》，第117页。

⑥ 《贾师训墓志》，向南：《辽代石刻文编》，第479页。

⑦ 陶玉坤：《辽宋和盟状态下的新对抗——关于辽宋间谍战略的分析》，《黑龙江民族丛刊》1998年第1期，第72页。陶玉坤：《辽宋关系研究》，呼和浩特：内蒙古大学博士学位论文，2005年，第67页。

⑧ （元）脱脱等：《辽史》卷9《景宗纪下》，第112页。

"下车之后，都邑肃清。又驰奏沿边添置产堡，诏见之。时武清李宜儿以左道惑众，伪称帝及立伪相，潜构千余人，劫夺居民，王侦知捕获之，驿送阙下"①。天庆七年（1117）二月，"涞水县贼董庞儿聚众万余，西京留守萧乙薛、南京统军都监查剌与战于易水，破之"②。

（二）五京的军队设置与军队管理

据曾于北宋仁宗庆历三年至五年（辽兴宗重熙十二年至十四年，1043—1045）三次出使辽朝的宋朝使者余靖记载：

契丹之掌兵者，燕中有元帅府，杂掌蕃、汉兵，太弟总判之。其外则有北王府、南王府，分掌契丹兵，在云州、归化州之北。二王皆坐在枢密下，带平章事之上。旧例，皆赐御服，节度使参于旗鼙之南。乙室王府亦掌契丹兵，然稍卑矣。其有居雁门之北，似是契丹别族，其坐在上将军之上。又有奚王府，掌奚兵，在中京之南。与留守相见，则用客礼。大抵契丹以元帅府守山前，故有府官。又有统军，掌契丹、渤海之兵。马军步军一，掌汉兵。以乙室王府山后，又有云、应、蔚、朔、奉圣等五节度营兵，逐州又置乡兵……汉人亦有控鹤等六军……契丹于燕京置元帅府、统军、马军步军三司。③

---

① 《耶律仁先墓志》，向南：《辽代石刻文编》，第353页。

② （元）脱脱等：《辽史》卷28《天祚皇帝纪二》，第375页。

③ （宋）余靖撰，黄志辉校笺：《武溪集校笺》卷18《杂文·契丹官仪》，第540-542页。按：标点有改动。

由余靖记载可知，南京析津府内设有契丹、渤海、汉军等各族军队。学人已基本取得共识，作为高级军事区划的"南京路"，其最高军事机构为都元帅府（兵马都总管府），最高长官为都元帅（兵马都总管），兹无异议。其下则有南京统军司和侍卫亲军马步军都指挥使司，分别掌管契丹、渤海军和汉军。关于南京的元帅府、统军司、侍卫亲军马步军都指挥使司和南京留守司间的职掌和关系，余蔚认为元帅（兵马都总管）府与统军司、侍卫亲军马步军都指挥使司间，地位依次略有下降，统军司与马步司隶属于元帅府，但同时也存在内外的合作性质，相互之间亦无明确的分区。① 高井康典行考证辽朝南京的兵制，认为南京留守继承唐五代以来的卢龙军节度使，其率领的士兵即南京留守（幽州卢龙军节度使）的衙队。南京侍卫亲军马步军都指挥使司继承五代的侍卫亲军制度，与斡鲁朵制度一样，是为了强化禁军力量，达到强干弱枝的目的。南京统军司的兵源为契丹人与渤海人，是监视汉军的重要力量。辽南京的军事机构元帅府、侍卫亲军、统军司三足鼎立，相互牵制，共同负责南京的防卫。② 赵宇则认为若遇外敌入侵，南京城防由都总管（元帅）和统军司分别负责，马步军（侍卫亲军）权限只在于统辖南京汉军，是契丹、渤海军的后备部队，其军事权责与地位居于元帅（都总管）和统军使之下。③

---

① 余蔚：《中国行政区划通史·辽金卷》，第 51 页。

② ［日］高井康典行：《渤海と藩镇——遼代地方統治の研究》，第 137–160 页。

③ 赵宇：《辽朝侍卫亲军体制新探——兼析〈辽史·百官志〉"黄龙府侍卫亲军"诸问题》，姜锡东主编：《宋史研究论丛》第 17 辑，保定：河北大学出版社，2015 年，第 570–571 页。

前贤研究为理清南京的军队设置与军队管理奠定基础，但尚存可完善之处，关键之处在于区分南京都元帅（兵马都总管）与南京留守的军事职掌。

南京析津府的前身为唐末五代的幽州卢龙军节镇，节镇体制下，节度使麾下军队分为马步军都指挥使率领的州军与衙内都指挥使率领的衙军两个系统。[1] 升为南京后，原卢龙军节度使的衙军发展为南京留守的亲兵，在南京析津府于开泰元年（1012）"落军额"之前，[2] 仍以节镇建制下的衙内都指挥使率领。如高勋担任南京留守时，以王裕担任卢龙军节度衙内马步军都指挥使。"内定不战之□，外骋必胜之容"[3]。"落军额"后，以燕京（南京）留守衙内马步军都指挥使统领亲兵，如韩橁曾任"燕京留守衙内马步军都指挥使"；[4] 耶律庶几曾于太平三年（1023）"任燕军衙内马步军指挥使"[5]；《秦晋国妃墓志》载其祖父曾任"燕京留守衙内都指挥使"等[6]。

原卢龙军节度使麾下的马步军发展为南京留守下辖的马步军，即"南京（燕京）马步军"，又称"（南京）侍卫亲军马步军"，亦称"幽州军"[7]"燕军"[8] 等。据《萧閤妻耶律骨欲迷已墓志》记载萧永的结衔为"故侍卫亲军马军都指挥使、检校太

---

① 陈俊达：《辽朝节镇体制研究》，第179页。

② （元）脱脱等：《辽史》卷40《地理志四》，第562页。

③ 《王裕墓志》，向南：《辽代石刻文编》，第63页。

④ 《韩橁墓志》，向南：《辽代石刻文编》，第205页。

⑤ 《耶律庶几墓志》，向南：《辽代石刻文编》，第295页。

⑥ 《秦晋国妃墓志》，向南：《辽代石刻文编》，第340页。

⑦ 《梁援墓志》，向南：《辽代石刻文编》，第520页。

⑧ （元）脱脱等：《辽史》卷12《圣宗纪三》、卷38《地理志二》，第142、522页。

师"①；《萧闛墓志》记载萧永为"侍卫亲军马军都指挥使"②；《萧阐墓志》则记作："皇考讳永，字可久。燕京马军都指挥使、右千牛卫上将军"③。由此可见，侍卫亲军马军都指挥使即燕京马军都指挥使。马军指挥使为侍卫亲军马步军都指挥使属官之一，足证侍卫亲军马步军即南京马步军。南京马步军的"侍卫亲军"特殊称谓，与辽初重臣赵延寿密不可分。

从辽朝汉军的发展历程上看，辽太祖神册元年（916）十二月，"收山北八军"④。所谓"山北"，也称"山后"，李锡厚先生考证认为此为辽朝组建汉军之始。⑤会同元年（938）十一月，幽云十六州入辽，太宗任命赵延寿"迁（南京）留守"。⑥《资治通鉴》记载，"契丹主乃集山后及卢龙兵合五万人，使延寿将之，委延寿经略中国，曰：'若得之，当立汝为帝。'又常指延寿谓晋人曰：'此汝主也。'延寿信之，由是为契丹尽力，尽取中国之策"⑦。又称"汉兵皆尔（赵延寿）所有"⑧。由此可见，太宗会同年间，辽朝汉军皆隶属于南京留守赵延寿。又因辽太宗"尝许灭晋后，以中原帝延寿"⑨，为以示激励或褒奖，赵延寿麾下马步军

---

① 《萧闛妻耶律骨欲迷巳墓志》，向南、张国庆、李宇峰辑注：《辽代石刻文续编》，第 126 页。

② 《萧闛墓志》，向南、张国庆、李宇峰辑注：《辽代石刻文续编》，第 135 页。

③ 《萧阐墓志》，向南、张国庆、李宇峰辑注：《辽代石刻文续编》，第 146 页。

④ （元）脱脱等：《辽史》卷 1《太祖纪上》，第 11 页。

⑤ 李锡厚、白滨：《中国政治制度通史·辽金西夏》第 7 卷，第 146 页。

⑥ （元）脱脱等：《辽史》卷 76《赵延寿传》，第 1376 页。

⑦ （宋）司马光编著，（元）胡三省音注：《资治通鉴》卷 283，后晋齐王天福八年（943）十二月甲寅条，第 9385 页。

⑧ （元）脱脱等：《辽史》卷 76《赵延寿传》，第 1376 页。

⑨ （元）脱脱等：《辽史》卷 76《赵延寿传》，第 1377 页。

称"侍卫亲军"。故太宗会同四年（941）六月，振武军节度副使赵崇以朔州叛辽附晋，十二月，辽军"攻拔朔州"，"遣控鹤指挥使谐里劳军"①。"控鹤"值宿禁中可上溯至唐武则天时期，五代后梁建立伊始，便设有控鹤军，后唐、后晋、后汉、后周相延不绝。②《辽史·百官志》中亦有"侍卫控鹤都指挥使司"的记载，③路振《乘轺录》、余靖《契丹官仪》及降宋契丹供奉官李信皆云南京城中汉军有控鹤兵（军），④足证后世南京侍卫亲军马步军诸军号实源自此时赵延寿下辖所部。

至赵延寿去世前，赵延寿麾下马步军始终以"侍卫亲军"为号。如保宁二年（970）《耿崇美墓志》记载："会同十年（947），先皇帝以嗣晋少主靡思报德，惟务享恩。遂乃领立骁雄，平定凶丑。公首为扈从，众伏英雄。又除昭义军节度使、检校太师，行潞州大都督府长史、潞泽等州观察使、侍卫亲军副都指挥使、上谷郡开国侯，仍加推忠佐命平乱功臣。"⑤据《辽史·太宗纪》记载，太宗灭亡后晋后，"升镇州为中京。以赵延寿为大丞相兼政事令、枢密使、中京留守，中外官僚将士爵赏有差。辛未，河东节度使北平王刘知远自立为帝，国号汉。诏以耿崇美为昭义军节度使，高唐英为昭德军节度使，崔廷勋为河阳军节度使，分据要

---

①　（元）脱脱等：《辽史》卷4《太宗纪下》，第54-55页。

②　张其凡：《五代禁军初探》，广州：暨南大学出版社，1993年，第35页。

③　（元）脱脱等：《辽史》卷46《百官志二》，第836页。

④　（宋）余靖撰，黄志辉校笺：《武溪集校笺》卷18《杂文·契丹官仪》，第541页。
　　（宋）路振：《乘轺录》，赵永春辑注：《奉使辽金行程录》（增订本），第15页。
　　（宋）李焘撰，上海师范大学古籍整理研究所、华东师范大学古籍整理研究所点校：《续资治通鉴长编》卷55，真宗咸平六年（1003）七月己酉条，第1207页。

⑤　《耿崇美墓志》，向南、张国庆、李宇峰辑注：《辽代石刻文续编》，第13-14页。

地"①。可知后晋灭亡后，赵延寿迁中京留守，治镇州（今河北石家庄），负责中原地区防务。耿崇美担任昭义军节度使，治上党（今山西长治），下辖泽州（今山西晋城）等州，协助赵延寿治理中原。作为赵延寿部属，耿崇美兼任侍卫亲军副都指挥使，亦证"侍卫亲军"为赵延寿麾下马步军的特殊军号。

由于镇州旋得旋失，赵延寿终于南京留守任上。②赵延寿虽未成为第二个石敬瑭，但侍卫亲军作为南京留守麾下马步军的特殊军号却得以保留，长官全称为"南京侍卫亲军马步军都指挥使"，简称"南京马步军都指挥使""燕京马步军都指挥使""南京侍卫马步军都指挥使"等。南京留守麾下，衙军由燕京（南京）留守衙内马步军都指挥使（卢龙军节度衙内马步军都指挥使）统领，马步军（州军）由南京侍卫亲军马步军都指挥使统辖。

由此便可以理解为什么太平八年（1028）十月，辽圣宗"诏燕城将士，若敌至，总管备城之东南，统军守其西北，马步军备其野战，统军副使缮壁垒，课士卒，各练其事"③。作为和平时期辽圣宗部署南京防卫的整体规划，辽圣宗指出，一旦燕城（即析津府）遭受攻击，南京兵马都总管与南京统军使分别负责南京城东南与西北的城防，而南京侍卫亲军马步军都指挥使只是"备其野战"，即作为野战的后备军而存在，④与负责防御工事修缮的南

---

① （元）脱脱等：《辽史》卷4《太宗纪下》，第64页。

② （元）脱脱等：《辽史》卷5《世宗纪》，第72页。

③ （元）脱脱等：《辽史》卷17《圣宗纪八》，第228页。

④ 赵宇：《辽朝侍卫亲军体制新探——兼析〈辽史·百官志〉"黄龙府侍卫亲军"诸问题》，姜锡东主编：《宋史研究论丛》第17辑，保定：河北大学出版社，2015年，第570页。

京统军副使一道，作为后勤或预备役。究其根源，在于总管与统军使所辖军队的不同。总管由南京留守兼任，其麾下军队为衙内都指挥使统辖之衙军及侍卫亲军马步军都指挥使统辖的州军，南京统军使则统辖契丹、渤海军。

与此驻防规划相对应的战争时期，如辽穆宗时，萧思温出任南京留守。"周师来侵，围冯母镇，势甚张。思温请益兵，帝报曰：'敌来，则与统军司并兵拒之；敌去，则务农作，勿劳士马。'"① 萧思温身为南京留守，下辖衙军与州军，萧思温认为难以抵挡后周大军，故希望穆宗增兵。穆宗令其与南京统军司合力拒敌，正与上文太平八年（1028）辽圣宗令"总管（南京留守兼任）备城之东南，统军守其西北"之语相合。加之圣宗又称"马步军备其野战，统军副使缮壁垒"，作为野战预备队的马步军与负责工事修缮的统军副使下辖兵马并列，亦从侧面反映出马步军都指挥使与统军副使分别为南京留守与南京统军使的属官。

类似的例子还有很多，如穆宗应历十三年（963）正月，"宋欲城益津关，命南京留守高勋、统军使崔延勋以兵扰之"②。仍为南京留守与南京统军使联合行动。余蔚认为侍卫亲军马步军都指挥使司"乏独立之意味"，"未见其以本职独率一军参加重大军事行动之记载"，"其职责，平时或是负责南京之治安，战时则以南京城防为主职"③，此说甚是。因侍卫亲军马步军都指挥使为南京

---

① （元）脱脱等：《辽史》卷78《萧思温传》，第1397页。

② （元）脱脱等：《辽史》卷6《穆宗纪上》，第86页。

③ 余蔚：《中国行政区划通史·辽金卷》，第49页。

留守属官，相关军事行动埋没于南京留守的军事职掌之中，故罕见单独记载，但并非完全无所寻觅。据《辽史·景宗纪》记载，乾亨元年（979）七月，"以权知南京留守事韩德让、权南京马步军都指挥使耶律学古、知三司事刘弘皆能安人心，捍城池，并赐诏褒奖"①。参照其他记载可知，此时南京统军使为萧讨古，率军在与宋军野战中失利，②麾下军队丧失战斗力，南京析津府城防形势恶化，因而暂代南京侍卫亲军马步军都指挥使的耶律学古率部弥补城防空缺，其战绩得以见于史书记载。

南京侍卫亲军马步军都指挥使辖下军队为汉军，即余靖所言"马军步军一，掌汉兵"。侍卫亲军下分多支军队，各有其军号，包括控鹤、神武、羽林诸军，不同时期军队建置数量有所调整。据路振《乘轺录》记载，辽圣宗时，③南京析津府"城中汉兵凡八营，有南北两衙兵、两羽林兵、控鹤兵、神武兵、雄捷兵、骁武兵，皆黥面给粮，如汉制"④。降宋契丹供奉官李信言"国中所管幽州汉兵，谓之神武、控鹤、羽林、骁武等，约万八千余骑"⑤。余靖亦言"汉人亦有控鹤等六军"⑥。

---

① （元）脱脱等：《辽史》卷9《景宗纪下》，第110页。

② （元）脱脱等：《辽史》卷9《景宗纪下》、卷84《萧讨古传》，第109—110、1442页。

③ 路振于宋真宗大中祥符元年（辽圣宗统和二十六年，1008）出使辽朝贺辽圣宗生辰。

④ （宋）路振：《乘轺录》，赵永春辑注：《奉使辽金行程录》（增订本），第15页。

⑤ （宋）李焘撰，上海师范大学古籍整理研究所、华东师范大学古籍整理研究所点校：《续资治通鉴长编》卷55，真宗咸平六年（1003）七月己酉条，第1207页。

⑥ （宋）余靖撰，黄志辉校笺：《武溪集校笺》卷18《杂文·契丹官仪》，第541页。

学人已经指出，"羽林""控鹤"是唐、五代禁军旧有名号。①
路振将南北两衙兵与两羽林兵、控鹤兵、神武兵、雄捷兵、骁武
兵并列，南北两衙兵即南京留守衙军，②羽林、控鹤等为侍卫亲军
马步军都指挥使辖下兵马，亦证衙军与侍卫亲军俱隶属于南京留
守，二者分别对应节镇体制下卢龙军节度使辖下衙军与马步军。
需要补充的一点是，如路振所言，衙军与马步军皆"黥面给粮，
如汉制"，又称"给衣粮者，唯汉兵"③。可见南京衙军与马步军兵

---

① 张其凡：《五代禁军初探》，第40页。李锡厚、白滨：《中国政治制度通史·辽
　金西夏》第7卷，第153页。赵宇：《辽朝侍卫亲军体制新探——兼析〈辽
　史·百官志〉"黄龙府侍卫亲军"诸问题》，姜锡东主编：《宋史研究论丛》第17
　辑，保定：河北大学出版社，2015年，第573-574页。

② 李锡厚认为路振所言"南北两衙兵"为南京城内汉军的两大类总称。李锡厚认
　为，辽承唐制，辽朝南京的汉军亦有南、北衙之分。羽林等军即相当于唐长安
　的北衙禁军，但因南京析津府"大内在西南隅"，故警卫宫廷的禁军应称为"南
　衙兵"，其他卫戍部队（诸卫兵）则应称为"北衙兵"。（详见李锡厚、白滨：
　《中国政治制度通史·辽金西夏》第7卷，第153-156页）然而辽朝皇帝四时捺
　钵，辽朝"禁中"与中原王朝有着本质差异。（详见第一章）且李锡厚列举的
　《辽史·百官志》载诸卫名号及将军号实多为虚衔武资官，辽朝并未实行唐朝诸
　卫兵制。路振所言"南北两衙兵"实为南京留守辖下衙军，因同为汉军，故路
　振将其记入"汉兵八营"之列。唐幽州节度使辖下便有北衙、南衙、内衙之分。
　《佛说灌顶随愿往生十方净土经》"唐大和五年（831）四月八日"题记有"南
　衙兵马使、银青光禄大夫、检校殿中侍御、节度押衙兼知子州事杨志荣"（9洞
　205），《佛说百佛名经》"唐大和七年（833）四月八日"题记有"内衙马军将知
　宅事孙延昌"（9洞241）、"北衙判官阳居直"（9洞241）。详见吴梦麟、张永强
　编著：《房山石经题记整理与研究·题记卷》，北京：文物出版社，2021年，第
　258、272、273页。辽穆宗应历五年（955）《北郑院邑人起建陀罗尼幢记》中
　亦见"北衙栗园庄官王思晓""北衙栗园庄官许行福"等，（向南：《辽代石刻文
　编》，第12页）知辽承唐制，南京卢龙军下亦有北衙、南衙之别。故李信、余
　靖应认为衙军作为南京留守私军，不应记入南京驻防军队之中，故二人皆未言
　"南北两衙兵"，余靖更是直言汉人有控鹤等六军。

③ （宋）路振：《乘轺录》，赵永春辑注：《奉使辽金行程录》（增订本），第15、
　21页。

员为募兵制，准确地说，衙军为募兵制，马步军为募兵制与兵役制相结合。

据宋人文献记载，宋太宗太平兴国四年（979）六月，"幽州神武厅直并乡兵四百余来降"。①所谓厅直，宋人田锡指出："近代侯伯，亦有厅直三五十人，习骑射为心腹，每出入敌阵，得以厅直随身，翼卫主帅"②。神武厅直即神武军之核心，③由此可见侍卫亲军诸军的核心成员（或负责骑射的马军）为招募而来，其他成员（或步军）为乡兵组成，按照辽朝兵役制征调充军。④

厘清侍卫亲军马步军都指挥使司与南京留守、南京统军司的关系后，南京统军司下辖诸军便一目了然。据余靖《契丹官仪》记载，南京统军司下辖契丹军与渤海军，即"统军掌契丹、渤海之兵"⑤。路振《乘轺录》亦称"渤海兵，别有营，即辽东之卒也。屯幽州者数千人"⑥。路振、余靖所言反映的虽是辽圣宗、兴宗时

---

① （宋）李焘撰，上海师范大学古籍整理研究所、华东师范大学古籍整理研究所点校：《续资治通鉴长编》卷20，太宗太平兴国四年（979）六月癸酉条，第456页。《宋会要辑稿》记作："幽州神武厅直、卿（乡）兵四百余人来归"。[（清）徐松辑，刘琳等校点：《宋会要辑稿·蕃夷一》，第9713-9714页]

② （宋）田锡：《上太宗答诏论边事》，载（宋）赵汝愚编，北京大学中国中古史研究中心校点整理：《宋朝诸臣奏议》卷129，上海：上海古籍出版社，1999年，第1424页。《续资治通鉴长编》记作："近代侯伯，各有厅直三五十人，习骑射为腹心，每出入敌阵，得以随身"。[（宋）李焘撰，上海师范大学古籍整理研究所、华东师范大学古籍整理研究所点校：《续资治通鉴长编》卷30，太宗端拱二年（989）正月乙未条，第675页]

③ 王曾瑜：《辽金军制》，第83页。

④ 王曾瑜先生指出，直到辽末，募兵数虽不断扩大，但数量仍远低于兵役制下的乡兵，辽朝汉军的主要兵源仍为兵役制。详见王曾瑜：《辽金军制》，第66-68页。

⑤ （宋）余靖撰，黄志辉校笺：《武溪集校笺》卷18《杂文·契丹官仪》，第540页。

⑥ （宋）路振：《乘轺录》，赵永春辑注：《奉使辽金行程录》（增订本），第15页。

期的情况，但基本体现有辽一代南京统军司下辖军队实情。同时南京统军使辖下还包含奚军兵马，故辽末耶律淳据南京称帝建立北辽后，以萧幹（奚王回离保）知北院枢密事，兼诸军都统。萧幹号称"四军大王"①，即指其麾下下辖契丹、奚、渤海、汉军四军。耶律淳死后，北辽内部分裂，萧幹自立，奚、渤海军从萧幹，契丹军从萧后（耶律淳妻）。②延至金初，金朝南京统军使仍负责契丹军队管理。据《松漠纪闻》记载，耶律余睹反金前，曾"约燕京统军反，统军之兵皆契丹人"③。

南京统军司麾下兵马按照辽朝兵役制度征调而来，士兵所需粮饷、马匹需自备，无军饷，由此造成驻军贫困化，辽朝则通过赈济加以解决。如圣宗统和十一年（993），"出内帑钱赐南京统军司军"④；统和十二年（994），"赐南京统军司贫户耕牛"等。⑤需要强调的是，南京统军使隶属于南京都元帅（兵马都总管），而非隶属于南京留守。综上，辽朝南京驻防体系大致如下图所示。（详见图3）

与南京析津府相同，西京大同府由云州大同军节镇升格而来，亦为节镇体制统辖模式。大同军节度使的衙军发展为西京留守衙军，节度使辖下马步军发展为州军。与南京都元帅（兵马都总管）例由南京留守兼任相同，西京兵马都部署同样例由西京留守兼任。山西诸州未完成一体化时，辽朝以南、北大王镇戍并兼

① （清）徐松辑，刘琳等校点：《宋会要辑稿·蕃夷二》，第9759页。
② （清）徐松辑，刘琳等校点：《宋会要辑稿·蕃夷二》，第9759页。
③ （宋）洪皓：《松漠纪闻》，赵永春辑注：《奉使辽金行程录》（增订本），第320页。
④ （元）脱脱等：《辽史》卷13《圣宗纪四》，第155页。
⑤ （元）脱脱等：《辽史》卷13《圣宗纪四》，第158页。

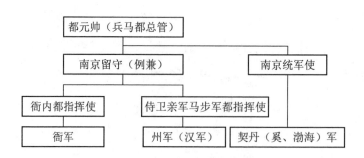

图 3　辽朝南京驻防体系示意图

领其军事。① 西京建立后，其辖区及周围戍有南、北、乙室三大王府驻军，故西京兵马都部署似不下辖部族军。西京留守 ② 通过兼任西京兵马都部署，进而得以统辖奉圣州武定军、蔚州忠顺军、应州彰国军、朔州顺义军四处节镇军务，故《辽史·地理志》在四处节镇后强调"兵事属西京都部署司"，而非"西京留守司"。

　　五京之中，中京大定府亦为节镇体制统辖模式。中京虽前身非节镇，但由于设置时间较晚，节镇体制在辽朝境内已得到全面推广，统辖州县模式同样参照节镇体制设定。中京留守亦下辖衙军与州军，如《程延超墓志》记载志主"有子五人：长曰中京留守绫锦院使思□，次曰中京留守衙都指挥使思□，次□□□□ ③ 衙思殷，次曰衙内思琼，幼曰度支押衙思耆"。④ 由墓志记载可知，程延超五子均在中京任职，其中一人担任中京留守衙内都指

---

① 武文君、杨军：《辽代山西诸州的一体化》，《古代文明》2019 年第 2 期，第87 页。
② 见于记载的西京留守有 12 位是契丹人，1 位是奚人，并无汉人（康鹏：《辽代五京体制研究》，第 260 页）。
③ 参照节镇体制下节度使的武职僚佐职名，四字应为"曰随使押"。
④ 《程延超墓志》，向南：《辽代石刻文编》，第 167 页。

挥使，另有二人担任随使押衙与一般衙前职衔内。

中京留守所辖州军亦被称作"禁军"。需要指出的是，辽朝"禁军"成为诸京汉军的代名词。如《辽史·天祚皇帝纪》记载：天庆四年（1114）十月，"以守司空萧嗣先为东北路都统，静江军节度使萧挞不也为副，发契丹奚军三千人，中京禁兵及土豪二千人，别选诸路武勇二千余人，以虞候崔公义为都押官，控鹤指挥邢颖为副，引军屯出河店"①。此事《亡辽录》中记作"差守司空、殿前都点检萧嗣先充北路都统，静江军节度使萧挞勃也副之，发契丹、奚军三千骑，中京禁军三千人，别选诸路武勇人贾庭等三百余人，以中京诸路都虞候、安州防御使崔公义充都管押，侍卫控鹤都指挥使、商州刺史刑颖副之"②。"中京诸路都虞候"应为"中京诸军都虞候"，亦见于辽代出土碑刻，如《尚昕墓志》记有"中京诸军都虞候"石瀚，③《为先内翰侍郎太夫人特建经幢记》记有"知中京诸军都虞候"处温。④依据墓志记载，二人所带武资官仅为刺史（正五品下）或防御使（从四品下），⑤按其品阶，中京诸军都虞候为留守属官无疑。天庆七年（1117）《孟初墓志》载志主于天庆二年（1112）十二月，"管押中京路汉军"⑥。此外，《亡辽录》还记载辽末耶律淳"别选燕、云、平山

---

① （元）脱脱等：《辽史》卷27《天祚皇帝纪一》，第367页。

② （宋）徐梦莘：《三朝北盟会编》卷21《政宣上帙二十一》引《亡辽录》，第150页。

③ 《尚昕墓志》，向南：《辽代石刻文编》，第499页。

④ 《为先内翰侍郎太夫人特建经幢记》，向南：《辽代石刻文编》，第617页。

⑤ 杨军：《辽朝南面官研究——以碑刻资料为中心》，《史学集刊》2013年第3期，第16页。

⑥ 《孟初墓志》，向南、张国庆、李宇峰辑注：《辽代石刻文续编》，第298页。

（三）路禁军五千人，并劝诱三路富民依等第进献武勇军马二千人"，以抵御女真进攻。① 将平州辽兴军辖下兵马亦称作"禁军"，则"禁军"代指诸京汉军（马步军）无疑。

又据《辽史·百官志》记载，五京中均设有"都虞候司"，长官为"都虞候"。②《亡辽录》云："中、上京路则有诸军都虞侯（候）司。"③ 中京诸军都虞候实例已见于传世及出土文献记载。西京诸军都虞候虽暂未见诸史料，但乾统二年（1102）《李氏石幢记》中见"西京马军都虞候"④，足证西京留守下统辖马步军（州军）的长官同样应为西京诸军都虞候无疑。由此可见，《辽史·百官志》载五京都虞候司，应为元朝史臣的一种偏差表述，即上京、中京、西京中，统辖州军的最高长官为诸军都虞候，南京则为侍卫亲军马步军都指挥使，皆同属州军马步军系统，统辖汉军。东京不见诸军都虞候记载，推测或为东京留守辖下马步军以渤海军为主，与其他四京不同。

中京诸军都虞候司下辖射粮军等军队。如天祚帝天庆九年（1119）二月，"贼张撒八诱中京射粮军"⑤。《辽史·国语解》称："射，请也。"⑥ 参照路振所言"给衣粮者，唯汉兵"⑦，"射粮

① （宋）徐梦莘：《三朝北盟会编》卷21《政宣上帙二十一》引《亡辽录》，第151页。
② （元）脱脱等：《辽史》卷48《百官志四》，第899页。
③ （宋）徐梦莘：《三朝北盟会编》卷21《政宣上帙二十一》引《亡辽录》，第153页。
④ 《李氏石幢记》，向南：《辽代石刻文编》，第527页。
⑤ （元）脱脱等：《辽史》卷28《天祚皇帝纪二》，第378页。
⑥ （元）脱脱等：《辽史》卷116《国语解》，第1697页。
⑦ （宋）路振：《乘轺录》，赵永春辑注：《奉使辽金行程录》（增订本），第21页。

军"即指"给粮"的汉兵，亦从侧面证明中京留守辖下马步军为汉军。

上京留守同样下辖衙军与州军（汉军）。据《辽史·景宗纪》记载，乾亨三年（981）五月，"上京汉军乱，劫立喜隐不克，伪立其子留礼寿，上京留守除室擒之"[①]。上京州军除服兵役的乡兵外，还包括投诚而来的宋朝军士。由《辽史·喜隐传》可知，欲劫立喜隐的"汉军"为"宋降卒二百余人"[②]。据《续资治通鉴长编》记载：宋神宗元丰四年（辽道宗大康七年，1081）三月，"辽主'闻南朝大阅武及藏兵于民'，帐前已指挥燕京、西京等处，自今有南界投来军士，毋擅送中京顺化营，并押赴帐前"[③]。可知中京有安置宋朝降兵的"顺化营"，上京同样置有以宋朝降人组建的军队，如"上京归化军"[④]。

最后，据《亡辽录》记载："中、上京路则有诸军都虞侯（候）司、奚王府大详稳司、大国舅司、大常衮司、五院、六院、沓温司"[⑤]。因中京、上京周围辽朝部署有奚王府驻军及斡鲁朵军队，与西京留守、中京留守相同，上京留守同样不统辖部族驻军。上京留守、中京留守亦未兼任其他军事职官。

综上，辽朝西京、中京、上京驻防体系大致如下图所示：（详见图4）

---

① （元）脱脱等：《辽史》卷9《景宗纪下》，第112页。
② （元）脱脱等：《辽史》卷72《喜隐传》，第1338页。
③ （宋）李焘撰，上海师范大学古籍整理研究所、华东师范大学古籍整理研究所点校：《续资治通鉴长编》卷311，神宗元丰四年（1081）三月乙巳条，第7553页。
④ 《庆州圆首建塔碑》，向南、张国庆、李宇峰辑注：《辽代石刻文续编》，第101页。
⑤ （宋）徐梦莘：《三朝北盟会编》卷21《政宣上帙二十一》引《亡辽录》，第153页。

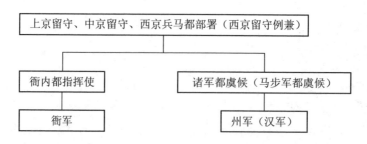

图 4　辽朝西京、中京、上京驻防体系示意图

与其他四京不同，东京不见诸军都虞候，留守兼任东京兵马都部署，下设契丹、奚、汉、渤海四军都指挥使（东京统军使）。[①] 究其根源，在于东京州军中下辖众多渤海军，即《辽史·兵卫志》所言"东京渤海兵马"[②]，辽朝部署契丹、奚、汉诸军，以与渤海军相互制衡。

早在辽太宗朝，被宋人称作"渤海首领大舍利"高模翰麾下"步骑万余人，并髡发左衽，窃为契丹之饰"[③]。后高模翰于穆宗应历初年担任东京中台省右相，应历九年（959）卒于东京中台省左相任上，参照前述辽初南京汉军与赵延寿间的依附关系，推测高模翰麾下渤海军应随同高模翰驻扎东京。《辽史·圣宗纪》载，太平九年（1029）八月，"东京舍利军详稳大延琳囚留守、驸马都尉萧孝先及南阳公主，杀户部使韩绍勋、副使王嘉、四捷军都指挥使萧颇得，延琳遂僭位，号其国为兴辽，年为天庆"[④]。大延

[①] （宋）徐梦莘：《三朝北盟会编》卷21《政宣上帙二十一》引《亡辽录》，第153页。
（元）脱脱等：《辽史》卷46《百官志二》，第834页。参见陈俊达：《辽朝军事区划体系研究——兼论辽代"道""路"诸问题》，《史学集刊》2022年第3期，第61页。

[②] （元）脱脱等：《辽史》卷34《兵卫志上》，第451页。

[③] （元）脱脱等：《宋史》卷264《宋琪传》，第9126页。

[④] （元）脱脱等：《辽史》卷17《圣宗纪八》，第230页。

琳既能依靠"东京舍利军"发动叛乱，其部属为渤海军无疑。至辽朝末年，因东京留守萧保先"严酷，渤海苦之"，遭到渤海军裨将高永昌遣人刺杀，高永昌遂据东京叛乱称帝僭号，称隆基元年。① 足证有辽一朝，东京州军中下辖数量众多的渤海军。参照大延琳叛乱时，杀"四捷军都指挥使萧颇得"。《辽史·国语解》称："辽以宋降者分立二部：一曰四捷军，一曰归圣军"②。可见当时东京中有汉军"四捷军"驻守。又参照高永昌叛乱后，"户部使大公鼎闻乱，即摄留守事，与副留守高清明集奚、汉兵千人，尽捕其众，斩之，抚定其民"③。可知辽朝在东京部署奚、汉诸军，以制约渤海军。

综上，辽朝东京驻防体系大致如下图所示：（详见图5）

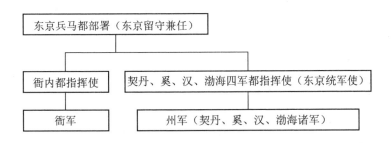

图 5　辽朝东京驻防体系示意图

（三）五京留守的武职僚佐

由上文论述可知，辽朝五京留守的武职僚佐分为两个系统，分别为衙军系统与州军系统。

衙军系统的军事长官为衙内都指挥使。依前所述，南京析

---

① （元）脱脱等：《辽史》卷28《天祚皇帝纪二》，第374页。
② （元）脱脱等：《辽史》卷116《国语解》，第1696页。
③ （元）脱脱等：《辽史》卷28《天祚皇帝纪二》，第374页。

津府在"落军额"前，南京留守以卢龙军节度衙内马步军都指挥使统领衙军。如乾亨三年（981）《王裕墓志》载"洎夫丞相秦王（高勋）之守燕也，以兵柄之重，非鼎族其□□。寻授卢龙军节度衙内马步军都指挥使。内定不战之□，外骋必胜之容。宏规绩度，师律肃□。六军长□，高冠□尽资乎二府。功立戎□，名勋□□"①。落军额后，以南京留守衙内马步军都指挥使统辖衙军，如重熙六年（1037）《韩橑墓志》载志主"出充燕京留守衙内马步军都指挥使"②；清宁五年（1059）《耶律庶几墓志》载志主太平三年（1023）"任燕军衙内马步军指挥使"③；咸雍五年（1069）《秦晋国妃墓志》载其祖父为"燕京留守衙内都指挥使"等④。同样统和二十九年（1011）《耶律隆祐墓志》记载统和二十八年（1010）耶律隆祐"授大同军节度使"后，次子耶律遂成担任"衙内都指挥使"⑤。太平二年（1022）《程延超墓志》载其次子"曰中京留守衙都指挥使思□"⑥。

衙内都指挥使之下，设有各类衙前职。如保宁十年（978）《李内贞墓志》载耶律牒蜡任南京留守时，以李内贞为"随使左都押衙、中门使、兼知厅勾"⑦。

州军系统中，前文已述，南京州军系统的管辖机构即"南京

① 《王裕墓志》，向南：《辽代石刻文编》，第63页。
② 《韩橑墓志》，向南：《辽代石刻文编》，第205页。
③ 《耶律庶几墓志》，向南：《辽代石刻文编》，第295页。
④ 《秦晋国妃墓志》，向南：《辽代石刻文编》，第340页。
⑤ 《耶律隆祐墓志》，向南、张国庆、李宇峰辑注：《辽代石刻文续编》，第52页。
⑥ 《程延超墓志》，向南：《辽代石刻文编》，第167页。
⑦ 《李内贞墓志》，向南：《辽代石刻文编》，第53页。

侍卫亲军马步军都指挥使司"，亦称"燕京禁军详稳司"①，最高长官为侍卫亲军马步军都指挥使。（详见表2）

表2　史料所见辽朝侍卫亲军马步军都指挥使简表②

姓　名	结　衔	任职时间	史料来源
刘从信	兖州节度使兼侍卫亲军使	世宗朝（947—950）	《刘从信墓志》
耶律勃古哲	南京侍卫马步军都指挥使	保宁年间（969—978）	《辽史·耶律勃古哲传》
耶律学古	权南京马步军都指挥使③	乾亨元年（979）	《辽史·景宗纪下》《耶律学古传》
萧讨古	南京侍卫军都指挥使	乾亨初年	《辽史·百官志四》《萧讨古传》
韩倬	彰国军节度使兼侍卫亲军兵马都指挥使	统和二年（984）	《辽史·圣宗纪一》
萧札剌	南京马步军都指挥使	统和末	《辽史·萧札剌传》
萧守宁	点检侍卫亲军马步军	太平五年（1025）	《辽史·圣宗纪八》
萧惠	南京侍卫亲军马步军都指挥使	太平七年（1027）	《辽史·萧惠传》
耶律仙童	侍卫亲军马步军都指挥使	清宁二年（1056）	《辽史·耶律仙童传》

　　侍卫亲军马步军都指挥使下设副使，如保宁二年（970）《耿

---

① （元）脱脱等：《辽史》卷46《百官志二》，第836页。林鹄：《辽史百官志考订》，第132页。

② 本表在赵宇《辽朝侍卫亲军体制新探——兼析〈辽史·百官志〉"黄龙府侍卫亲军"诸问题》基础上，综合文献资料及出土墓志修正而成。

③ 《辽史》卷9《景宗纪下》记载：乾亨元年（979）七月，"以权知南京留守事韩德让、权南京马步军都指挥使耶律学古、知三司事刘弘皆能安人心，捍城池，并赐诏褒奖"。（第110页）卷83《耶律学古传》载其"为南京马步军都指挥使"。（第1436页）

崇美墓志》记载志主于会同十年（947）为"昭义军节度使、检校太师，行潞州大都督府长史、潞泽等州观察使、侍卫亲军副都指挥使、上谷郡开国侯，仍加推忠佐命平乱功臣"①。

都指挥使、副都指挥使下，分设马军都指挥使（都虞候）、步军都指挥使（都虞候），分掌马、步军。

如咸雍五年（1069）《萧閤妻耶律骨欲迷已墓志》载"左率府萧閤，即故侍卫亲军马军都指挥使、检校太师永之元子也"②；咸雍七年（1071）《萧閤墓志》记载"皇考讳永，侍卫亲军马军都指挥使、威胜军节度使……内安黼座，既亲侍卫之资；外抚民居，兼领观风之任"③；咸雍八年（1072）《萧阐墓志》则称"皇考讳永，字可久。燕京马军都指挥使、右千牛卫上将军。沁园令胄，渭沼名家。精毅骑以兼人，督军戎而威远"④。大康七年（1081）《萧勃特本墓志》记祖萧永的结衔为"燕京马步军都指挥使、加左监门卫上将军，官至检校太师……威服边境，勇冠三军"⑤。《萧勃特本墓志》称萧永为"燕京马步军都指挥使"有误，除其他三方墓志皆记作"马军都指挥使"外，《萧阐墓志》又称志主为"马军太师之次子"⑥，"太师"即萧永官至"检校太师"，"马军"即"马军都指挥使"，可见萧永职为"侍卫亲军马军都指挥使"，亦即"燕京马军都指挥使"，统辖南京马军。马军都指挥使

① 《耿崇美墓志》，向南、张国庆、李宇峰辑注：《辽代石刻文续编》，第14页。
② 《萧閤妻耶律骨欲迷已墓志》，向南、张国庆、李宇峰辑注：《辽代石刻文续编》，第126页。
③ 《萧閤墓志》，向南、张国庆、李宇峰辑注：《辽代石刻文续编》，第135页。
④ 《萧阐墓志》，向南、张国庆、李宇峰辑注：《辽代石刻文续编》，第146页。
⑤ 《萧勃特本墓志》，向南、张国庆、李宇峰辑注：《辽代石刻文续编》，第172页。
⑥ 《萧阐墓志》，向南、张国庆、李宇峰辑注：《辽代石刻文续编》，第146页。

（都虞候）另见保大四年（1124）《王安裔墓志》记载志主之子王遨，担任“郑州防御使、知侍卫马军都虞候”①。

步军都指挥使（都虞候）见乾亨四年（982）《许从赟暨妻康氏墓志》称“天顺皇帝（穆宗）缵登大宝，甫拔将材。擢侍卫步军都指挥使”，后志主许从赟卒于“燕京肃慎坊之私第”②，知许从赟担任的侍卫步军都指挥使即南京侍卫步军都指挥使。又如重熙六年（1037）《韩橁墓志》载韩橁“拜侍卫亲军步军都指挥使、利州观察使，领禁旅”③；清宁五年（1059）《耶律庶几墓志》记载，重熙十五年（1046），“耶律庶几任燕京步军都指挥使”④；《辽史·韩涤鲁传》载韩涤鲁之子韩燕五“官至南京步军都指挥使”⑤。天庆九年（1119）《天王寺建舍利塔记》中见“前侍卫步军都虞候、管内都商税点检刘彦桢”⑥。

概言之，南京州军系统的最高长官为南京侍卫亲军马步军都指挥使，下设副都指挥使，又设马军都指挥使、步军都指挥使分掌南京州军马、步军。参照上引天庆九年（1119）《天王寺建舍利塔记》与保大四年（1124）《王安裔墓志》可知，马、步军都指挥使又称马、步军都虞候，这点在西京、中京、上京三京州军中亦得到体现。

如西京州军见乾亨四年（982）《许从赟暨妻康氏墓志》记

---

① 《王安裔墓志》，向南：《辽代石刻文编》，第687页。
② 《许从赟暨妻康氏墓志》，向南、张国庆、李宇峰辑注：《辽代石刻文续编》，第19页。
③ 《韩橁墓志》，向南：《辽代石刻文编》，第205页。
④ 《耶律庶几墓志》，向南：《辽代石刻文编》，第295页。
⑤ （元）脱脱等：《辽史》卷82《韩涤鲁传》，第1424页。
⑥ 《天王寺建舍利塔记》，向南、张国庆、李宇峰辑注：《辽代石刻文续编》，第301页。

载，许从赟妻康氏，"故云州都指挥使敬习之女也"①。乾统二年
（1102）《李氏石幢记》记有"西京马军都虞候、银青荣禄大夫、
检校刑部尚书、行左千卫大将军、开国男"李佺②。《亡辽录》记
载："中、上京路则有诸军都虞侯（候）司"③。又见"中京诸路
都虞候、安州防御使崔公义"④。《契丹国志》作"中京虞候崔公
义"⑤。"中京诸路都虞候"应为"中京诸军都虞候"，亦见于辽代
碑刻，如寿昌五年（1099）《尚昞墓志》记有"中京诸军都虞候、
银青崇禄大夫、检校尚书右仆射、使持节登州诸军事、登州刺史
兼殿中侍御史、武骑尉、武威县开国子、食邑五百户石瀚"⑥；天
庆元年（1111）《为先内翰侍郎太夫人特建经幢记》记有"安州防
御使、知中京诸军都虞候、开国子处温"⑦。乾统八年（1108）《蔡
志顺墓志》载志主于大安三年（1087）"迁安州防御使、知庆州节
度副使、□□京马军都虞候，改知上京内省使事"⑧。辽代安州为
刺史州，⑨安州防御使为表示蔡志顺品阶的虚衔武资官，蔡志顺以
庆州节度副使毫无疑问只能兼任上京马军都虞候。此外，据《王

① 《许从赟暨妻康氏墓志》，向南、张国庆、李宇峰辑注：《辽代石刻文续编》，第20页。
② 《李氏石幢记》，向南：《辽代石刻文编》，第527页。
③ （宋）徐梦莘：《三朝北盟会编》卷21《政宣上帙二十一》引《亡辽录》，第153页。
④ （宋）徐梦莘：《三朝北盟会编》卷21《政宣上帙二十一》引《亡辽录》，第150页。
⑤ （宋）叶隆礼撰，贾敬颜、林荣贵点校：《契丹国志》卷10《天祚皇帝上》，第115页。
⑥ 《尚昞墓志》，向南：《辽代石刻文编》，第499页。
⑦ 《为先内翰侍郎太夫人特建经幢记》，向南：《辽代石刻文编》，第617页。
⑧ 《蔡志顺墓志》，向南、张国庆、李宇峰辑注：《辽代石刻文续编》，第261页。
⑨ 余蔚：《中国行政区划通史·辽金卷》，第246页。

悦墓志》记载，王悦在统和二十三年（1005）五月去世之前，曾担任"上京兵马部署"①。此时上京留守为耶律隆祐，②可见上京兵马部署非上京留守兼任，而为上京留守属官。因王悦担任上京兵马部署后，"遂押军戎，又当征役"③，不仅负责军事事务，亦负责征发兵役，可知上京兵马部署应为负责乡兵事务的军事职官。由上文所引史料可知，"都指挥使"多见于辽朝中前期记载，后期多称"都虞候"。从史料断代上看，"上京兵马部署"应为"上京诸军都虞候"在辽朝早期的称呼。

与其他四京不同，东京驻军在辽朝后期由契丹、奚、汉、渤海四军都指挥使（东京统军使）统辖。如天庆二年（1112）《萧义墓志》载其兄萧辅为"东京四军兵马都指挥使"④。副职为东京四军兵马副都指挥使，如《萧义墓志》记载志主于寿昌元年（1095）"历南女直都监，授东京四军副都指挥使"。⑤

本书怀疑四军兵马都指挥使初设之时，实即东京留守衙内都指挥使。据《辽史·萧柳传》记载：统和十七年（999），"时（萧）排押留守东京，奏柳为四军兵马都指挥使"⑥。辽承晚唐五代节镇体制，留守、节度使衙官多由子女、亲属担任。萧排押作为萧柳伯父，奏请萧柳担任自身衙内都指挥使符合辽朝实情。同时据《萧柳传》记载，"明年（统和十八年），为北女直详稳，政济

---

① 《王悦墓志》，向南：《辽代石刻文编》，第 113 页。

② 《耶律隆祐墓志》，向南、张国庆、李宇峰辑注：《辽代石刻文续编》，第 52 页。

③ 《王悦墓志》，向南：《辽代石刻文编》，第 113 页。

④ 《萧义墓志》，向南：《辽代石刻文编》，第 623 页。

⑤ 《萧义墓志》，向南：《辽代石刻文编》，第 623 页。

⑥ （元）脱脱等：《辽史》卷 85《萧柳传》，第 1449 页。

宽猛，部民畏爱。迁东路统军使。秩满，百姓愿留复任，许之。从伐高丽……师还，致仕"①。由萧柳担任"东路统军使"有任期及辖区百姓可知，此"东路统军使"非行军使职，应即"东京统军使"。东京统军使置于景宗朝，负责开、州、衍、湖等州军事。萧柳从伐高丽时间不详，但由萧柳与萧排押关系来看，萧柳应于辽圣宗开泰七年（高丽显宗九年，1018）十月至开泰八年（高丽显宗十年，1019）三月，随同萧排押、耶律八哥（时任东京留守）等人征讨高丽。②故本书怀疑东京四军指挥使初为东京留守衙内都指挥使，下辖四军亦非契丹、奚、汉、渤海四军，而是衙军四军。后随着辽朝军事区划调整，东京统军司辖区与东京留守辖区、东京兵马都部署辖区合一，东京统军使下辖契丹、奚、汉、渤海四军，最终成为《亡辽录》中记载的"契丹、奚、汉、渤海四军都指挥使"③。本书认为，史料所见辽朝东京都统军使（详见表3）与契丹、奚、汉、渤海四军都指挥使间存在前后期的发展变化，限于史料记载残缺，本书在此仅做推论，期待未来新史料的出现。

表 3　史料所见辽朝东京都统军使简表

姓　名	结　衔	任职时间	史料来源
阙里	东京统军使、镇国军节度使、检校太师、同政事门下平章事		《耶律元宁墓志》

---

① （元）脱脱等：《辽史》卷85《萧柳传》，第1449页。

② 陈俊达：《战争·国家安全·长和平：辽圣宗对高丽的九次征伐再探讨》，南京师范大学历史系编：《随园史学（2023辑）》，南京：江苏人民出版社，2023年，第46页。

③ 陈俊达：《辽朝军事区划体系研究——兼论辽代"道""路"诸问题》，《史学集刊》2022年第3期，第65页。具体论述详见第五章。

续表

姓　名	结　衔	任职时间	史料来源
察邻	东京统军使	保宁八年（976）	《辽史·景宗纪上》
耶律奴瓜	东京统军使	统和六年（988）后，统和十九年（1001）七月前	《辽史·圣宗纪五》《耶律奴瓜传》
耶律韩留	东京统军使	开泰五年（1016）	《辽史·圣宗纪六》
萧孝恭	东京统军兼沿边巡检使	太平三年（1023）	《辽史·圣宗纪七》
萧慆古	东京统军使	太平六年（1026）五月前	《辽史·圣宗纪八》
耶律蒲古	东京统军使	太平六年（1026）至太平十年（1030）	《耶律蒲古传》《夏行美传》
渤海宰相罗汉	权东京统军使	太平八年（1028）	《辽史·圣宗纪八》
萧阿古轸	东京统军使	太平十年（1030）	《辽史·圣宗纪八》
奚回离保	东京统军	天庆年间（1111—1120）	《辽史·奚回离保传》

东京统军使下，设有东京统军兵马都监。如统和二十六年（1008）《耶律元宁墓志》记载："（耶律元宁）遂移权东京统军兵马都监。会高丽恃阻河海，绝贡苞茅，时与驸马兰陵王奉顺天之词，问不庭之罪。公躬率锐旅，首为前锋。"[1]

具体到各支军队的军事长官，王曾瑜先生在《辽金军制》中已有所涉及。王曾瑜先生指出："五代后期和北宋军的编制，一般有厢、军、指挥和都四级，厢有左、右厢，厢下分军，军下分指挥（营），一指挥四五百人，一都约百人。辽朝汉军编制大致参照五代军制，又有所变通。"[2]前文已论，辽朝军制中，"营"与

---

① 刘浦江：《辽〈耶律元宁墓志铭〉考释》，刘浦江：《松漠之间：辽金契丹女真史研究》，北京：中华书局，2008年，第214页。

② 王曾瑜：《辽金军制》，第83—84页。

"军"同，故部族军中"金吾营"即"金吾军"。汉军亦是如此，如路振称"汉兵凡八营"①，余靖则言"控鹤等六军"②。虽然辽朝诸汉军因兵力多寡，每支汉军的军事长官存在些许差异，但从整体上看，汉军军事长官包括军使（指挥使）、都头、十将三级，部分军力雄厚的汉军在军使（指挥使）之上还设有左右厢都指挥使及都指挥使。

以史料所见建制最为完整的控鹤军为例。据《辽史·太宗纪》记载，会同四年（941）十二月，"遣控鹤指挥使谐里劳军"③。考虑到此时汉军总数不过五万余人，④此时控鹤军仅置指挥使可以理解。此后，控鹤军发展迅速，成为辽朝汉军中最为常见之军号。统和九年（991）《韩瑜墓志》载志主于景宗即位初年，担任"控鹤都指挥使、绛州防御使、检校司空"⑤；开泰九年（1020）《耿延毅墓志》载志主于统和二十三年（1005）"来朝燕京，寻除控鹤都指挥使"⑥；大安三年（1087）《董庠妻张氏墓志》记载张氏"曾祖讳嗣，燕京控鹤都指挥使"⑦；天庆四年（1114）十月有"侍卫控鹤都指挥使、商州刺史刑颖"⑧；天庆九年（1119）

① （宋）路振：《乘轺录》，赵永春辑注：《奉使辽金行程录》（增订本），第15页。
② （宋）余靖撰，黄志辉校笺：《武溪集校笺》卷18《杂文·契丹官仪》，第541页。
③ （元）脱脱等：《辽史》卷4《太宗纪下》，第55页。
④ （宋）司马光编著，（元）胡三省音注：《资治通鉴》卷283，后晋齐王天福八年（943）十二月乙巳条，第9385页。
⑤ 《韩瑜墓志》，向南：《辽代石刻文编》，第94页。
⑥ 《耿延毅墓志》，向南：《辽代石刻文编》，第160页。按：太平七年（1027）《耿知新墓志》亦载其父耿延毅"除控鹤都指挥使"。（向南：《辽代石刻文编》，第184页）
⑦ 《董庠妻张氏墓志》，向南：《辽代石刻文编》，第409页。
⑧ （宋）徐梦莘：《三朝北盟会编》卷21《政宣上帙二十一》引《亡辽录》，第150页。按：《辽史》卷27《天祚皇帝纪一》作"控鹤指挥邢颖"。（第367页）

《天王寺建舍利塔记》见"前控鹤都指挥使、安州团练使韩谨"①。

　　作为驻防南京的一支劲旅，控鹤都指挥使下设左右厢都指挥使，下辖诸指挥使（营级建制）。重熙八年（1039）《赵为干墓志》记载志主"转授燕京控鹤右厢都指挥使。望崇京邑，任重禁戎。陈警跸以卫銮舆，拥貔狖而亲玉辇"②；清宁三年（1057）《丁求谨墓志》记载，志主之妻"长沙罗氏，故控鹤厢主罗公之次女也"③。

　　左右厢都指挥使下，设有营级军事官员，包括军使（副）、指挥使（副）、兵马使（副）等。统和十年（992）《清水院陀罗尼幢题记》见"燕京管内右厢第一军、银青崇禄大夫、兼监察御使（史）、武骑尉，又可受检校国子祭酒、军使副维那梁彦从"④。知厢下设军使。重熙十三年（1044）《沈阳塔湾无垢净光舍利塔石函记》中见"随驾控鹤右（厢）弟（第）一指挥使杨信"⑤。此处虽为控鹤军"番上"后编制，但仍据此可知左右厢之下，分设

---

① 《天王寺建舍利塔记》，向南、张国庆、李宇峰辑注：《辽代石刻文续编》，第301页。

② 《赵为干墓志》，向南：《辽代石刻文编》，第219页。

③ 《丁求谨墓志》，向南、张国庆、李宇峰辑注：《辽代石刻文续编》，第110页。

④ 《清水院陀罗尼幢题记》，向南、张国庆、李宇峰辑注：《辽代石刻文续编》，第348页。按：《辽代石刻文续编》作"燕京管内右厢第一军、银青崇禄大夫、兼监察御使（史）、武骑尉又可受、检校国子祭酒、军使副维那梁彦从"，点校有误。银青崇禄大夫、监察御史、武骑尉、检校国子祭酒为晚唐、五代至辽、宋时期兼衔初授的基本规则。宋人赵彦卫在《云麓漫钞》中总结阶、检校官、宪衔、勋的授予规则时指出："初遇敕，即带银、酒、监、武，银谓银青光禄大夫，酒谓检校国子祭酒，监谓兼监察御史，武谓武骑尉"。[（宋）赵彦卫撰，傅根清点校：《云麓漫钞》卷3，北京：中华书局，1996年，第38页]

⑤ 《沈阳塔湾无垢净光舍利塔石函记》，向南、张国庆、李宇峰辑注：《辽代石刻文续编》，第353页。

各军（营）指挥使。此《石函记》中还另见"控鹤指挥使张日恩""控鹤军使杨勍""控鹤军使惟干"等①，天庆九年（1119）《天王寺建舍利塔记》见"控鹤副兵马使寇辛""控鹤副兵马使祁卿彦"等②，皆为营级正副职军事官员。

同样清宁六年（1060）《赵匡禹墓志》记载志主之子赵为佐"侍卫亲军神武左厢都指挥使、检校工部尚书"③。神武军见诸路振、李信所言，又见统和十四年（996）十月，"命刘遂教南京神武军士剑法"④，为南京下辖重要汉军之一。既曰左厢都指挥使，则必然有右厢都指挥使及神武军都指挥使。神武军指挥使亦见于出土墓志，乾统十年（1110）《高为裘墓志》载志主于重熙九年（1040）十二月，"授右班殿直、侍卫神武军指挥使"⑤。右班殿直仅为正九品上武资官，而检校工部尚书为正二品文资官，⑥指挥使为低级别军事官员无疑。

参考《大辽事迹》记载"来远城宣义军营八：太子营正兵三百。大营正兵六百。蒲州营正兵二百。新营正兵五百。加陀营正兵三百。王海城正兵三百。柳白营正兵四百。沃野营正兵一千"⑦，辽朝营级军事单位人数在二百至一千不等。由此可见，

---

① 《沈阳塔湾无垢净光舍利塔石函记》，向南、张国庆、李宇峰辑注：《辽代石刻文续编》，第355、356页。

② 《天王寺建舍利塔记》，向南、张国庆、李宇峰辑注：《辽代石刻文续编》，第301页。

③ 《赵匡禹墓志》，向南：《辽代石刻文编》，第300页。

④ （元）脱脱等：《辽史》卷13《圣宗纪四》，第160页。

⑤ 《高为裘墓志》，向南：《辽代石刻文编》，第609页。

⑥ 杨军：《辽朝南面官研究——以碑刻资料为中心》，《史学集刊》2013年第3期，第16-17页。

⑦ （元）脱脱等：《辽史》卷36《兵卫志下》，第490-491页。

统和九年（991）正月，圣宗"选宋降卒五百置为宣力军"①，此宣力军为营级建制。而统和六年（988）十月，圣宗"以宋降军分置七指挥，号归圣军"②。既曰归圣军下辖七指挥，即归圣军下辖七个营级建制，则归圣军军事长官应为都指挥使。③辽末常胜军"有四将，号彪官，每彪五百人，则常胜军本二千人"④。可知"彪"即是"营"，辽末常胜军彪官即指挥使。

除上述军官外，营级军官还见南京龙厅直第一指挥使。据统和十八年（1000）《高嵩墓志》记载："乃为枢密使、大丞相、秦王高公，兼南面行营诸道兵马都总管、燕京留守，绾彼全军，时求骁勇，俾离鸳列，命贯戎韬。秦王奉睿旨之明伸，重近臣而来统，观其伟度，知有沉谟。遂于保宁三年用为龙厅直第一指挥使，明年，转充右散祗侯指挥使。居牙璋之下，领貔豹之威"⑤。南京龙厅直第一指挥使即南京龙（军）厅直第一指挥使。南京除前述军队外，还下设龙军、熊军等，如统和八年（990）七月，"改南京熊军为神军"⑥。厅直，前文已述，为军队精锐核心。可知南京龙军亦下辖多支营级单位，分别由不同指挥使加以统领。天庆九年（1119）《天王寺建舍利塔记》中还见"骁猛指挥使刘彦祖。雄捷指挥使迟仅。右日军指挥使李兴遵。右日军指挥使张

---

① （元）脱脱等：《辽史》卷13《圣宗纪四》，第153页。

② （元）脱脱等：《辽史》卷12《圣宗纪三》，第142页。

③ 《辽史》卷116《国语解》称"辽以宋降者分立二部：一曰四捷军，一曰归圣军"。（第1696页）四捷军称"都指挥使"，[（元）脱脱等：《辽史》卷17《圣宗纪八》，第230页]四捷军与归圣军二者的编制应基本相同。

④ （宋）徐梦莘：《三朝北盟会编》卷10《政宣上帙十》，第69页。

⑤ 《高嵩墓志》，向南、张国庆、李宇峰辑注：《辽代石刻文续编》，第37-38页。

⑥ （元）脱脱等：《辽史》卷13《圣宗纪四》，第152页。

益。羽林左二军使张儒。控鹤副兵马使寇辛。控鹤副兵马使祁卿彦"等南京营级军事官员。①

辽代营级军官中，中京还见中京牢城指挥使，重熙八年（1039）《赵为干墓志》称其"除授中京牢城指挥使，兼命监押军旅，镇守疆封"②；上京还见上京左第一兵马都监，清宁四年（1058）《显州北赵太保寨白山院舍利塔石函记》记有"故前上京左第一兵马都监、银青崇禄大夫、兼监察御史、武骑尉马善"③；西京还见神捷军副使，天庆七年（1117）《孟初墓志》载志主俖孟宝臣担任"西京神捷军副使"④。

营级军官（军使、指挥使、兵马使）之下设都头、十将两级。据《辽史·兵卫志》记载，征兵时，"自十将以上，次第点集军马、器仗"⑤。十将是北宋军中都一级编制单位最低等的军职。十将是辽朝最低等的军职，即十夫长，也称"军头"。如统和十年（992）《清水院陀罗尼幢题记》见"差充十将兼塞司军头李在珪"⑥；重熙十八年（1049）《庆州圆首建塔碑》见"上京归化军什将马进"⑦。其上设百夫长，即"都（军）头"⑧。如统和六年

---

① 《天王寺建舍利塔记》，向南、张国庆、李宇峰辑注：《辽代石刻文续编》，第301页。
② 《赵为干墓志》，向南：《辽代石刻文编》，第219页。
③ 《显州北赵太保寨白山院舍利塔石函记》，向南：《辽代石刻文编》，第288页。
④ 《孟初墓志》，向南、张国庆、李宇峰辑注：《辽代石刻文续编》，第298页。
⑤ （元）脱脱等：《辽史》卷34《兵卫志上》，第451页。
⑥ 《清水院陀罗尼幢题记》，向南、张国庆、李宇峰辑注：《辽代石刻文续编》，第349页。
⑦ 《庆州圆首建塔碑》，向南、张国庆、李宇峰辑注：《辽代石刻文续编》，第101页。
⑧ 参见王曾瑜：《辽金军制》，第103-104页。

（988）十二月，"侍卫马军司奏攻祁州、新乐，都头刘赞等三十人有功，乞加恩赏"①。

第二节　节镇军驻防

鉴于节镇自唐代初设之时即出于军事目的，前贤对节镇驻防职能亦多有关注。林荣贵注意到节镇在辽代边疆治理上发挥的军事作用。② 任仲书注意到节镇在职官设置上体现出的军事特点。③ 同时，学界对镇州建安军、④ 丰州天德军、⑤ 平州辽兴军⑥ 等节镇的战略地位、防御目标等方面也做了个案考察。然关于节镇驻防的具体运作，包括节镇军队设置与军队管理，节度使的统兵权与指挥权等问题，学界尚无系统研究。王曾瑜指出，辽代各节镇皆可视为一个小军区。⑦ 学界多赞同王氏观点。然岛田正郎提出，"在辽制中的州县长官的任务主要是在民政事务方面，在兵事上没有重要的地位"。对于史料中出现的"节度—刺史"体系官员领兵

① （元）脱脱等：《辽史》卷 12《圣宗纪三》，第 143 页。
② 林荣贵：《北宋与辽的边疆经略》，《中国边疆史地研究》2000 年第 1 期，第 39、43-44 页。
③ 任仲书：《辽朝的地方制度建设与机构设置》，《内蒙古社会科学（汉文版）》2010 年第 6 期，第 50 页。
④ 陈得芝：《辽代的西北路招讨司》，中国社会科学院历史研究所宋辽金元史研究室编：《宋辽金史论丛》第 1 辑，北京：中华书局，1985 年，第 271-272 页。
⑤ 樊文礼：《辽代的丰州、天德军和西南面招讨司》，《内蒙古大学学报（哲学社会科学版）》1993 年第 3 期，第 75 页。
⑥ 吴凤霞：《辽朝经略平州考》，《社会科学辑刊》2015 年第 4 期，第 114-115 页。
⑦ 王曾瑜：《辽金军制》，第 57-60 页。

的记载，解释为因人而异或战时实行。① 直至近日，亦有学者表示赞同。②

有鉴于此，本节拟考察辽代节度使在和平时期与战时的军事职掌，厘清辽代节镇的军队设置，并通过考察节度使的武职僚佐，以探讨辽代节镇驻防的运作实情。

（一）辽代节度使的军事职掌

据《文献通考》记载，唐后期，"一道兵政属之节度使，民事属之观察使，然节度多兼观察；又各道虽有度支、营田、招讨、经略等使，然亦多以节度使兼之。盖使名虽多，而主其事者，每道一人而已"③。辽代节度使与唐代相似，其所带"节度使"衔，正是赋予其掌管节镇兵政的权力。又兼"巡检使"衔负责辖区内治安事务。如太平七年（1027）《耶律遂正墓志》记载耶律遂正的结衔为："大契丹国故忠勤守节功臣、辽兴军节度、平、滦、营等州观察、处置、巡检、屯田、劝农等使，崇禄大夫、检校太师、同政事门下平章事、使持节平州诸军事、平州刺史、上柱国、漆水郡开国侯、食邑一千户、食实封一伯（百）户"④。辽代节度使承袭唐五代节度使的军事职掌，下辖军队，负责军队管理，拥有统兵权与指挥权。战时或守土有责，或领兵出征，和平

---

① ［日］岛田正郎著，何天明译：《大契丹国——辽代社会史研究》，第165-166页。

② 如温海清认为，相较于宋代州长官领有兵权，辽代"节度—刺史"体系官员的兵权趋于式微。（温海清：《画境中州：金元之际华北行政建置考》，上海：上海古籍出版社，2012年，第192页）

③ （宋）马端临著，上海师范大学古籍研究所、华东师范大学古籍研究所点校：《文献通考》卷61《职官考十五》，第1843页。

④ 《耶律遂正墓志》，向南、张国庆、李宇峰辑注：《辽代石刻文续编》，第68页。

时期保境安民，维护地方治安。

战时，节度使守土有责，须保障辖区安全。如《辽史》记载，会同七年（944）八月，"晋镇州兵来袭飞狐，大同军节度使耶律孔阿战败之"①。辽宋战争期间，统和四年（986）三月，辽朝得知北宋分三路来侵时，令平州节度使迪里姑"马乏则括民马，铠甲阙则取于显州之甲坊"，先行负责平州辖境内的海岸防御任务。②当彰国军节度使耶律学古面对"宋将潘美率兵分道来侵"时，"学古以军少，虚张旗帜，杂丁黄为疑兵。是夜，适独虎峪举烽火，遣人侦视，见敌俘掠村野，击之，悉获所掠物，擒其将领"③。挫败了北宋进攻应州（彰国军治州）的计划。

节度使战时领兵出征、指挥作战，亦体现出节度使拥有统兵权与指挥权。如应历四年（954）二月，辽朝派遣武定军节度使杨衮将万骑如晋阳，会合北汉军队一同进攻后周。④咸雍八年（1072）《耶律宗福墓志》提供了一个实例。据墓志记载，太平八年（1028）大延琳叛乱时，时任贵德州宁远军节度使的耶律宗福，"率部兵，直抵边口，狂虬之凭水势，鹙鹗之乘风力。怒而一激，乱党随败。仆尸□□，流血波委"⑤。耶律宗福率"部兵"出征，此处"部兵"指节度使辖区（节镇）内的军队。古人将政

---

① （元）脱脱等：《辽史》卷4《太宗纪下》，第59页。
② （元）脱脱等：《辽史》卷11《圣宗纪二》，第128页。
③ （元）脱脱等：《辽史》卷83《耶律学古传》，第1436页。
④ （宋）叶隆礼撰，贾敬颜、林荣贵点校：《契丹国志》卷5《穆宗天顺皇帝》，第59页。
⑤ 《耶律宗福墓志》，向南、张国庆、李宇峰辑注：《辽代石刻文续编》，第142页。

区之内称为"部"，辽代亦如是。① 耶律宗福率领节镇军队平叛，是节度使拥有统兵权与指挥权最直接的体现。

和平时期，首先，节度使负责战备工作。据清宁八年（1062）《耶律宗政墓志》记载，耶律宗政担任辽兴军节度使期间，"军政戒之而后备"②。重熙六年（1037）《韩橁墓志》亦提供了一个实例。据墓志记载，大延琳叛乱被平定后，韩橁移镇沈州（昭德军），面对叛乱后的混乱残破局面，韩橁"指画方略，奋发雄图。截玄菟之要冲，贯紫蒙之扼束。筑垒一十七所。宿兵捍城，贼不西寇，公之力也"③。此处"玄菟"指高丽，"紫蒙"指紫蒙川。紫蒙川位于老哈河中上游的宁城地区。由此可知，韩橁任沈州昭德军节度使期间，修筑防御工事十七所，贯通辽丽边境至辽中京一线的防御阵线。并分兵驻守，成功粉碎了女真、高丽企图借大延琳叛乱、圣宗去世之机，趁火打劫，侵占辽朝疆土的企图。④

其次，节度使需要防范间谍渗透。如会同八年（945）十二月，

---

① 如《辽史》卷84《耶律抹只传》载，耶律抹只担任开远军节度使期间，提高钱粮兑换比率，"部民便之"。（第1440页）此处"部"指节镇。卷86《耶律颇的传》载耶律颇的任易州刺史秩满后，"部民请留"。（第1462页）此处"部"指刺史州易州。卷105《大公鼎传》载大公鼎担任良乡令，"省徭役，务农桑，建孔子庙学，部民服化"。（第1608页）此处"部"指良乡县。
② 《耶律宗政墓志》，向南：《辽代石刻文编》，第307页。
③ 《韩橁墓志》，向南：《辽代石刻文编》，第206页。
④ 据《辽史》卷17《圣宗纪八》记载，大延琳叛乱时，"时南、北女直皆从延琳，高丽亦稽其贡"。（第230页）《高丽史》卷94《郭元传》记载，太平九年（1029），"兴辽反契丹，遣使求援。元密奏王曰：'鸭江东畔，契丹保障，今可乘机取之'。崔士威、徐讷、金猛等皆上书言其不可，元固执遣兵攻之，不克"。[（朝鲜王朝）郑麟趾等：《高丽史（第三）》，台北：文史哲出版社，2012年，第89页]

云州节度使耶律孔阿捕获晋谍。①统和元年（983）十一月，应州
（彰国军）奏，"获宋谍者，言宋除道五台山，将入灵丘界"②。

再次，节度使负责维护辽朝疆土的完整。如《辽史·耶律颇
的传》记载，咸雍八年（1072），耶律颇的任彰国军节度使（治
应州）。"上（道宗）猎大牢古山，颇的谒于行宫。帝问边事，对
曰：'自应州南境至天池，皆我耕牧之地。清宁间，边将不谨，
为宋所侵，烽堠内移，似非所宜。'道宗然之"。后辽朝遣人使
宋，得其侵地，命颇的往定疆界，收回被北宋侵占的辽朝领土。③

最后，节度使负责维护地方治安。由出土墓志记载辽代节度
使的结衔，知辽代节度使兼任巡检使。如太平七年（1027）《耶律
遂正墓志》记载志主的部分结衔为"辽兴军节度、平、滦、营等
州观察、处置、巡检、屯田、劝农等使"④；清宁八年（1062）《耶
律宗政墓志》记载志主的部分结衔为"判武定军节度、奉圣、归
化、儒、可汗等州观察、处置、巡检、屯田、劝农等使"⑤。辽
代巡检使上承五代，其职掌为维护社会治安。最直接的体现为
统和二十六年（1008）《常遵化墓志》记载常遵化于统和十九年
（1001）担任"上京军巡使、京内巡检使"后，"顿得盗贼并迹，
豪户洗心。巷陌宽而舞手行，辰夜静而启门卧"⑥。知辽代巡检使
负责维护地方治安。辽代节度使通过兼任巡检使，负责地方治安

---

① （元）脱脱等：《辽史》卷4《太宗纪下》，第61页。
② （元）脱脱等：《辽史》卷10《圣宗纪一》，第120页。
③ （元）脱脱等：《辽史》卷86《耶律颇的传》，第1462页。
④ 《耶律遂正墓志》，向南、张国庆、李宇峰辑注：《辽代石刻文续编》，第68页。
⑤ 《耶律宗政墓志》，向南：《辽代石刻文编》，第305页。
⑥ 《常遵化墓志》，向南：《辽代石刻文编》，第128页。

事务。需要指出的是，古代军警不分，辽代节度使拥有军事职掌的同时，已具有负责地方治安的职掌，故墓志所见节度使结衔中不带巡检使者，亦不影响其负责地方治安事务。

（二）辽代节镇的军队设置与军队管理

关于辽代节镇的军队设置，由《辽史·百官志》可知，节度使下马步军都指挥使、马军指挥使、步军指挥使等职官一应俱全。[1] 又由石刻资料可知，节镇内部还设有衙内都指挥使、指挥使等武职僚佐，而《辽史·百官志》不载。如统和二十四年（1006）《王邻墓志》载王俊"启圣军衙内都指挥使"，王守琢"兴国军衙内都指挥使"[2]；太平七年（1027）《耿知新墓志》载耿知新"昭德军节度衙内都指挥使"[3]；乾统十年（1110）《高为裘墓志》记载，高为裘的孙子高永肩曾担任"蔚州长清军指挥使"[4]。

辽承晚唐五代节镇体制，节度使下辖的军队分为两个系统：衙军系统与州军系统。故余靖在《契丹官仪》中，将"云、应、蔚、朔、奉圣等五节度营兵"和逐州所置"乡兵"分别予以记述。[5]"五节度营兵"指节度使的直属武装"衙军"（亦称"衙兵"或"衙队"）；逐州所置"乡兵"遍布辽朝各府州，为各府州长官（包括节度使、刺史等）的下属部队，来源为服兵役的"五京乡丁"。

节镇衙军由衙内都指挥使、指挥使负责管理。衙内都指挥

① （元）脱脱等：《辽史》卷48《百官志四》，第907页。
② 《王邻墓志》，向南：《辽代石刻文编》，第122页。
③ 《耿知新墓志》，向南：《辽代石刻文编》，第184页。
④ 《高为裘墓志》，向南：《辽代石刻文编》，第610页。
⑤ （宋）余靖撰，黄志辉校笺：《武溪集校笺》卷18《杂文·契丹官仪》，第540页。

使，全名衙内马步军都指挥使，又作衙内都将，《辽史·百官志》
不载，见于墓志记载。如统和三年（985）《韩匡嗣墓志》载韩匡
嗣兄韩匡图"彰国军衙内都将"①；统和二十四年（1006）《王邻墓
志》载王俊"启圣军衙内都指挥使"，王守琢"兴国军衙内都指
挥使"②；太平七年（1027）《耿知新墓志》载耿知新"昭德军节度
衙内都指挥使"③。

衙内都指挥使掌节镇内亲从、禁卫事务。如乾亨三年（981）
《王裕墓志》载志主担任卢龙军节度衙内马步军都指挥使后，"内
定不战之□，外骋必胜之容。宏规绩度，师律肃□。六军长
□，高冠□尽资乎二府。功立戎□，名勋□□"④。统和二十三年
（1005）《王悦墓志》载志主担任辽兴军节度衙内都指挥使后，"欲
趋禁掖，预佐藩垣。既负干勤，遂隆渥泽"⑤。

由于衙内都指挥使掌节镇衙军，具有负责节度使宿卫、安保
事务的特殊地位，辽代节度使多以其子担任衙内都指挥使。如
乾亨三年（981）《王裕墓志》载王裕为宜州崇义军节度使，三子
王琢担任崇义军衙内都将；⑥乾亨四年（982）《许从赟暨妻康氏
墓志》载许从赟担任大同军节度使，其长子许守伦为衙内都指
挥使；⑦统和二十九年（1011）《耶律隆祐墓志》载耶律隆祐担任

---

① 《韩匡嗣墓志》，向南、张国庆、李宇峰辑注：《辽代石刻文续编》，第24页。

② 《王邻墓志》，向南：《辽代石刻文编》，第122页。

③ 《耿知新墓志》，向南：《辽代石刻文编》，第184页。

④ 《王裕墓志》，向南：《辽代石刻文编》，第63页。

⑤ 《王悦墓志》，向南：《辽代石刻文编》，第113页。

⑥ 《王裕墓志》，向南：《辽代石刻文编》，第62、64页。

⑦ 《许从赟暨妻康氏墓志》，向南、张国庆、李宇峰辑注：《辽代石刻文续编》，第
19—20页。

云州大同军节度使，次子耶律遂成为衙内都指挥使；① 开泰六年（1017）《韩相墓志》载韩相为辽兴军衙内马步军都指挥使，而其父韩琬则担任辽兴军节度使。② 凡此种种，体现出辽代衙内都指挥使地位的特殊性。

衙内都指挥使下，又设指挥使具体负责衙军管理。如乾统十年（1110）《高为裘墓志》记载，高为裘的孙子高永肩曾担任"蔚州长清军指挥使"③。长清军应为此时忠顺军节度使（治蔚州）衙军的番号，设指挥使加以管理。

需要指出的是，衙军为职业雇佣兵，④ 为节镇的常备军以及核心军事力量。辽朝虽保留了节镇的衙军建制，但限制其发展。一方面表现在衙军的换防上。如统和十三年（995）七月，"诏蔚、朔等州龙卫、威胜军更戍"⑤。龙卫军、威胜军为此时蔚、朔二州节度使的衙军，辽朝为防止节度使拥兵自重，通过换防调动将节度使与其直属部队衙军相分离。然而由于衙军为节度使招募而来的雇佣军，与节度使之间存在紧密的依附关系，辽朝换防衙军，引起衙军不满，结果导致衙军叛乱。次年（996）五月，"朔州威胜军一百七人叛入宋"⑥。另一方面，辽朝削弱节镇衙军的规模，直接体现在圣宗以后，衙内都指挥使不见于记载。推测圣宗以前，辽代节镇衙军由多个指挥使分别统领，故设有衙内都指挥

---

① 《耶律隆祐墓志》，向南、张国庆、李宇峰辑注：《辽代石刻文续编》，第51-52页。

② 《韩相墓志》，向南：《辽代石刻文编》，第151页。

③ 《高为裘墓志》，向南：《辽代石刻文编》，第610页。

④ 张国刚：《唐代藩镇类型及其动乱特点》，《历史研究》1983年第4期，第108页。

⑤ （元）脱脱等：《辽史》卷13《圣宗纪四》，第159页。

⑥ （元）脱脱等：《辽史》卷13《圣宗纪四》，第160页。

使一职。如上引忠顺军节度使（治蔚州）的衙军，早期可能分为"龙卫军""长清军"等多支，后随着辽朝换防调动、削减规模，至辽末，只剩下"长清军"一支，故辽末只设有指挥使一人管理，无需再设置衙内都指挥使一职。由此体现出辽朝中央对地方节镇控制力的不断加强。

除衙军外，辽代节镇内部还设有其他雇佣军。如统和十年（992）《清水院陀罗尼幢题记》中有"（武定军）义军副兵马使颜承嗣"①；统和十二年（994）《姜承义墓志》记载，姜承义的长子姜守规曾担任"武定军节度义军指挥使"②。此处"义军"应为武定军节度使下辖的除衙军以外的另一支雇佣军。

节度使除直属部队衙军外，另下辖"乡兵"。马步军都指挥使（副指挥使）、马军指挥使（副指挥使）、步军指挥使（副指挥使）、左右厢指挥使等即为节镇州军系统中管理"乡兵"的军事长官。

辽代马步军都指挥使（副指挥使）频繁见于记载。如《辽史·圣宗纪》载：统和四年（986）三月，"武定军马步军都指挥使、郢州防御使吕行德、副都指挥使张继从、马军都指挥使刘知进等以飞狐叛，附于宋"③；统和二十九年（1011）《韩佚妻王氏墓志》载：子韩绍英"前辽兴军节度马步军都指挥使"④；乾统十年

---

① 《清水院陀罗尼幢题记》，向南、张国庆、李宇峰辑注：《辽代石刻文续编》，第349页。
② 《姜承义墓志》，向南：《辽代石刻文编》，第748页。按：向南作"武定军节度、义军指挥使"，实误。
③ （元）脱脱等：《辽史》卷11《圣宗纪二》，第128页。
④ 《韩佚妻王氏墓志》，向南：《辽代石刻文编》，第140页。

（1110）《高为裘墓志》《高泽墓志》载清宁二年（1056）六月，高为裘担任朔州（顺义军）马步军都指挥使。[1]马步军都指挥使（副指挥使）应为辽代通制。

马步军都指挥使（副指挥使）的前身为唐代的都知兵马使（兵马使）。都知兵马使为唐代节镇使府中最重要的军将之一，[2]然而都知兵马使在晚唐五代以来的地位越来越低，逐渐被都指挥使、指挥使代替。[3]辽代继承了都知兵马使（兵马使）自晚唐五代以来的发展趋势，都知兵马使（兵马使）在辽代成为一般的衙前职，[4]马步军都指挥使成为辽代节镇中节度使之下管理乡兵的最高军事长官。

马步军都指挥使下设马军指挥使（副指挥使）、步军指挥使（副指挥使），分掌节镇马步军。如《辽史·圣宗纪》载：统和四年（986）三月，"武定军马步军都指挥使、郢州防御使吕行德、副都指挥使张继从、马军都指挥使刘知进等以飞狐叛，附于宋"；"步军都指挥使穆超以灵丘叛，附于宋"[5]。马步军都指挥使下除分设马军指挥使、步军指挥使外，亦分左右厢。马步军都指挥使下分设左右厢指挥使，《辽史·百官志》不载，见于

---

① 《高为裘墓志》《高泽墓志》，向南：《辽代石刻文编》，第609、611页。

② 严耕望：《唐代方镇使府僚佐考》，《严耕望史学论文集》，上海：上海古籍出版社，2009年，第451页。

③ 张国刚：《唐代藩镇研究》（增订版），第101页。

④ 如统和二十六年（1008）《常遵化墓志》载：常遵化三子"广德军节度都知使"常守麟，次女"适彰武军节度都军使安信"。此处"都知使""都军使"为一般衙前职。（向南：《辽代石刻文编》，第128-130页）推测应为辽代衙前兵马使的别称。

⑤ （元）脱脱等：《辽史》卷11《圣宗纪二》，第128-129页。

墓志记载。如重熙十四年（1045）《沈州卓望山无垢净光塔石棺记》载"马步军右厢都指挥使、银青崇禄大夫、兼监察（御）史、武骑尉霍庆"①。

与通过募兵制招募而来的雇佣兵衙军不同，乡兵的来源为《辽史·兵卫志》记载的"五京乡丁"。乡丁作为辽朝的一种兵役，"辽国兵制，凡民年十五以上，五十以下，隶兵籍"②。乡兵为辽朝从乡丁中通过兵役征调来的军队。由《兵卫志》记载可知，辽代征兵制规定，十五岁至五十岁称为"丁"，隶兵籍。

由此可知，辽代节镇内设置的军队分为衙军与州军两类。衙军为节度使招募来的雇佣军，州军为通过兵役征调来的乡兵，辽代节镇中募兵制与征兵制并存。和平时期，衙军与乡兵同为维护地方治安的军事力量。战争时期，据《辽史·耶律学古传》记载，耶律学古时任彰国军节度使（治应州），面对北宋来侵时，"学古以军少，虚张旗帜，杂丁黄为疑兵"③。"杂丁黄为疑兵"，此处"丁"指十五岁至五十岁之间的成年男性，"黄"指十五岁以下的未成年人。"学古以军少"中的"军"，应指彰国军节度使的衙军。故节度使率军出战时，作战部队为衙军。而"乡兵"正如《兵卫志》记载，战时"于本国州县起汉人乡兵万人，随军专伐园林，填道路"④。乡兵的职责为负责开路，或为主力部队提供后勤辎重等。

---

① 《沈州卓望山无垢净光塔石棺记》，向南：《辽代石刻文编》，第239页。
② （元）脱脱等：《辽史》卷34《兵卫志上》，第451页。
③ （元）脱脱等：《辽史》卷83《耶律学古传》，第1436页。
④ （元）脱脱等：《辽史》卷34《兵卫志上》，第453页。

（三）辽代节度使的其他武职僚佐

辽代节度使的武职僚佐除衙军系统与乡兵系统的僚佐外，还有节院使、押衙，以及衙前兵马使、山河使、教练等一般衙前职。

1. 节院使

节院使，《辽史·百官志》不载，见于墓志记载。如统和二十六年（1008）《常遵化墓志》载常遵化三女"适保安军节度节院使窦昌懿"①。

辽代节院使上承唐五代。据《新唐书·百官志》记载："节度使掌总军旅，颛诛杀。初授，具帑抹兵仗诣兵部辞见，观察使亦如之。辞日，赐双旌双节。行则建节、树六纛，中官祖送，次一驿辄上闻。入境，州县筑节楼，迎以鼓角，衙仗居前，旌幢居中，大将鸣珂，金钲鼓角居后，州县赍印迎于道左……罢秩则交厅，以节度使印自随，留观察使、营田等印，以郎官主之。锁节楼、节堂，以节院使主之，祭奠以时。入朝未见，不入私第"②。唐五代时期，节度使辖区内各州县筑有节楼、节堂，设立节院，以迎接新任节度使的旌节，属于节度使旌节礼仪制度的内容之一。节度使离任，则闭锁节院，不时祭奠，以尽礼节。主掌各州县节楼、节堂的专门官员，即为节院使。③

辽代节院使的职掌亦为负责节度使的旌节礼仪。据统和三

---

① 《常遵化墓志》，向南：《辽代石刻文编》，第 128 页。

② （宋）欧阳修、宋祁：《新唐书》卷 49 下《百官志四下》，第 1309-1310 页。

③ 冯培红：《唐五代归义军节院与节院使略考》，《敦煌学辑刊》2000 年第 1 期，第 48-49 页。

年（985）《韩德昌墓志》记载，"尚父、秦王统帅于燕也，以□□
旌旄节钺之重，非干蛊之子孙不足司厥职，乃署公为卢龙军节院
使"①。尚父秦王指韩匡嗣，韩德昌为韩匡嗣第九子。②韩匡嗣在
保宁九年（977）至十年（978）间担任南京留守。③此时南京尚
未"落军额"④，仍为节镇建制，故韩匡嗣令韩德昌担任卢龙军节
院使，掌节度使"旌旄节钺"。同时由于节度使旌节的重要性，
象征着朝廷给予节度使的权力，旌以专赏，节以专杀，"非干蛊
之子孙不足司厥职"，故韩匡嗣令其子担任节院使。又据乾亨三
年（981）《王裕墓志》记载王裕担任宜州崇义军节度使，其五子
王玉为崇义军节院使；⑤乾亨三年（981）《张正嵩墓志》载志主为
朔州顺义军节院使，其父张谏为朔州顺义军节度使。⑥节院使多
由节度使之子担任，亦体现出节院使掌管节度使旌节礼仪的重要
地位。

兴宗朝以后，节院使不见于史料记载，推测辽朝受宋制影
响，或废置节院使，或节院使转变为一般衙前职。

2. 押衙

押衙，《辽史·百官志》不载，见于墓志记载。据严耕望先
生研究，唐代节度使府大抵有都押衙一人，左右都押衙各一人，

① 《韩德昌墓志》，向南、张国庆、李宇峰辑注：《辽代石刻文续编》，第28页。
② 《韩匡嗣墓志》，向南、张国庆、李宇峰辑注：《辽代石刻文续编》，第23-24页。
③ 康鹏：《辽代五京体制研究》，第272页。
④ （元）脱脱等：《辽史》卷40《地理志四》，第562页。
⑤ 《王裕墓志》，向南：《辽代石刻文编》，第62、64页。
⑥ 《张正嵩墓志》，向南：《辽代石刻文编》，第68页。

押衙若干人。押衙职在亲从、禁卫。①辽代押衙的发展分为前后期两个阶段，前期（太祖至圣宗朝）继承唐五代制度，押衙为亲信之任；后期（兴宗朝以后）则与宋制类似，成为一般衙前职。

唐代押衙为节度使随从亲信，节度使多以押衙兼充都虞候、都孔目、都知兵马使等重职，或兼任知客、作坊、财富、仓储等职，有时甚至外知州、县、镇事。②押衙在辽代前期亦具有此特点。据保宁二年（970）《耿崇美墓志》记载，耿崇美之侄耿绍勋，武定军节度押衙，充利和军使。③利和军军号不见他处，应为武定军节度使下属军队。耿崇美为武定军节度使，命其侄耿绍勋为节度押衙，并兼任下属军队军使，体现出节度押衙作为节度使亲信的特点。又保宁十年（978）《李内贞墓志》记载，南京留守燕王耶律牒蜡以李内贞为"随使左都押衙、中门使、兼知厅勾"，后令其"摄蓟州刺史"④。蓟州为南京属州，此时南京尚未"落军额"⑤，仍保留节镇建制。李内贞以随使左都押衙摄蓟州刺史，体现出辽前期仍存在唐五代节度使任命僚佐担任属州官员，进一步增强对属州管控的情况。与此相类似的例子还有应历五年（955）《北郑院邑人起建陀罗尼幢记》记载：刘彦钦"卢龙军随使押衙、兼衙前兵马使、充营田使"⑥。刘彦钦以卢龙军随使押衙的身份兼

---

① 严耕望：《唐代方镇使府僚佐考》，《严耕望史学论文集》，上海：上海古籍出版社，2009年，第446、451页。
② 严耕望：《唐代方镇使府僚佐考》，《严耕望史学论文集》，上海：上海古籍出版社，2009年，第449页。
③ 《耿崇美墓志》，向南、张国庆、李宇峰辑注：《辽代石刻文续编》，第15页。
④ 《李内贞墓志》，向南：《辽代石刻文编》，第53页。
⑤ （元）脱脱等：《辽史》卷40《地理志四》，第562、567页。
⑥ 《北郑院邑人起建陀罗尼幢记》，向南：《辽代石刻文编》，第11页。

任衙前兵马使，并充任营田使，亦体现出押衙的随从亲信地位。

此外，从名称上看，辽前期押衙前多带"随使"字样，如上引"卢龙军随使押衙"，统和十年（992）《清水院陀罗尼幢题记》中有"武定军节度随使押衙张重荣"[①]。"随使"即"亲从"之意，体现出押衙为节度使亲信之任。[②] 辽前期（太祖至圣宗朝），节镇内除设有随使押衙（都押衙）一人外，另设有左右都押衙各一人。如《辽史·圣宗纪》载：统和四年（986）四月，"蔚州左右都押衙李存璋、许彦钦等杀节度使萧啜里，执监城使、铜州节度使耿绍忠，以城叛，附于宋"[③]。

辽后期（兴宗朝以后），随使押衙（都押衙）应被辽朝废置，不见于史料记载。辽朝学习宋制，押衙一职转变为一般衙前职。据《宋会要辑稿》记载："衙前置都知兵马使、左右都押衙、都教练使、（押）左右教练使、散教练使、押衙军将……又客司置知客、副知客、军将，又通引司置行首、副行首、通引官"[④]。重熙十二年（1043）《朝阳北塔今聊记石匣内题记》载"左都押衙韩德均，右都押衙贾藉，押衙知客蔡炅，押衙副知客刘若惊，通引官行首赵节用，通引官副行首刘纪"[⑤]。辽霸州彰武军，治今辽宁

---

① 《清水院陀罗尼幢题记》，向南、张国庆、李宇峰辑注：《辽代石刻文续编》，第349页。

② 严耕望：《唐代方镇使府僚佐考》，《严耕望史学论文集》，上海：上海古籍出版社，2009年，第447页。

③ （元）脱脱等：《辽史》卷11《圣宗纪二》，第129-130页。

④ （清）徐松辑，刘琳等校点：《宋会要辑稿·职官四七》"判知州府军监"，第4265页。

⑤ 《朝阳北塔今聊记石匣内题记》，向南、张国庆、李宇峰辑注：《辽代石刻文续编》，第79页。

朝阳，重熙十年（1041），兴宗升霸州彰武军为兴中府。①《题记》
反映的正是霸州彰武军初升为兴中府的情况。参考幽州早在太宗
时期即已升府，然而直到圣宗开泰元年（1012）才"落军额"，
故霸州升府后，其节镇建制亦应保留一段时间。由《题记》可
知，彰武军节度使下设左右都押衙、押衙知客、押衙副知客、通
引官行首、通引官副行首，与《宋会要》记载完全吻合，知此时
辽朝学习宋制。

押衙不仅设置于节镇内部，亦设置于刺史州中。如寿昌四年
（1098）《易州兴国寺太子诞圣邑碑》中见"左都押衙李照，右都
押衙王文信"②；天庆八年（1118）《郑士安实录铭记》中见"大辽
国燕京涿州前左都押衙郑公"③。

需要指出的是，押衙除负责节镇内部一般衙前事务外，还负
责节镇向辽朝中央"附奏起居"事务。据《辽史·礼志》记载，
庆贺皇后生辰时，其中一个重要环节便是"诸道押衙附奏起居"④。
此处诸"道"指各节度使辖区（节镇）。节镇派遣押衙向辽朝中央
进奏、问起居，并庆贺皇后生辰，体现出押衙一职的重要性。

3. 其他衙前职

唐代节镇军将，历经晚唐五代发展，都知兵马使、兵马使
等被都指挥使、指挥使代替，押衙、教练使等在北宋成为地方
衙前差役名目。⑤据《宋会要辑稿》记载："衙前置都知兵马使、

---

① （元）脱脱等：《辽史》卷39《地理志三》，第550页。

② 《易州兴国寺太子诞圣邑碑》，向南：《辽代石刻文编》，第487页。

③ 《郑士安实录铭记》，向南：《辽代石刻文编》，第674页。

④ （元）脱脱等：《辽史》卷53《礼志六》，第966页。

⑤ 张国刚：《唐代藩镇研究》（增订版），第101页。

左右都押衙、都教练使、（押）左右教练使、散教练使、押衙军将，又有中军、子城、鼓角、宴设、作院、山河等使，或不备置。又客司置知客、副知客、军将，又通引司置行首、副行首、通引官。其防御、团练等州使院衙职，悉约节镇而差减焉。"①兵马使、押衙、教练使等在辽代亦逐渐发展为一般衙前职，上文已就押衙一职在辽代的发展演变历程进行分析，限于史料记载，其他衙前职只能稍作叙述，待日后新史料出现再进行深入探讨。

衙前兵马使，《辽史·百官志》不载，见于应历五年（955）《北郑院邑人起建陀罗尼幢记》："卢龙军随使押衙、兼衙前兵马使、充营田使刘彦钦"②。

都知兵马使，《辽史·百官志》不载，见于乾亨四年（982）《许从赟暨妻康氏墓志》记载，许从赟"侄一人：曰彦琼，都知兵马使，早卒"③。此时云州大同军尚未升为西京大同府，仍为节镇模式。许从赟家族多于云州任职，推测许从赟之侄许彦琼为大同军衙前都知兵马使。

教练，《辽史·百官志》不载，见于统和十年（992）《清水院陀罗尼幢题记》："摄武定军节度教练焦直密"④；重熙十三年（1044）《沈阳塔湾无垢净光舍利塔石函记》："节度教

---

① （清）徐松辑，刘琳等校点：《宋会要辑稿·职官四七》"判知州府军监"，第4265页。
② 《北郑院邑人起建陀罗尼幢记》，向南：《辽代石刻文编》，第11页。
③ 《许从赟暨妻康氏墓志》，向南、张国庆、李宇峰辑注：《辽代石刻文续编》，第20页。
④ 《清水院陀罗尼幢题记》，向南、张国庆、李宇峰辑注：《辽代石刻文续编》，第349页。

练刘匡遂。"①

中军使，《辽史·百官志》不载，见于统和三年（985）《韩匡嗣墓志》："彰武军中军使图育氏"②。

山河（指挥）使，《辽史·百官志》不载，见于应历五年（955）《刘存规墓志》：子刘继昭，"山河都指挥使"③；乾亨三年（981）《王裕墓志》：子王珏，"崇义军山河指挥使"④；统和二十三年（1005）《王悦墓志》载其次兄为"辽兴军节度山河使"⑤；统和二十四年（1006）《王邻墓志》：王操，"武定军山河指挥使"，王守□，"临海军山河指挥使"⑥；统和二十六年（1008）《常遵化墓志》：长女"适广德军节度山河使耿阮"⑦；统和二十九年（1011）《耶律隆祐墓志》载志主乾亨四年（982）"自燕京（卢龙军）山河都指挥使，特授崇禄大夫、检校太尉、行右神武大将军"⑧；重熙六年（1037）《耶律遂忠墓志》：子耶律□信，蔚州忠顺军山河指挥使。⑨

（四）作为军事机构治所的节镇驻防

唐朝最初设置节镇即出于军事目的考虑，辽代节镇亦不例外。从广义上看，辽朝设置节镇的原因中皆有军事因素，正如王

---

① 《沈阳塔湾无垢净光舍利塔石函记》，向南、张国庆、李宇峰辑注：《辽代石刻文续编》，第352页。

② 《韩匡嗣墓志》，向南、张国庆、李宇峰辑注：《辽代石刻文续编》，第24页。

③ 《刘存规墓志》，向南：《辽代石刻文编》，第9页。

④ 《王裕墓志》，向南：《辽代石刻文编》，第64页。

⑤ 《王悦墓志》，向南：《辽代石刻文编》，第113页。

⑥ 《王邻墓志》，向南：《辽代石刻文编》，第121、122页。

⑦ 《常遵化墓志》，向南：《辽代石刻文编》，第128页。

⑧ 《耶律隆祐墓志》，向南、张国庆、李宇峰辑注：《辽代石刻文续编》，第51页。

⑨ 《耶律遂忠墓志》，向南、张国庆、李宇峰辑注：《辽代石刻文续编》，第74页。

曾瑜所言，辽代每个节镇自成一个小军区。① 从狭义上看，辽代节镇中有六处曾作为（或始终作为）统军司、招讨司等军事机构治所所在地，包括丰州天德军（西南面都招讨司所在地）、镇州建安军（西北路都招讨司所在地）、长春州韶阳军（东北路都统军司所在地）、咸州安东军（咸州兵马司——北女直兵马司所在地）、保州宣义军（保州都统军司所在地）、云内州开远军（曾为代北云朔招讨司所在地）。为方便行文表述，我们将作为军事机构治所的节镇称为边防军事型节镇。② 由于边防军事型节镇作为军事机构所在地，使得军事机构长官与地方长官之间的关系、军事机构与地方州县之间的关系呈现出不同于其他节镇的特点，需要我们重新审视。

辽代边防军事型节镇有两个基本特征。其一，与其他节镇相比，军事功能更加突出。辽朝设西南面都招讨司于丰州的目的为"控制西夏"③。兴宗后辽夏关系趋于缓和，双方不再有大规模战事发生，西南面都招讨司的军事防御重点又转向北部的鞑靼（阻卜）诸部。④ 云内州开远军同样是为了克制、防范鞑靼（阻卜）诸部的威胁。镇州的设置则是为控制和防范阻卜诸部。⑤ 长春州韶阳军的设置是为了控制东北方向的生女真，辽朝置东北路都统军司于长春州，与黄龙府兵马都部署司（治黄龙府）、咸州路兵

① 王曾瑜：《辽金军制》，第57—60页。
② 陈俊达：《辽代节镇类型再探讨》，江沛主编：《南开史学》2022年第2期，北京：社会科学文献出版社，2023年，第60页。
③ （元）脱脱等：《辽史》卷46《百官志二》，第838页。
④ 余蔚：《中国行政区划通史·辽金卷》，第60页。
⑤ 陈得芝：《辽代的西北路招讨司》，中国社会科学院历史研究所宋辽金元史研究室编：《宋辽金史论丛》第1辑，北京：中华书局，1985年，第273页。

马司—北女直详稳司（治咸州）共同管理女真人。① 保州宣义军的设置是为了控扼高丽。

其二，辽代边防军事型节镇节度使及其下属职官不常见于史料记载，应多由军事机构官员兼任。

统计辽代边防军事型节镇节度使，仅有丰州天德军节度使、咸州安东军节度使、云内州开远军节度使见于史料记载。其中丰州天德军节度使8人，分别为耶律勃古哲、② 颏剌、③ 耶律宗教、④ 杨佶、⑤ 耶律铎轸、⑥ 赵为果、⑦ 韩郭三、⑧ 耶律卿宁，⑨ 其中耶律卿宁担任的"天德军节度使"为虚衔，非实授。⑩ 咸州安东军节度使2人，分别为特末、⑪ 萧药师奴。⑫ 云内州开远军节度使2人，分

---

① （宋）叶隆礼撰，贾敬颜、林荣贵点校：《契丹国志》卷26《诸蕃记·女真国》，第275页。

② （元）脱脱等：《辽史》卷82《耶律勃古哲传》，第1425页。

③ （元）脱脱等：《辽史》卷10《圣宗纪一》，第117页。

④ 《耶律宗教墓志》，向南：《辽代石刻文编》，第751页。

⑤ （元）脱脱等：《辽史》卷89《杨佶传》，第1489页。

⑥ （元）脱脱等：《辽史》卷93《耶律铎轸传》，第1517页。

⑦ 《赵匡禹墓志》，向南：《辽代石刻文编》，第300页。

⑧ （元）脱脱等：《辽史》卷74《韩德凝传》，第1361页。

⑨ （元）脱脱等：《辽史》卷18《兴宗纪一》，第243页。

⑩ 据《辽史》卷18《兴宗纪一》记载：重熙二年（1033）正月，辽遣"天德军节度使耶律卿宁、大理卿和道亨、河西军节度使耶律嵩、引进使马世卿充两宫吊慰使"。（第243页）然据重熙二十二年（1053）《耶律宗教墓志》记载，耶律宗教于重熙元年（1032），"迁天德军节度使"，直到重熙七年（1038）才"入为南面契丹诸行宫副部署"。且耶律宗教在任期间，"□三之治，其政如一，环封饮惠，载路兴谣"，其担任的节度使为实职无疑。（向南：《辽代石刻文编》，第751页）故耶律卿宁担任的"天德军节度使"为虚衔。

⑪ （元）脱脱等：《辽史》卷86《特末传》，第1461页。

⑫ （元）脱脱等：《辽史》卷91《药师奴传》，第1502页。

别为萧袍鲁、① 耶律辟离剌。② 镇州建安军、保州宣义军、长春州
韶阳军节度使皆不见于史料记载。节度使僚佐目前仅见长春州韶
阳军节度副使孟有孚、韩绛，③ 其他僚佐不见于史料记载。

然治所所在地置于边防军事型节镇的军事机构职官却频繁见
于史料记载。西南面招讨使见于记载者共计 39 人，④ 下设招讨副
使、招讨都监、拽剌等。⑤ 西北路招讨使见于记载者共计 31 人，
下设招讨都监等。⑥ 东北路统军使见于记载者 14 人，⑦ 下设统军
副使、⑧ 统军都监、⑨ 掌法官等。⑩ 咸州兵马司—北女直兵马司见知
咸州路兵马事、同知咸州路兵马事、咸州紃将等。⑪ 保州都统军
司见保州统军使、⑫ 保州戍将等。⑬

正如陈得芝在研究西北路招讨司时所言："《辽史》中所以不
载'建安军节度使'的任命，是因为镇州的'守臣'原来不是节
度使，而是西北路招讨使。换言之，镇州城建成后，就一直是作

---

① 《萧袍鲁墓志》，向南：《辽代石刻文编》，第 424 页。
② 《耶律习涅墓志》，向南、张国庆、李宇峰辑注：《辽代石刻文续编》，第 282 页。
③ 《孟有孚墓志》，向南：《辽代石刻文编》，第 470 页。《刘祐墓志》，向南、张国
  庆、李宇峰辑注：《辽代石刻文续编》，第 237 页。
④ 武文君：《辽代部族军研究》，第 212–215 页。
⑤ 樊文礼：《辽代的丰州、天德军和西南面招讨司》，《内蒙古大学学报（哲学社会
  科学版）》1993 年第 3 期，第 76 页。
⑥ 武文君：《辽代部族军研究》，第 209–212 页。
⑦ 武文君：《辽代部族军研究》，第 215 页。
⑧ （元）脱脱等：《辽史》卷 100《耶律章奴传》，第 1574 页。
⑨ （元）脱脱等：《辽史》卷 93《萧迂鲁传》，第 1515 页。
⑩ （元）脱脱等：《辽史》卷 25《道宗纪五》，第 337 页。
⑪ （元）脱脱等：《辽史》卷 46《百官志二》，第 835 页。
⑫ （元）脱脱等：《辽史》卷 110《萧十三传》，第 1639 页。
⑬ （元）脱脱等：《辽史》卷 17《圣宗纪八》，第 231 页。

为西北路招讨司的治所。招讨使当兼掌边境诸州事，而不必另委节度使了"[1]。保州宣义军的情况应与镇州建安军相似，保州作为辽朝控扼高丽的军事重镇，建成后一直作为保州都统军司的治所，由统军使负责辖区内民政、军政事务，故未另设保州宣义军节度使。

与辽朝设置西北路招讨使、保州统军使代替镇州建安军、保州宣义军节度使情况不同，丰州天德军节镇不仅置有节度使，且存在西南面招讨使与丰州天德军节度使并存的情况。（详见表4）

表 4　丰州天德军节度使与任期内对应西南面招讨使简表

丰州天德军节度使		西南面招讨使 [2]	
姓　名	任　期	姓　名	任　期
耶律勃古哲	保宁中	耶律斜轸	保宁元年（969）至保宁八年（976）
		耶律喜隐	保宁九年（977）
颓剌	统和元年（983）前	韩匡嗣	乾亨三年（981）至乾亨四年（982）
耶律宗教	重熙元年（1032）至重熙七年（1038）	萧惠	重熙元年（1032）至重熙六年（1037）
		耶律信宁	重熙六年（1037）
杨佶	重熙十年（1041）以后，重熙十三年（1044）以前	萧普达	重熙十三年（1044）
耶律铎轸	重熙十七年（1048）前	耶律忠	重熙十四年（1045）
		萧蒲奴	重熙十五年（1046）至重熙十六年（1047）
赵为果	清宁六年（1060）	萧撒抹	清宁初
		耶律撒剌	清宁初
韩郭三	不详		

---

[1]　陈得芝：《辽代的西北路招讨司》，中国社会科学院历史研究所宋辽金元史研究室编：《宋辽金史论丛》第1辑，北京：中华书局，1985年，第272页。

[2]　武文君：《辽代部族军研究》，第212-214页。

天德军节度使与西南面招讨使同置于丰州，而不像镇州、保州内部仅设置招讨使（统军使）而不设节度使。这是由于镇州、保州自建成之日起即作为招讨司、统军司的治所，而丰州天德军经历了先创置节镇，后成为西南面都招讨司治所的过程。丰州天德军早在神册五年（920）便已设置，[①] 而西南面招讨司虽然神册元年（916）十一月便已出现，但此时的西南面招讨司置于武州（归化州）、妫州（可汗州）附近，是辽朝"自代北至河曲逾阴山，尽有其地"后，为进一步加强对代北地区的经营与管理，"置西南面招讨司，选有功者领之"[②]。"选有功者领之"，体现出西南面招讨司此时只是一个临时机构。直到神册五年（920）以后，西南面招讨司才改置于丰州，并逐渐成为负责辽朝西南面军政事务的固定机构。

由此可知，辽代边防军事型节镇军事长官的设置存在两种情况，若节镇设置最初即为统军司、招讨司的治所，则辽朝只置统军使或招讨使，而不置节度使。若节镇设置后才成为招讨司的治所，则辽朝同时设置节度使与招讨使。节度使不见于史料记载的时候，应为招讨使兼任。咸州、长春州的情况应与丰州相似，开泰八年（1019），辽朝"改东路耗里太保城为咸州，建节以领之"[③]。咸州先由耗里太保城升为节镇，后增设咸州兵马司、

---

① （元）脱脱等：《辽史》卷2《太祖纪下》、卷41《地理志五》，第18、580页。余蔚：《中国行政区划通史·辽金卷》，第366—367页。

② （元）脱脱等：《辽史》卷1《太祖纪上》，第11页。

③ （元）脱脱等：《辽史》卷16《圣宗纪七》，第209页。按：《辽史》卷38《地理志二》记载略同：咸州安东军"初号郝里太保城，开泰八年置州。兵事属北女直兵马司"。（第532页）

北女直详稳司。故咸州安东军节度使亦见于史料记载。重熙八年（1039）兴宗置长春州韶阳军节镇，① 然东北路统军司出现的时间应在道宗咸雍七年（1071）至大康三年（1077）期间，② 虽目前不见关于长春州韶阳军节度使的记载，但前文已述，韶阳军节度副使已见于史料记载，知辽朝应同样置韶阳军节度使。云内州开远军虽于神册五年（920）后作为辽朝代北云朔招讨司治所，但随着西南面招讨司防区的不断完善，辽朝废置代北云朔招讨司，并将云内州降为刺史州。后虽再度升为节镇，却未能成为某军事机构所在地，故云内州开远军升为节镇后，节度使始终存在，只是限于史料记载，目前仅发现两人而已。

概言之，辽朝为应对来自周边各政权及各部族的威胁，在继承节镇体制的基础上，针对边防军事的特殊性，进一步强化节镇的军事职能，弱化节镇的民事职能，建立丰州天德军、镇州建安军、长春州韶阳军、咸州安东军、保州宣义军等一系列边防军事型节镇。据《辽史·地理志》记载，镇州作为辽朝西北界边防城，"因屯戍而立，务据形胜，不资丁赋"。"不资丁赋"表明镇州建安军完全没有民事职能。辽朝令"渤海、女直、汉人配流之家七百余户，分居镇、防、维三州"，为镇州的二万戍军提供后勤保障。③ 节度使及其僚佐多由军事机构职官兼任，亦体现出辽代边防军事型节镇的民事职能服务于军事职能，符合辽代职官设

---

① （元）脱脱等：《辽史》卷37《地理志一》，第503页。

② 王雪萍、吴树国：《辽代东北路统军司考论》，《中国边疆史地研究》2014年第1期，第55页。

③ （元）脱脱等：《辽史》卷37《地理志一》，第509页。

置"事简职专""因俗而治"的特点。

第三节　其他府州军驻防

京府、节镇外，辽朝还置有大蕃府（黄龙府、兴中府）、观察州（宁江州混同军、宁州、归州等）、防御州（衍州安广军、镇海府等）、刺史州（祺州祐圣军、湖州兴利军等）。① 现将各府、州军事驻防，简述如下。

辽朝大蕃府知府、观察使、防御使、刺史等皆具有军事职掌，如圣宗开泰年间，知黄龙府大康乂"善绥抚，东部怀服……且言蒲卢毛朵界多渤海人，乞取之。诏从其请。康乂领兵至大石河驼准城，掠数百户以归"②。兴宗重熙十三年（1044）四月，"遣东京留守耶律侯哂、知黄龙府事耶律欧里斯将兵攻蒲卢毛朵部"③。《亡辽录》言天庆四年（1114），"北枢密院札付东京兵马都部署司，量遣渤海子弟一千人，以海州刺史高仙寿充统领官，应援宁江州"④。

府州内部，亦设有衙军与州军。州军方面，辽末女真首领完

① 《辽史·地理志》中记载辽代的州有节度、刺史、防御、观察四类，《百官志》记载有节度、刺史、防御、观察、团练五类。《百官志》记载安州为团练州，且为辽代唯一的一个团练州。然辽朝只有遥授的安州团练使，并无团练州安州，《百官志》受诸处"安州团练使"影响，故将安州记作团练州。详见余蔚：《中国行政区划通史·辽金卷》，第246页。林鹄：《辽史百官志考订》，第292-293页。

② （元）脱脱等：《辽史》卷88《大康乂传》，第1481页。

③ （元）脱脱等：《辽史》卷19《兴宗纪二》，第262页。

④ （宋）徐梦莘：《三朝北盟会编》卷21《政宣上帙二十一》引《亡辽录》，第150页。《辽史》卷27《天祚皇帝纪一》作天庆四年（1114）七月，"遣海州刺史高仙寿统渤海军应援"。（第366-367页）

颜阿骨打曾派人前往辽朝打探情报，得到"惟四院统军司与宁江州军及渤海八百人"的回复。① 宁江州，《辽史·地理志》记作："宁江州，混同军，观察。清宁中置。初防御，后升"②。"宁江州军"即辽代州军存在之实例。需要强调的是，辽代各州多有军额，特别是刺史州带军额，为辽朝创举。州军番号即《辽史·地理志》记载的各州军号。如"辰州，奉国军，节度"，"铁州，建武军，刺史"等，③ 此即诸州驻军之明证。以保州与来远城为例，据《地理志》记载："保州，宣义军，节度……隶东京统军司。统州、军二，县一：来远县。初徙辽西诸县民实之，又徙奚、汉兵七百防戍焉。户一千。宣州，定远军，刺史。开泰三年徙汉户置。隶保州。怀化军，下，刺史。开泰三年置。隶保州"④。来远城不载其军号，惟载"以燕军骁猛，置两指挥，建城防戍。兵事属东京统军司"⑤。又据《兵卫志》记载，"来远城宣义军营八"，包括太子营正兵三百、大营正兵六百、蒲州营正兵二百、新营正兵五百、加陀营正兵三百、王海城正兵三百、柳白营正兵四百、沃野营正兵一千。⑥ 由此可知，辽朝为防备高丽，在保州与来远城地区共设置三支军队，分别为宣义军、定远军、怀化军。其中宣义军兵力共计四千三百人，由节度使统领。宣义军节度使亲统七百人驻保州，余下三千六百名士兵分为八个营，分隶两指挥使

---

① （元）脱脱等：《金史》卷2《太祖纪》，第25页。
② （元）脱脱等：《辽史》卷38《地理志二》，第539页。
③ （元）脱脱等：《辽史》卷38《地理志二》，第522、523页。
④ （元）脱脱等：《辽史》卷38《地理志二》，第521-522页。
⑤ （元）脱脱等：《辽史》卷38《地理志二》，第522页。
⑥ （元）脱脱等：《辽史》卷36《兵卫志下》，第490-491页。

（疑为节度使下马军指挥使与步军指挥使），驻扎在来远城及其附近地区。定远军与怀化军分别由军使统领，驻扎在保州附近。因驻扎在保州的"宣义军"一部驻防来远城，故来远城不载其军号。

正如宋人赵彦卫在《云麓漫钞》中所言："唐制：诸州有军，故刺史衔带使持节某州诸军事某州刺史"①。辽承唐制，例如景宗乾亨三年（981）《王裕墓志》载志主为"顺州刺史，崇禄大夫、检校尚书右仆射、使持节顺州诸军事、行顺州刺史"②。王裕任顺州刺史，带"使持节顺州诸军事"。重熙十五年（1046）《刘日泳墓志》载志主"改授银青崇禄大夫、检校国子祭酒、使持节遂州诸军事、遂州刺史、兼监察御史、云骑尉。辽府叛乱，东国遄征。护黎民以无伤，御一郡而能守。俄降星使，拜捧丝纶。改授银青崇禄大夫、检校太子宾客、使持节来州诸军事、来州刺史、兼殿中侍御史、飞骑尉"③。刘日泳任遂州、来州刺史时，皆带"使持节遂（来）州诸军事"。且刘日泳在大延琳叛乱之时，"护黎民以无伤，御一郡而能守"，同样体现出刺史的军事防御职掌。类似例子还有很多，不一一赘述。

刺史以下，置马步军使、军事衙推等佐理军务。如统和五年（987）《祐唐寺创建讲堂碑》见"摄蓟州军事衙推王令钦""蓟州马步使马旻""摄蓟州军事衙推杨光嗣""摄蓟州军事衙推裴行

---

① （宋）赵彦卫撰，傅根清点校：《云麓漫钞》卷3，第38页。
② 《王裕墓志》，向南：《辽代石刻文编》，第63页。
③ 《刘日泳墓志》，向南：《辽代石刻文编》，第244页。

殷""高阳军军事衙推荆光美""摄蓟州军事衙推薄唐超"等。[1] 重熙十三年（1044）《沈阳塔湾无垢净光舍利塔石函记》见"前檀州马步杨文政"[2]。蓟州、檀州为南京析津府辖下刺史州，军号分别为"尚武军""武威军"；高阳军则为南京析津府辖下刺史州易州军号。

衙军方面，据保宁年间《吴景询墓志》记载，吴景询第三子于景宗保宁年间担任"复州防御使"[3]。然据《辽史·地理志》记载，"复州，怀德军，节度。兴宗置"[4]。知复州初为防御州，兴宗时升为节镇。《吴景询墓志》又记载其长女之子中有"复州衙□指挥使处□哥"[5]，"复州衙□指挥使"中阙字为"内"无疑，足见辽朝防御使亦下设衙内指挥使，统领衙军。

刺史亦下辖衙军，如应历十七年（967）《王仲福墓志》记载志主长子王廷珪，"充蓟州衙内军使"[6]；统和五年（987）《祐唐寺创建讲堂碑》见"前蓟州衙内军使王行友"等。[7] 蓟州为南京析津府辖下刺史州。保宁二年（970）《耿崇美墓志》记载，志主长孙耿延弼为"前儒州衙内指挥使"，次孙耿延煦为"前儒州

---

① 《祐唐寺创建讲堂碑》，向南、张国庆、李宇峰辑注：《辽代石刻文续编》，第347页。

② 《沈阳塔湾无垢净光舍利塔石函记》，向南、张国庆、李宇峰辑注：《辽代石刻文续编》，第357页。

③ 《吴景询墓志》，向南、张国庆、李宇峰辑注：《辽代石刻文续编》，第17页。

④ （元）脱脱等：《辽史》卷38《地理志二》，第538页。

⑤ 《吴景询墓志》，向南、张国庆、李宇峰辑注：《辽代石刻文续编》，第17页。

⑥ 《王仲福墓志》，向南、张国庆、李宇峰辑注：《辽代石刻文续编》，第8页。

⑦ 《祐唐寺创建讲堂碑》，向南、张国庆、李宇峰辑注：《辽代石刻文续编》，第347页。

山河指挥使"①。儒州为奉圣州武定军节镇辖下刺史州。天庆八年（1118）《郑士安实录铭记》见"永泰军衙职""燕京涿州前左都押衙"等。②永泰军为涿州军号。

由此可见，府州内部亦分设衙军与州军，衙军由衙内军使、随使押衙等负责，州军由马步使、军事衙推等佐理军务。辽朝驻军甚至深入至县下村、寨之中。如统和十年（992）《清水院陀罗尼幢题记》见"斋堂村山河直副兵马使刘彦超"③；大安八年（1092）《舍利塔题名》中见南京析津府昌平县麻峪寨"前指挥使张惟亮""前指挥使郭璘""旗鼓军使张五儿"等。④

由于黄龙府知府兼任黄龙府兵马都部署，⑤其下设有兵马都监，如乾统九年（1109）《萧孝资墓志》载志主弟萧孝宁"前充黄龙府兵马都监"⑥。黄龙府州军中还下辖一支铁骊军。据《辽史·兴宗纪》记载：重熙九年（1040）十一月，"女直侵边，发黄龙府铁骊军拒之"⑦。《地理志》载："祥州，瑞圣军，节度。兴宗以铁骊户置。兵事隶黄龙府都部署司"⑧。大康四年（1078）《秦德昌墓志》称志主"素于铁骊国创祥州以厝新民"⑨。辽朝对铁骊诸部的管辖模式应同样分为留后户与戍军两部分，居住于祥州者

① 《耿崇美墓志》，向南、张国庆、李宇峰辑注：《辽代石刻文续编》，第15页。

② 《郑士安实录铭记》，向南：《辽代石刻文编》，第674页。

③ 《清水院陀罗尼幢题记》，向南、张国庆、李宇峰辑注：《辽代石刻文续编》，第349页。

④ 《舍利塔题名》，向南、张国庆、李宇峰辑注：《辽代石刻文续编》，第210页。

⑤ 余蔚：《中国行政区划通史·辽金卷》，第71页。

⑥ 《萧孝资墓志》，向南、张国庆、李宇峰辑注：《辽代石刻文续编》，第266页。

⑦ （元）脱脱等：《辽史》卷18《兴宗纪一》，第250页。

⑧ （元）脱脱等：《辽史》卷38《地理志二》，第540页。

⑨ 《秦德昌墓志》，向南、张国庆、李宇峰辑注：《辽代石刻文续编》，第167页。

即铁骊留后户，因祥州"兵事隶黄龙府都部署司"，祥州铁骊户为黄龙府提供戍军，成为黄龙府铁骊军的兵员来源。由于黄龙府正兵仅五千人，[①] 天庆七年（1117）《孟初墓志》见志主于天庆二年（1112）十二月，"管押中京路汉军，戍黄龙府"[②]。辽廷亦调拨其他地区驻军作为对黄龙府驻防的补充。

沿边地区州、军、城中驻军相较于其他州、城有所不同。如建于重熙十二年（1043），西南面招讨司辖下为征伐西夏所置的金肃州与河清军。金肃州"割燕民三百户，防秋军一千实之"；河清军"徒民五百户，防秋兵一千人实之"[③]。"防秋"指为防备游牧部落趁秋高马肥时侵扰边境，抽调兵力进行防范。故唐人陆贽言"河陇陷蕃已来，西北边常以重兵守备，谓之防秋，皆河南、江淮诸镇之军也，更番往来，疲于戍役"[④]。《辽史·天祚皇帝纪》载天庆七年（1117）八月，"令都元帅秦晋王赴沿边，会四路兵马防秋"[⑤]。辽朝出于征伐、备御西夏的需要，建金肃州与河清军，驻扎在两地的军队皆为抽调而来的"防秋军"。金肃州、河清军的建置完全出于军事需要，从人数上看，防秋军为一至二个营级军事建制。类似于西北路招讨司治所镇州，驻军号"建安军"，驻扎在镇、防、维三州，下辖"诸部族二万余骑"，"专捍御室韦、羽厥等国，凡有征讨，不得抽移"[⑥]。

---

① （元）脱脱等：《辽史》卷36《兵卫志下》，第490页。

② 《孟初墓志》，向南、张国庆、李宇峰辑注：《辽代石刻文续编》，第298页。

③ （元）脱脱等：《辽史》卷41《地理志五》，第587页。

④ （后晋）刘昫等：《旧唐书》卷139《陆贽传》，第3804页。

⑤ （元）脱脱等：《辽史》卷28《天祚皇帝纪二》，第376页。

⑥ （元）脱脱等：《辽史》卷37《地理志一》，第509页。

沿边州、军、城驻军为辽朝根据边防需要因地制宜加以设置。

又如辽朝在辽宋接壤地区曾置有西南面招安巡检使司（西南面安抚使司），负责涿州、易州、蔚州等地的边境秩序维护与军事动向监控等事宜。① 保宁十一年（979）《耶律琮神道碑》载志主"授推忠奉国功臣、昭武军节度、利巴等州观察处置等使、特进、检校太傅、兼涿州刺史、西南面招安巡检使、契丹、奚、渤海、汉儿兵马都□□、漆水郡开国伯，食邑七伯（百）户。旋加左卫上将军，俾赏□□。公之莅涿郡也，仁政俱行，宽猛兼济，戢彼干戈，用兴民利。况涿郡也，地迫敌封，境连疆场。盗贼公行，天疠时降。内奸外宄，出入难虞。雀角□□，□□猜□。由是民心不一，诈伪万端，导行遁逃，聚散无常。豺狼满野，蛇虺盈效，唾毒穿乡，殄残井邑，边人畏惧，斥候日警"②。此时西南面招安巡检使治涿州，耶律琮以涿州刺史兼任西南面招安巡检使与契丹、奚、渤海、汉儿兵马都部署，涿州驻防除州军、衙军外，另有契丹、奚、汉、渤海诸军。

西南面招安巡检使辖下诸军分驻飞狐、灵丘等地。据开泰九年（1020）《耿延毅墓志》记载："统和十五年（997），国家方问罪赵宋氏，乃改授西南面招安使，旧以飞狐为理所，其副居灵丘。公以并、代、中山之界，实曰寇庭，莫不威信卒夫，谨严

---

① 康鹏指出，西南面安抚使的防务范围，存在涿州—蔚州（飞狐、灵丘）；易州—蔚州（飞狐、灵丘）；易州—蔚州—应州—朔州的变化过程。西南面安抚使司因其辖境处于燕京的西南方而得名，全称应为燕京西南面安抚使司，负责维护边境正常秩序、保障边境居民权益、监视边境军事动向等事宜。详见康鹏：《辽代五京体制研究》，第51-52页。

② 《耶律琮神道碑》，向南、张国庆、李宇峰辑注：《辽代石刻文续编》，第342页。

烽堠，夙夜不惰。周历四霜，乃至贼虐之师，无敢北顾。"①统和二十三年（1005）《王悦墓志》："出为飞狐招安副使。衔兹纶命，镇彼塞垣。不起烽烟，屡更星岁。回奉宣充祁沟兵马都监。揄扬叨略，宁谧关河。因抱良能，转加选用。又为燕京西南面巡检使。阿私不入，奸蠹旋除。白刃雕弧，神悍鬼慑。"②由此可见，西南面招安巡检使司治所由涿州移至蔚州飞狐县当在统和十五年（997）之前。故统和四年（986），面对宋将田重进所部进军飞狐北界，辽朝西南面招安使大鹏翼率军迎战。③

　　移至飞狐后，西南面招安巡检使治飞狐，副使治蔚州灵丘县。据《大清一统志》记载："（飞狐口）其地两崖峭立，一线微通，迤逦蜿蜒，百有余里……山北诸州之襟喉也。今其地东走宣化，西趋大同，商贾毕集于此。紫荆、倒马两关，恃飞狐为外险。"④足见西南面招安巡检使司移至飞狐，是鉴于飞狐口重要的战略位置，驻军加以守御。同样王悦由飞狐招安副使（西南面招安巡检副使）充祁沟兵马都监，亦为西南面招安巡检使司辖区内调动。据《读史方舆纪要》记载：岐沟"（涿）州西南四十里。亦曰奇沟，又为祁沟……关在易州拒马河之北，自关而西至易州六十里，由拒马河而东至新城县四十里"⑤。可见西

---

① 《耿延毅墓志》，向南：《辽代石刻文编》，第160页。

② 《王悦墓志》，向南：《辽代石刻文编》，第113页。

③ （宋）李焘撰，上海师范大学古籍整理研究所、华东师范大学古籍整理研究所点校：《续资治通鉴长编》卷27，太宗雍熙三年（986）三月辛巳条，第608页。

④ （清）穆彰阿、潘锡恩等修纂，王文楚等点校：《大清一统志》卷48《易州直隶州二·关隘》，上海：上海古籍出版社，2022年，第1435页。

⑤ （清）顾祖禹撰，贺次君、施和金点校：《读史方舆纪要》卷11《北直二》，北京：中华书局，2005年，第470页。

南面招安巡检使司负责涿州、蔚州、易州①等地区防务。

西南面招安巡检使辖下契丹、奚、汉、渤海诸军应分置于飞狐、灵丘等战略要地。参照《辽史·圣宗纪》记载：统和四年（986）三月，"武定军马步军都指挥使、郢州防御使吕行德、副都指挥使张继从、马军都指挥使刘知进等以飞狐叛，附于宋……步军都指挥使穆超以灵丘叛，附于宋"②。战时鉴于飞狐、灵丘的特殊战略地位，辽朝调集奉圣州武定军节度使辖下马步军协助当地驻军驻防，其中武定军马步军都指挥使、副都指挥使、马军都指挥使驻飞狐，步军都指挥使驻防灵丘。

《辽史·圣宗纪》载：统和二十三年（1005）三月，"改易州飞狐招安使为安抚使"③。《续资治通鉴长编》亦载，宋真宗景德二年（1005）六月，"（宋）定州军城寨言，得契丹西南面飞狐安抚使牒，请谕采木民无越疆境"④。在此之后，西南面安抚使司治所迁至易州，由易州刺史兼任。如重熙六年（1037）《韩橁墓志》记载：太平五年（1025），"授房州观察使，知易州军州事，兼沿边安抚屯田使，充兵马钤辖。其地也，背依上谷，目睨中山"⑤。寿昌四年（1098）《易州兴国寺太子诞圣邑碑》见"右监门卫大

---

① 据《辽史》卷14《圣宗纪五》记载：统和二十三年（1005）三月，"改易州飞狐招安使为安抚使"。（第175页）既曰"易州—（蔚州）飞狐"招安使，西南面招安巡检使负责易州地区防务无疑。

② （元）脱脱等：《辽史》卷11《圣宗纪二》，第128-129页。

③ （元）脱脱等：《辽史》卷14《圣宗纪五》，第175页。

④ （宋）李焘撰，上海师范大学古籍整理研究所、华东师范大学古籍整理研究所点校：《续资治通鉴长编》卷60，真宗景德二年（1005）六月丙申条，第1347页。

⑤ 《韩橁墓志》，向南：《辽代石刻文编》，第206页。

将军、知易州军州事、沿边巡检安抚屯田劝农等使耶律迁"①。《辽史·萧文传》称："寿隆（昌）末，知易州，兼西南面安抚使。"②下设"西南面安抚副使"③。由韩橁兼任"兵马钤辖"可知，辽朝在南京析津府西南部各战略要地仍置有一定数量驻军，④由西南面安抚使统辖。

除飞狐口外，辽朝在各隘口、垭口均置有驻军。如应历五年（955）《北郑院邑人起建陀罗尼幢记》见"青白军使、兼西山巡都指挥使、银青崇禄大夫、检校尚书右仆射、御史大夫、上柱国陈延贞"⑤。《陈万墓志》亦载其子陈延贞为"前燕京青白军使、检校司空"⑥。统和十年（992）《清水院陀罗尼幢题记》见"青白军都押衙杜彦均"等。⑦青白军即驻扎在青白口的军队。青白口位于北京西，为通往河北、山西之孔道。西山巡都指挥使即负责南京析津府西山一带治安之军官。⑧开泰四年（1015）《耶律元宁墓志》载志主"奉宣于西品府，为三镇口巡检使"⑨。太平三年（1023）《耶律道清墓志》称："考讳延宁，云、应、朔三镇山口都

---

① 《易州兴国寺太子诞圣邑碑》，向南：《辽代石刻文编》，第487页。

② （元）脱脱等：《辽史》卷105《萧文传》，第1609页。

③ 《赵为干墓志》，向南：《辽代石刻文编》，第219—220页。《赵匡禹墓志》，向南：《辽代石刻文编》，第300页。

④ 如位于易州和涿州之间的牛栏寨，据辽末《宣和录》记载，"皆契丹素屯兵马去处，声援相接"。[（宋）徐梦莘：《三朝北盟会编》卷16《政宣上帙十六》引《宣和录》，第114—115页]

⑤ 《北郑院邑人起建陀罗尼幢记》，向南：《辽代石刻文编》，第11页。

⑥ 《陈万墓志》，向南：《辽代石刻文编》，第16页。

⑦ 《清水院陀罗尼幢题记》，向南、张国庆、李宇峰辑注：《辽代石刻文续编》，第350页。

⑧ 向南：《辽代石刻文编》，第12—13页。

⑨ 《耶律元宁墓志》，向南、张国庆、李宇峰辑注：《辽代石刻文续编》，第58页。

巡检使，提点三镇节度使事。"①可知三镇山口指云、应、朔三镇山口，亦属关隘驻防。太平元年（1021）《耶律霞兹墓志》又见"向北押达边口铺"②。达边口，地名，具体地点不详。《耶律宗福墓志》载志主"因率部兵，直抵边口"③。辽朝于沿边障塞险阻控御之处设有驻军，其驻防之地称"铺"④。可见耶律霞兹曾负责北方关隘驻防事务。《宋故左朝请大夫直龙图阁章公墓志铭》中还见辽末"松亭关戍卒二千人，号食粮军"⑤。松亭关即喜峰口，古称卢龙塞，是辽朝平州辽兴军节度使辖区内的咽喉要道之一，辽朝于此亦置有两千驻军。

此外还有沿边堡寨，如《辽史·耶律侯哂传》记载："侯哂初为西南巡边官，以廉洁称，累迁南京统军使，寻为北院大王。重熙十一年，党项部人多叛入西夏，侯哂受诏，巡西边沿河要地，多建城堡以镇之，徙东京留守"⑥。《契丹国志》记载："东北至生女真国……精于骑射，前后屡与契丹为边患，契丹亦设防备。南北二千余里，沿边创筑城堡，搬运粮草，差拨兵甲，屯

---

① 《耶律道清墓志》，向南、张国庆、李宇峰辑注：《辽代石刻文续编》，第65页。

② 《耶律霞兹墓志》，向南、张国庆、李宇峰辑注：《辽代石刻文续编》，第60页。

③ 《耶律宗福墓志》，向南、张国庆、李宇峰辑注：《辽代石刻文续编》，第142页。

④ 详见张国庆：《辽朝边铺探微》，《中国边疆史地研究》2016年第2期，第39-48页。按：辽朝"边铺"制度承自唐五代，据王曾《上契丹事》记载："至古北口。两旁峻崖，中有路，仅容车轨；口北有铺，毂弓连绳，本范阳防扼奚、契丹之所"。[（宋）叶隆礼撰，贾敬颜、林荣贵点校：《契丹国志》卷24《王沂公行程录》，第258页]

⑤ （宋）孙觌：《鸿庆居士集》卷33《宋故左朝请大夫直龙图阁章公墓志铭》，景印文渊阁四库全书第一一三五册，台北：台湾商务印书馆，1986年，第342页。

⑥ （元）脱脱等：《辽史》卷92《耶律侯哂传》，第1507页。

守征讨，三十年来，深为患耳。"① 高丽《大辽事迹》亦载："东京沿女直界至鸭渌江：军堡凡七十，各守军二十人，计正兵一千四百。"② 不一一赘述。

余　论

综上所述，辽朝五京留守、大蕃府知府、节度使、观察使、防御使、刺史皆下辖军队，除衙军与州军外，部分府州长官还通过军事兼衔统辖辽朝部署的其他军队。辽代京州驻军遍布各战略要地与交通要道，为辽朝"雄长二百余年"③ 作出重要贡献。

以辽朝防御宋朝的南面防务为例，辽朝幽云地区府州相当于今北京市和天津市的大部，以及河北省北部及山西省北部的部分地区，具有重要战略意义。外长城（边墙）绵亘于幽云十六州的北部，内长城（次墙）与太行山北支将幽云十六州在地形地貌上分为山前与山后两个地区。山南诸州（幽州镇）位于山前地区，多平原；山北诸州（奉圣、蔚、云、应、朔州等）位于山后地区，多山地。内长城在山脉缺口处设置了内三关（居庸关、紫荆关、倒马关）与外三关（偏关、宁武关、雁门关）。辽朝获得幽州镇，使辽朝获得了内三关上的居庸关与紫荆关，使得中原政权在华北平原上无险可守。获得奉圣、云、朔等州，由于山后地区

---

① （宋）叶隆礼撰，贾敬颜、林荣贵点校：《契丹国志》卷22《州县载记·四至邻国地里远近》，第237页。

② （元）脱脱等：《辽史》卷36《兵卫志下》，第490页。

③ （元）脱脱等：《辽史》卷46《百官志二》，第825页。

位于黄土高原东北部，多山脉、盆地，海拔较高。又使得中原政权即使从外三关出兵，由于山后地区地势险要，也不利于大规模军队的展开。

如此，相比于中原政权"自定州西山东至沧海，千里之地，皆须应敌"①的防守区域，辽朝在战略上处于绝对优势。宋人对幽云十六州的战略地位有着深刻认识，如许亢宗在《宣和乙巳奉使金国行程录》中写道："幽州之地沃野千里。北限大山，重峦复岭，中有五关。居庸可以行大车，通转粮饷；松亭、金坡、古北口止通人马，不可行车。外有十八小路，尽兔径鸟道，止能通人，不可走马……夷狄自古为寇，则多自云中雁门，未尝有自渔阳、上谷而至者。昔自石晋割弃，契丹以此控制我朝……愚谓天下视燕为北门，失幽、蓟五州之地，则天下常不安"②。深刻反映出辽朝在获得幽州镇后，控制了居庸关、古北口等关隘，可以直接出兵华北平原，而宋朝的北境则无险可守。

由此，我们可以更好地理解辽朝面对北宋来伐时的对策。由于辽朝获得了幽云十六州与平州，使得北宋出兵只剩下北出瓦桥关、飞狐口、雁门关三条路线。以北宋雍熙北伐为例，统和四年（986）三月，当圣宗面对"宋遣曹彬、崔彦进、米信由雄州道，③

---

① （宋）李焘撰，上海师范大学古籍整理研究所、华东师范大学古籍整理研究所点校：《续资治通鉴长编》卷46，真宗咸平三年（1000）三月是春条，第999页。

② （宋）许亢宗：《宣和乙巳奉使金国行程录》，赵永春辑注：《奉使辽金行录》（增订本），第214-215页。

③ 据《太平寰宇记》卷67《河北道十六》雄州条记载："雄州，本涿州归义县之瓦子济桥，在涿州南，易州东，当九河之末，旧置瓦桥关，周显德六年收复三关，以其地控扼幽、蓟，建为雄州"。[（宋）乐史撰，王文楚等点校：《太平寰宇记》，北京：中华书局，2007年，第1363页]

田重进飞狐道，潘美、杨继业雁门道来侵"时，辽廷命"林牙勤德以兵守平州之海岸以备宋。仍报平州节度使迪里姑，若勤德未至，遣人趣行；马乏则括民马，铠甲阙则取于显州之甲坊"①。先守住平州镇，防止宋军由海路来袭。面对潘美、杨继业连下朔州、应州、云州等镇，辽朝并未在山后地区与宋军决战，而是发挥山后地区多山的特点，利用战略纵深与宋军周旋。相反，集中优势兵力与曹彬率领的东路军决战，利用华北平原平坦广阔的有利地形，发挥辽军骑兵的长处。五月，辽军大破曹彬、米信率领的东路军于岐沟关。此后，宋军被各个击破，雍熙北伐以失败告终。

同时，辽代驻军遍布各战略要地，推动地方军事网络体系的形成。辽代交通路线中，东西向由东京辽阳府前往中京大定府的交通路线，据《武经总要》记载，存在南北两条。其中北路由东京西行，历经乾州（今辽宁北镇观音阁街道观音洞）、显州（今辽宁北镇街道北镇庙）、宜州（今辽宁义县）和霸州（今辽宁朝阳）诸州，抵达中京。宜州位于大凌河谷道，是由乾、显诸州去往霸州（兴中府）的必经之路。②霸州（兴中府）不仅是辽西地区的交通枢纽，同时还是"草原丝绸之路"的东端，具有举足轻重的战略地位。③

---

① （元）脱脱等：《辽史》卷11《圣宗纪二》，第128页。

② （宋）曾公亮等撰，郑诚整理：《武经总要前集》卷16下《北番地理》，长沙：湖南科学技术出版社，2017年，第995—996页。王绵厚、朴文英：《中国东北与东北亚古代交通史》，沈阳：辽宁人民出版社，2016年，第328页。

③ 杜晓勤：《"草原丝绸之路"兴盛的历史过程考述》，《西南民族大学学报（人文社会科学版）》2017年第12期，第5页。

辽代南北向交通路线，据两《五代史》关于后晋末帝石重贵于会同六年（943）北迁黄龙府的行程路线记载可知，石重贵一行由幽州（今北京）东北行，由平州（今河北卢龙）傍海路出榆关，经锦州（今辽宁锦州），东出辽阳府（今辽宁辽阳），北行至黄龙府（今吉林四平①）。这条交通路线经过有辽一代的不断发展完善，逐渐成为贯通辽代东北地区南北方向的通衢干线，途经的军事要地包括平州—锦州—海州（今辽宁海城）—沈州（今辽宁沈阳）—兴州（今辽宁铁岭西南53里新台子镇懿路村）—同州（今辽宁开原南24里中固镇）—咸州（今辽宁开原东北17里老城街道）—信州（今吉林公主岭西北73里秦家屯镇）—祥州（今吉林农安东北55里万金塔乡）—宾州（今吉林农安东北110里靠山镇广元店）等，这条南北向交通路线，奠定了今天京哈铁路的基础。

正如降宋辽人史愿将辽朝的军队部署方式，概括为"所在分布，诸番与汉军，咸以牙爪相制"②。辽朝京州军在与部族军、宫卫的协同配合下，最终为辽朝以京府州军城驻军与部族驻防为点，军事网络为线，军事区划为面的驻防体系的形成奠定基础。

---

① 按：辽朝前后期龙州黄龙府的位置发生变化。前期龙州黄龙府在原渤海国扶余府地，治今吉林四平。保宁七年（975）因燕颇之乱而废府，于原址附近置通州。开泰九年（1020），于原黄龙府（即保宁七年后之通州）东北，异地恢复龙州黄龙府建置。开泰九年后，龙州黄龙府治今吉林农安。（余蔚：《中国行政区划通史·辽金卷》，第233页）

② （宋）徐梦莘：《三朝北盟会编》卷21《政宣上帙二十一》引《亡辽录》，第153页。

第五章　分区化与层级化：辽朝军事区划与驻防运作

　　前文已基本还原辽朝宫卫、部族、京州诸军的驻防模式，接下来需要进一步思考的问题为辽朝协调诸军种协防运作的军事区划如何存在？即如王曾瑜先生所言，依照今人的军区概念，辽朝不同层级的军区如何划分？据《辽史·百官志》记载，辽朝存在都部署司、招讨司、统军司等军事机构。《地理志》记载辽朝州、军、城兵事隶属于招讨司、统军司等。《营卫志》《兵卫志》记载统军司、招讨司等军事机构还下辖部族军。前辈学者据此对辽朝军事区划展开研究。康鹏提出五京道不是行政区划，而是高级军事区划，并提出五京体制概念。①王曾瑜将辽朝地方军区分为大军区和小军区，大军区包括五京留守辖区、西南面招讨司辖区、西北路招讨司辖区、东北路统军司辖区，小军区包括节度使辖区，以及辽朝在一些军事要冲设置的军事机构辖区。②余蔚认为，辽朝存在军政一体的高级军事区划，但上京、中京留守辖区不在

---

① 康鹏：《辽代五京体制研究》，北京：北京大学博士学位论文，2007 年。康鹏：《辽代五京体制研究》，北京：中国社会科学出版社，2023 年。
② 王曾瑜：《辽金军制》，第 39—61 页。

其列。① 这些研究推进了我们对辽代军事区划的认识，但如何界定辽朝军事区划概念，诸家皆具有主观性，未必符合辽代原貌，不仅各家判定标准不一，甚至对于不同军事区的界定也采用不同标准。②

　　史愿在《亡辽录》中，将辽朝地方军事区划分为沙漠之北、云中路、燕山路、中京路、上京路、辽阳路、长春路七处。③《辽史·百官志》"北面边防官"条将辽朝地方军事区划分为上京路、辽阳路、长春路、南京、西京、西北路、东北路、东路、西南边、西路等十个大区。④ 综合《亡辽录》《百官志》以及《地理志》《营卫志》《兵卫志》等记述来看，辽朝在州、军、城之上设置更高一级军事机构，以统辖辖区内军事事务，形成地方军事区划，其中最高一级军事区划，被《百官志》和《亡辽录》称为"某某路"，学人一般称之为"军事路"，以与"财赋路""五京道"相区分。⑤ 然而《亡辽录》与《百官志》将各类军事机构混杂罗列于各"路"之下，既不记述其辖境，亦未说明不同军事区划间的层级关系。本章拟从考辨《辽史·地理志》记载的州、军、城与各

---

① 余蔚：《中国行政区划通史·辽金卷》，第44-88页。
② 例如康鹏、余蔚等学者在研究东京道、西京道下军事区划时，依据《辽史·地理志》所载各州、军、城与军事机构间隶属关系，划定不同军事区划。他们在研究上京道、中京道时，因《辽史·地理志》不载"兵事"隶属关系，又以上京、中京周边多驻扎部族军，认为辽朝未设置高级地方军事机构。参见康鹏：《辽代五京体制研究》，第118-119页。余蔚：《中国行政区划通史·辽金卷》，第46-47页。
③ （宋）徐梦莘：《三朝北盟会编》卷21《政宣上帙二十一》引《亡辽录》，第152-153页。
④ （元）脱脱等：《辽史》卷46《百官志二》，第832-842页。
⑤ 余蔚：《中国行政区划通史·辽金卷》，第44页。

军事机构间"兵事"隶属关系入手，厘清辽代军事区划体系，进而探讨和平状态下辽朝驻防体系的运作实态。

第一节　释《辽史·地理志》"兵事隶／属"

据《辽史·地理志》记载，州、军、城与上级军事机构间的关系存在三种类型，分别为"兵事隶／属""隶／属"和不载其隶属关系。其中记载"兵事隶／属"者，例如长春州韶阳军"兵事隶东北统军司"、显州奉先军"兵事属东京都部署司"、奉圣州武定军"兵事属西京都部署司"等，共44处，分别隶属于8个军事机构：

1. 东北统军司，下辖节度州二：泰州德昌军、长春州韶阳军；观察州一：宁江州混同军。

2. 北女真兵马司，下辖节度州五：龙化州兴国军、辽州始平军、双州保安军、同州镇安军、咸州安东军；刺史州七：祺州祐圣军、韩州东平军、银州富国军、郢州彰圣军、铜州广利军、肃州信陵军、安州。

3. 东京统军司，下辖节度州一：开州镇国军；观察州一：宁州；防御州一：衍州安广军；刺史州四：湖州兴利军、渤州清化军、顺化城向义军、连州德昌军；城一：来远城。

4. 东京都部署司，下辖节度州四：显州奉先军、乾州广德军、贵德州宁远军、沈州昭德军。

5. 南女真汤河司，下辖节度州二：苏州安复军、复州怀德军；观察州一：归州；防御州一：镇海府；刺史州二：卢州玄德军、涞州。

6. 黄龙府都部署司，下辖节度州三：信州彰圣军、宾州怀化军、祥州瑞圣军。

7. 西南面招讨司，下辖节度州二：丰州天德军、云内州开远军；刺史州二：宁边州镇西军、东胜州武兴军。

8. 西京都部署司，下辖节度州四：奉圣州武定军、蔚州忠顺军、应州彰国军、朔州顺义军。

《辽史·地理志》载"兵事隶/属"当指州、军、城在军事上隶属于相应的军事机构。辽代州、军、城各有军队，所谓州军，即上文所言"京州军"。前文已述，辽代诸州驻军的制度承自唐制，"唐制：诸州有军，故刺史衔带使持节某州诸军事某州刺史"[①]，辽朝留守、节度使、观察使、防御使、刺史等皆统军队。辽代各州多有军额，比如"辰州，奉国军，节度"，"铁州，建武军，刺史"等[②]，此即诸州驻军之明证。特别是刺史州带军额，此为辽朝创举。辽末女真首领完颜阿骨打曾派人前往辽朝打探情报，得到"惟四院统军司与宁江州军及渤海八百人"的

---

① （宋）赵彦卫撰，傅根清点校：《云麓漫钞》卷3，第38页。例如景宗乾亨三年（981）《王裕墓志》载志主为"顺州刺史，崇禄大夫、检校尚书右仆射、使持节顺州诸军事、行顺州刺史"（向南：《辽代石刻文编》，第63页）。王裕任顺州刺史，带"使持节顺州诸军事"。
② （元）脱脱等：《辽史》卷38《地理志二》，第522、523页。

回复，其中提到的"宁江州军"，[①] 即辽代州军存在之实例。

州军隶属于相应的军事机构，例如《辽史·地理志》载："来远城，本熟女直地。统和中伐高丽，以燕军骁猛，置两指挥，建城防戍。兵事属东京统军司"。[②] 来远城初建之时，辽朝调燕（南京）军驻防。燕军原隶属于南京都元帅府，驻防来远城后，改隶属东京统军司。《辽史·地理志》所言"兵事隶/属"并非一纸虚文，相应军事机构负责诸州的防务和平叛事宜。防务方面，天庆四年（1114）七月，完颜阿骨打起兵，"首犯混同江之宁江州，东北路统军司遽具状以闻"[③]。宁江州兵事属东北路统军司，女真人进攻宁江州，由东北路统军司向朝廷汇报。《辽史·萧兀纳传》记载，"及金兵来侵，战于宁江州，其孙移敌塞死之，兀纳退走入城。留官属守御，自以三百骑渡混同江而西，城遂陷"[④]。萧兀纳（萧挞不也）时任东北路统军使，金军进攻宁江州时，萧兀纳一边上报朝廷，一边率军抵御。天庆七年（1117）正月，"女直军攻春州，东北面诸军不战自溃，女古、皮室四部及渤海人皆降，复下泰州"[⑤]。泰州兵事亦隶属于东北路统军司，然此时东北路统军司军队主力已被金军击溃，无法对辖区各州实施有效保护，故长春州、泰州相继被金军攻克。保大二年（1122）四月，"西南面招讨使耶律佛顶降金，云内、宁边、东胜等州皆

① （元）脱脱等：《金史》卷2《太祖纪》，第25页。
② （元）脱脱等：《辽史》卷38《地理志二》，第522页。
③ （宋）徐梦莘：《三朝北盟会编》卷21《政宣上帙二十一》引《亡辽录》，第150页。
④ （元）脱脱等：《辽史》卷98《萧兀纳传》，第1556页。
⑤ （元）脱脱等：《辽史》卷28《天祚皇帝纪二》，第375页。

降"①。云内、宁远、东胜三州兵事皆隶属于西南面招讨司，西南面招讨使降金后，下辖各州亦降，从反面可证军事机构负责辖区内州、军、城军务。平叛方面，天庆六年（1116）七月，"春州渤海二千余户叛，东北路统军使勒兵追及，尽俘以还"②。春州即长春州，兵事同样隶东北路统军司，因而长春州发生叛乱，需由东北路统军使率军平定。

除"兵事隶/属"外，《辽史·地理志》还有四处州、军仅载其"隶/属"相应的军事机构，③而不称作"兵事隶/属"，分别为招州绥远军"隶西北路招讨司"④、保州宣义军"隶东京统军司"⑤、金肃州"属西南面招讨司"、河清军"属西南面招讨司"⑥。招州为辽朝西北界边防城，"开泰三年以女直户置"，"因屯戍而立，务据形胜，不资丁赋"⑦。边防城建置完全出于军事需要，几无民政事务，故招州"隶西北路招讨司"即"兵事隶"西北路招讨司，"民事"亦由其代管。⑧保州之来远县，"初徙辽西诸县民实之，又徙奚、汉兵七百防戍焉"⑨。保州初建之时，辽朝迁辽西县民置倚郭县，又迁奚、汉军七百戍防。金肃州、河清军均建

---

① （元）脱脱等：《辽史》卷29《天祚皇帝纪三》，第386页。
② （元）脱脱等：《辽史》卷28《天祚皇帝纪二》，第375页。
③ 《辽史·地理志》另有"隶"上京、东京留守者，因上京、东京留守司非纯粹军事机构，暂不置于此，详见下文。
④ （元）脱脱等：《辽史》卷37《地理志一》，第510页。
⑤ （元）脱脱等：《辽史》卷38《地理志二》，第521页。
⑥ （元）脱脱等：《辽史》卷41《地理志五》，第587页。
⑦ （元）脱脱等：《辽史》卷37《地理志一》，第510、509页。
⑧ 陈得芝：《辽代的西北路招讨司》，中国社会科学院历史研究所宋辽金元史研究室编：《宋辽金史论丛》第1辑，北京：中华书局，1985年，第270页。
⑨ （元）脱脱等：《辽史》卷38《地理志二》，第522页。

于重熙十二年（1043），为征伐西夏所置。金肃州"割燕民三百户，防秋军一千实之"；河清军"徙民五百户，防秋兵一千人实之"①。辽兴宗出于征伐、备御西夏的需要，建金肃州与河清军，驻扎在两地的军民皆为抽调而来的"防秋军"与迁徙戍边的民户。参照西北路招讨司治镇州，"选诸部族二万余骑充屯军，专捍御室韦、羽厥等国，凡有征讨，不得抽移。渤海、女直、汉人配流之家七百余户，分居镇、防、维三州"②。保州、金肃州、河清军同为辽朝建于边界的边防城，与西北界边防城一样，完全出于军事需要，兵事、民事皆隶属相应的军事机构。圣宗太平九年（1029）大延琳叛乱时，曾致书保州戍将夏行美，"使图统帅耶律蒲古"③。耶律蒲古时任东京统军使，④大延琳希望夏行美谋害上司耶律蒲古，正是保州在军事上隶属东京统军司的体现。又《辽史·耶律仆里笃传》记载，"（重熙）十八年，伐夏，摄西南面招讨使。十九年，夏人侵金肃军，败之，斩首万余级，加右武卫上将军"⑤。金肃军（州）防务即由所隶西南面招讨司负责。

综上，依据《辽史·地理志》所言"兵事隶/属"，可划定东北路统军司、北女真兵马司、东京统军司、东京都部署司、南女真汤河司、黄龙府都部署司、西南面招讨司、西京都部署司、西北路招讨司等九处军事机构。"兵事隶/属"即指州、军、城在军

---

① （元）脱脱等：《辽史》卷41《地理志五》，第587页。
② （元）脱脱等：《辽史》卷37《地理志一》，第509页。
③ （元）脱脱等：《辽史》卷17《圣宗纪八》，第230页。
④ （元）脱脱等：《辽史》卷87《耶律蒲古传》，第1470页。
⑤ （元）脱脱等：《辽史》卷91《耶律仆里笃传》，第1503页。

队、防务等方面皆隶属于相应军事机构。

第二节　留守知兵事与五京"军事路"

《辽史·地理志》记载的"兵事隶/属"指州、军、城与军事机构间的隶属关系，那么，其他《辽史·地理志》未载明其"兵事"隶属关系的州、军、城的隶属又当如何？这或许可从五京留守或留守兼任的高级军事机构长官（如都元帅、兵马都部署等）的职掌中找寻答案。

据《续资治通鉴长编》记载，宋神宗元丰四年（辽道宗大康七年，1081），宋河北诸路谍报称："北界帐前指挥七月中会五京留守及南北王府主兵官、诸招讨于中京议事"。①辽朝召开高级军事会议，五京留守与诸招讨使均到场参加，可见五京留守与主兵官、招讨使一样，皆为高级军事长官。前文研究已指出，南京留守兼任南京都元帅（兵马都总管）、西京留守兼任西京兵马都部署、东京留守兼任东京兵马都部署等军事机构长官。那么，五京留守在军事上的统辖范围及其兼任的军事机构长官的统辖范围分别涵盖哪些州、军、城？②

《辽史·地理志》"南京道"记载：

---

① （宋）李焘撰，上海师范大学古籍整理研究所、华东师范大学古籍整理研究所点校：《续资治通鉴长编》卷313，神宗元丰四年（1081）六月丁丑条，第7591页。
② 五京留守及其兼任的军事机构长官下辖军队详见第四章第一节，此处仅探讨五京留守在军事上的统辖范围及其兼任的军事机构长官的统辖范围。

> 南京析津府，统州六、县十一。
>
> 平州，辽兴军，上，节度。统州二、县三。①

辽承晚唐五代节镇体制，节度使兼本州刺史统领本州，又兼观察处置使统辖支州。以平州辽兴军为例，太平七年（1027）《耶律遂正墓志》记载耶律遂正的部分结衔为"辽兴军节度、平、滦、营等州观察、处置、巡检、屯田、劝农等使……使持节平州诸军事、平州刺史"②。耶律遂正作为辽兴军节度使，平州为辽兴军之本州，他以平州刺史治理本州，卢龙、安喜、望都三县为平州属县，即平州刺史的管辖范围，是为"统县三"；又兼观察处置使，管辖滦州、营州，是为"统州二"。

南京析津府由幽州卢龙军节镇升格而来，本质上仍为节镇体制，③故《辽史·地理志》记载其与平州辽兴军节镇的统辖模式相同，皆为"统州、县"。参照节镇体制可知，府尹与留守辖区并不相同，二者虽往往由一人兼任，但分为二府，类似于节镇内部"州院"与"使院"的划分。④析津府尹辖区由幽州刺史辖区发展而来，即《辽史·地理志》记载析津府下辖十一县（析津县、宛平县、昌平县、良乡县、潞县、安次县、永清县、武清县、香河县、玉河县、漷阴县）。虽然幽州在升府的过程中，辽朝增置其

---

① （元）脱脱等：《辽史》卷40《地理志四》，第561-562、568页。

② 《耶律遂正墓志》，向南、张国庆、李宇峰辑注：《辽代石刻文续编》，第68页。

③ 陈俊达：《辽朝节镇体制研究》，第94-95页。

④ 参见苗书梅：《宋代的"使院"、"州院"试析》，四川大学古籍整理研究所、四川大学宋代文化研究中心编：《宋代文化研究》第十七辑，成都：四川大学出版社，2009年，第171-172页。

下辖县的数量，但府尹与刺史的管辖范围，本质上并无不同。南京留守辖区由卢龙军节度使辖区发展而来，即《辽史·地理志》记载南京留守除析津府外"统州六"。顺州归化军、檀州武威军、涿州永泰军、易州高阳军、蓟州尚武军、景州清安军六处州军隶属于南京留守。辽兴军节镇不隶属于南京留守司，二者在民政、军事等方面均为平行机构。①

《亡辽录》所言"燕山路（南京路）"非南京留守辖区，而是南京都元帅（兵马都总管）辖区。早在会同元年（938）十一月，幽云十六州入辽，太宗任命赵延寿"迁（南京）留守"，"总山南事"②。"山南"指燕山山脉以南，包括幽云十六州中的幽、蓟、瀛、莫、涿、檀、顺七州，以及辽兴军节度使辖区内平、滦、营三州。平州辽兴军非隶属于南京留守赵延寿，而是因赵延寿"总山南事"，故燕山山脉以南所有节镇及下辖州县皆受其总领，此为高级军事区划"南京路"之雏形。

至穆宗朝，南京留守"总山南事"正式定型为南京留守兼任兵马都总管（都元帅）。《辽史·穆宗纪》称：应历九年（959）四月，"丙戌，周来侵。戊戌，以南京留守萧思温为兵马都总管击之"③。南

---

① 在财赋方面，辽朝在辽兴军节度使辖区设钱帛司，与南京三司使司并列为高级财赋机构。军事上，《金史》称"平州自入契丹别为一军"，即是指节镇体制下，南京留守对辽兴军节度使辖区内的军队无管辖权。民政上，辽朝政令分别下达给南京、平州的记载更是比比皆是。如"免南京、平州租税"，"南京、平州水，振之"，"南京、平州岁不登，奏免百姓农器钱"等。参见（元）脱脱等：《辽史》卷14《圣宗纪五》、卷15《圣宗纪六》、卷48《百官志四》、卷82《耶律隆运传》，第171、185、916、1422页。（元）脱脱：《金史》卷133《张觉传》，第3002页。

② （元）脱脱等：《辽史》卷76《赵延寿传》，第1376页。

③ （元）脱脱等：《辽史》卷6《穆宗纪上》，第83页。

京兵马都总管始见于此，此后例由南京留守兼任。①又《辽史·百官志》记载："南京都元帅府。本南京兵马都总管府，兴宗重熙四年改。有都元帅、大元帅。"②虽然《辽史·百官志》称重熙四年（1035）后，都总管改称都元帅，但时人实未详细区分。③比如《秦王发愿纪事碑》记载萧孝穆的结衔为"燕京留守、兵马大元帅"④，而《辽史·萧孝穆传》却记为"南京留守、兵马都总管"⑤。

辽兴军节度使辖区在军事上隶属于南京都元帅府（兵马都总管府）。作为南京的东部"藩篱"⑥，平州处于辽西陆路与海路的交通咽喉部位，既是东北与中原陆上交通的重要门户，也是海防前沿，辖区内南有榆关，北有卢龙塞，⑦宋金以前东北与中原之间的三条道路中有两条都经过平州。⑧早在清代，顾祖禹在《读史方舆纪要》中总结平州的军事价值，认为平州"西接蓟门，东达渝关，负山阻海，四塞险固"。认为五代政权由于失去平州所以不敌契丹，北宋的灭亡也是由于平州被金人获得。失去营州，

① 林鹄：《辽史百官志考订》，第130页。
② （元）脱脱等：《辽史》卷46《百官志二》，第836页。
③ 康鹏：《辽代五京体制研究》，第20页。
④ 《秦王发愿纪事碑》，向南：《辽代石刻文编》，第198页。
⑤ （元）脱脱等：《辽史》卷87《萧孝穆传》，第1465页。
⑥ （清）顾祖禹撰，贺次君、施和金点校：《读史方舆纪要》卷17《北直八》，北京：中华书局，2005年，第750页。
⑦ 参见（清）顾祖禹撰，贺次君、施和金点校：《读史方舆纪要》卷17《北直八》，第749—750页。
⑧ 辛德勇认为，宋金以前东北与中原之间有三条主要交通路线，分别为经山海关走辽西走廊的"傍海道"、由今喜峰口通过燕山的"卢龙道"和由今古北口通过燕山的"古北道"。[辛德勇：《论宋金以前东北与中原之间的交通》，《陕西师大学报（哲学社会科学版）》，1984年第2期，第105页]"傍海道"与"卢龙道"皆途经平州。

还可以凭借渝关抵抗契丹；而失去平州，则幽州以东"无复藩篱"，无险可守。契丹在攻取平州至获得幽云十六州之前，皆由平州出兵，向西进攻涿、易等州。①因此，当统和四年（986），北宋大举攻辽之时，耶律化哥"擒谍者，知敌由海路来袭，即先据平州要地"②。随后圣宗"诏林牙勤德以兵守平州之海岸以备宋。仍报平州节度使迪里姑，若勤德未至，遣人趣行；马乏则括民马，铠甲阙则取于显州之甲坊"③。先守住以平州为中心的辽兴军节镇，防止宋军经由海路来袭。基于辽兴军节度使辖区的重要战略地位，南京都元帅府下设"管押平州甲马司"④，负责监管平、滦、营三州的州军、乡兵。之所以尚未见于史料记载，或由于长官由他职兼领，或由于有辽一代辽兴军节度使辖区始终未发生叛乱。至辽末张毂"知辽必亡，练兵畜马，籍丁壮为备"，妄图依靠乡兵割据独立为"藩镇"⑤。但此时辽朝分裂，无暇顾及张毂之乱，"管押平州甲马"更是心有余而力不足。作为高级军事区划的"南京路"包括南京留守辖区与辽兴军节度使辖区，辽兴军节度使受南京都元帅（兵马都总管）节制，只是由于都元帅（兵马都总管）例由南京留守兼任，才令学界在辽兴军节度使是否隶属于南京留守上产生分歧。

---

① （清）顾祖禹撰，贺次君、施和金点校：《读史方舆纪要》卷17《北直八》，第749–750页。

② （元）脱脱等：《辽史》卷94《耶律化哥传》，第1519页。

③ （元）脱脱等：《辽史》卷11《圣宗纪二》，第128页。

④ （元）脱脱等：《辽史》卷46《百官志二》，第837页。

⑤ （元）脱脱等：《辽史》卷29《天祚皇帝纪三》，第388、390页。

《辽史·地理志》"西京道"记载：

西京大同府，统州二、县七。

奉圣州，武定军，上，节度。兵事属西京都部署司。统州三、县四。

蔚州，忠顺军，上，节度。兵事属西京都部署司。统县五。

应州，彰国军，上，节度。兵事属西京都部署司。统县三。

朔州，顺义军，下，节度。兵事属西京都部署司。统州一、县三。①

辽太宗会同元年（938）十一月，幽云十六州入辽，"是月，晋复遣赵莹奉表来贺，以幽、蓟、瀛、莫、涿、檀、顺、妫、儒、新、武、云、应、朔、寰、蔚十六州并图籍来献"②。太宗对原有区划体系进行调整。第一，升幽州为南京，继承卢龙军节度使下辖的蓟、涿、檀、顺、瀛、莫六个属州，直到应历九年（959）瀛州、莫州被后周攻取。③第二，奉圣州武定军节镇，原后唐新州威塞军节镇。④太宗将新州更名为奉圣州，节度使驻奉圣州，下辖武（更名归化）、妫（更名可汗）、儒三个属州。第三，蔚州，原为刺史州，入辽后，升为蔚州忠顺军节镇。第四，

① （元）脱脱等：《辽史》卷41《地理志五》，第577-578、582、584-585页。
② （元）脱脱等：《辽史》卷4《太宗纪下》，第49页。
③ （元）脱脱等：《辽史》卷6《穆宗纪上》，第83页。
④ 后唐同光二年（924）七月，置新州威塞军节度使，下辖妫、儒、武三个属州。
　[（宋）薛居正等：《旧五代史》卷32《唐书·庄宗纪六》，第501页]

朔州顺义军节镇，原后唐朔州振武军节镇，①太宗改军号为顺义军。第五，后唐应州彰国军节镇入辽后保持不变，节度使下辖属州寰州。②第六，后唐云州大同军节镇入辽后保持不变，直到兴宗重熙十三年（1044）升为西京大同府，下辖弘州、德州。③由于乾亨元年（979）北汉灭亡，辽朝与宋朝间的战略缓冲区消失，辽山西地区直接与宋朝接壤，南京兵马都总管府节制狭长的幽云地区，备御宋朝颇为不便。故辽朝在非战时，以北、南大王兼领山西诸州军事，依靠北、南大王掌握的"契丹兵"镇戍山西诸州。④战时由南京统军使或南京都元帅（兵马都总管）总领山西军作战。后为防御宋军，山西诸州军政渐趋一体化，最终在辽兴宗重熙十三年（1044）十一月，下诏"改云州为西京"⑤，置西京兵马都部署司，形成独立的高层军事区划"西京路"⑥。

西京大同府由云州大同军节镇升格而来，大同府尹辖区由

---

① （清）顾祖禹撰，贺次君、施和金点校：《读史方舆纪要》卷44《山西六》，第2034页。

② 寰州后于圣宗统和年间，因"近边，为宋将潘美所破"，被辽朝废置，故《辽史·地理志》不见应州彰国军节镇下辖属州。[（元）脱脱等：《辽史》卷41《地理志五》，第579页]

③ （元）脱脱等：《辽史》卷19《兴宗纪二》、卷41《地理志五》，第264、578页。

④ 如路振《乘轺录》：辽上京"西南至山后八军八百余里，南大王、北大王统之，皆耶律氏也。控弦之士各万人"。[赵永春辑注：《奉使辽金行程录》（增订本），第21页]余靖《契丹官仪》："契丹之掌兵者，燕中有元帅府，杂掌蕃、汉兵，太弟总判之。其外则有北王府、南王府，分掌契丹兵，在云州、归化州之北"。[（宋）余靖撰，黄志辉校笺：《武溪集校笺》卷18《杂文·契丹官仪》，第540页]

⑤ （元）脱脱等：《辽史》卷19《兴宗纪二》，第264页。

⑥ 详见武文君、杨军：《辽代山西诸州的一体化》，《古代文明》2019年第2期，第87-89页。

云州刺史辖区发展而来，即《辽史·地理志》所言大同府下辖七县（大同县、云中县、天成县、长青县、奉义县、怀仁县、怀安县）；西京留守辖区由大同军节度使辖区发展而来，即《辽史·地理志》记载西京留守除大同府外"统州二"（弘州博宁军、德州）。与"南京路"相同，作为高级军事区划的"西京路"指西京兵马都部署辖区，而非西京留守辖区。西京留守辖区仅限于大同府以及弘、德二州，故《辽史·地理志》在奉圣州武定军、蔚州忠顺军、应州彰国军、朔州顺义军四处节镇后强调"兵事属西京都部署司"，而非"西京留守司"。与南京都元帅（兵马都总管）例由南京留守兼任相同，西京兵马都部署同样例由西京留守兼任。如咸雍元年（1065），耶律祁"出为西京留守，兼山西兵马都部署"①。同时据《建炎以来系年要录》记载，辽朝灭亡后不久，金太宗天会七年（1129）与天会八年（1130），高庆裔的结衔为西京留守、大同尹、山西兵马都部署。②《三朝北盟会编》引《金虏节要》，亦载高庆裔的结衔为"山西路兵马都部署、留守、大同府尹"③。所谓"山西路"即史愿所言"云中路"，亦即《辽史》所言"山西"诸州，包括云州、应州、朔州、蔚州等州，即辽朝西京兵马都部署辖区"西京路"。此为金朝初年沿袭辽制，西京留守仍兼任西京兵马都部

---

① 《耶律祁墓志》，拓本见陶建英、李俊义主编：《石墨芳华——刘凤翥李春敏收藏辽金碑刻拓本集》，北京：文物出版社，2021年，第193页。

② （宋）李心传编撰，胡坤点校：《建炎以来系年要录》卷28，建炎三年（1129）九月是秋条；卷35，建炎四年（1130）七月丁卯条，北京：中华书局，2013年，第654、803页。

③ （宋）徐梦莘：《三朝北盟会编》卷166《炎兴下帙六十六》引《金虏节要》，第1197页。

署一职。

"西京路"建立之初，具有防御宋朝和西夏的双重作用。辖区内忠顺军节度使（驻蔚州）、彰国军节度使（驻应州）、顺义军节度使（驻朔州）辖区均与北宋毗连，且兴宗升云州为西京的时间仅在征伐西夏班师后三天。然而由于澶渊之盟后，宋辽之间不再有战事发生，辽朝控扼西夏的军事任务又改为由西南面招讨司负责，史料中遂不见西京兵马都部署进行的军事活动。加之西京兵马都部署一职由西京留守兼任，故史料中西京兵马都部署皆为西京留守所覆盖。值得注意的是，兴宗朝以后，随着达里底、拔思母等部落的日渐活跃，西京路的军事防御重点转向北边，西京留守兼任西京兵马都部署坐镇西京，并派遣西京兵马副部署常驻奉圣州处理西京路北面与鞑靼部落相关军务。① 这同样说明奉圣州武定军等节镇在军事上隶属于西京兵马都部署司。

《辽史·地理志》"中京道"记载，中京大定府"统州十、县九"②。中京虽前身非节镇，但由于设置时间较晚，节镇体制在辽朝境内已得到全面推广，统辖州县模式同样参照节镇体制设定。留守除兼任大定府尹管辖大定府（大定县、长兴县、富庶县、劝农县、文定县、升平县、归化县、神水县、金源县）外，下辖恩州怀德军、惠州惠和军、高州、武安州、利州、榆州高平军、泽州广济军、北安州兴化军、潭州广润军、松山州胜安军；兴宗景

---

① 余蔚：《中国行政区划通史·辽金卷》，第56页。
② （元）脱脱等：《辽史》卷39《地理志三》，第546页。

福元年（1031）后，又增加成州兴府军。①史愿《亡辽录》所言"中京路"当即中京留守辖区。康鹏、余蔚等学者认为中京地区不存在高级军事区划，然《辽史·张琳传》记载，天祚帝为对抗女真人，"诏中京、上京、长春、辽西四路计户产出军"②。天庆二年（1112）十二月，孟初还"管押中京路汉军"③。这些皆与《亡辽录》记载相合，说明作为高级军事区划的"中京路"真实存在。当然，应该指出的是，"中京路"的范围与《辽史·地理志》"中京道"存在差异，除中京大定府及其下辖州县外，尚有另一高级军事区划，即《辽史·张琳传》所言"辽西路"④，统辖兴中府及宜、锦、川、建、来五节镇（详见下文）。

《辽史·地理志》载上京临潢府"辖军、府、州、城二十五，统县十"。⑤康鹏、余蔚同样认为上京地区不存在高级军事区划，然无论是《亡辽录》还是《辽史·百官志》皆存在以"上京路"作为高级军事区划的记载。与中京、南京、西京不同，上京、东京管辖模式并非由节镇体制发展而来。上京地区作为契丹勃兴之地，上京临潢府由契丹"皇都"发展而来，⑥临潢府尹辖区即"统县十"（临潢县、长泰县、定霸县、保和县、潞县、易俗县、迁辽县、渤海县、兴仁县、宣化县），而契丹腹地各州、军、城由上

---

① 余蔚：《中国行政区划通史·辽金卷》，第276页。按：成州在改隶中京留守前隶属上京留守，初"军日长庆"，隶属关系改变时，军号也随之发生变化。参见（元）脱脱等：《辽史》卷39《地理志三》，第550页。

② （元）脱脱等：《辽史》卷102《张琳传》，第1588页。

③ 《孟初墓志》，向南、张国庆、李宇峰辑注：《辽代石刻文续编》，第298页。

④ 余蔚：《中国行政区划通史·辽金卷》，第87页。

⑤ （元）脱脱等：《辽史》卷37《地理志一》，第497页。

⑥ （元）脱脱等：《辽史》卷37《地理志一》，第497页。

京留守统辖，如懿州"太平三年越国公主以媵臣户置。初曰庆懿军，更曰广顺军，隶上京"①。成州"晋国长公主以媵户置，军曰长庆，隶上京②"等。所谓"隶"，上文已经指出，意为民事、兵事皆由其管理。懿州、成州后改隶东京、中京，又直接体现出《地理志》言"辖军、府、州、城二十五"为某一时期上京的统辖情况。《地理志》"上京道"下镇州建安军、静州、河董城等"西北路边防城"隶属于西北路招讨司，不隶属上京留守管辖。

上京留守、中京留守不兼任其他结衔来统领辖区内军事。但是我们注意到，上京、中京设有统军官。《王悦墓志》记载，王悦在统和二十三年（1005）五月去世之前，曾担任上京兵马部署，"遂押军戎"③。此时上京留守为耶律隆祐，④可见上京兵马部署非上京留守兼任，上京兵马部署为上京留守属官。此外，据《亡辽录》记载："中、上京路则有诸军都虞候司"⑤。《尚昉墓志》记有"中京诸军都虞候"石瀚。⑥《为先内翰侍郎太夫人特建经幢记》记有"知中京诸军都虞候"处温。⑦依据墓志记载，二人所带武资官仅为刺史（正五品下）或防御使（从四品下），⑧按其品阶，中、上京诸军都虞候为留守属官无疑。中、上京诸军都虞候

---

① （元）脱脱等：《辽史》卷38《地理志二》，第536页。
② （元）脱脱等：《辽史》卷39《地理志三》，第550页。
③ 《王悦墓志》，向南：《辽代石刻文编》，第113页。
④ 《耶律隆祐墓志》，向南、张国庆、李宇峰辑注：《辽代石刻文续编》，第52页。
⑤ （宋）徐梦莘：《三朝北盟会编》卷21《政宣上帙二十一》引《亡辽录》，第153页。
⑥ 《尚昉墓志》，向南：《辽代石刻文编》，第499页。
⑦ 《为先内翰侍郎太夫人特建经幢记》，向南：《辽代石刻文编》，第617页。
⑧ 杨军：《辽朝南面官研究——以碑刻资料为中心》，《史学集刊》2013年第3期，第16页。

与南京侍卫亲军马步军都指挥使相同，同属州军马步军系统，统辖汉军。①

作为军事区划的上京路（上京留守辖区）与中京路（中京留守辖区）地处辽朝腹地，周围遍布中央直属的部族及部族军，且周边未有强敌，久乏军事行动，二者"重在治内而非防外"，主管机构有管军之名而甚少用兵之实，近似余蔚所言"治安区"②。故上京、中京留守不带军事兼衔，一般军事、治安事务由留守下属军官处置。如《赵为干墓志》记载志主担任"中京牢城指挥使"后，"兼命监押军旅，镇守疆封"③。

《辽史·地理志》记载东京辽阳府"辖州、府、军、城八十七，统县九"④。东京辽阳府前身为东丹国都城，东京留守辖区由东丹国发展演变而来，《辽史·地理志》称东京辽阳府"辖"州、府、军、城，正是东京留守对"东京道"内州、军、城具有统辖权的写照，这与《辽史·地理志》载定州保宁军、辰州奉国军、渌州鸭渌军等"隶东京留守司"⑤正相对应。上文已经指出，"隶"指民事、兵事皆隶属相应机构，定、辰、渌等州在军事、民事等方面皆隶属于东京留守司。其他民事隶属于东京留守司，而"兵事"不隶属于东京留守司者，如前所述，《辽史·地理志》已分别标明其隶属的军事机构。至道宗大康元年（1075），

---

① 如《辽史》卷27《天祚皇帝纪一》记载，天庆四年（1114）十月，发"中京禁兵及土豪二千人"（第367页），此处中京禁兵即为中京诸军都虞候下辖汉军。辽朝京州军中，狭义的辽朝"禁军"即为汉军。详见第四章。

② 余蔚：《中国行政区划通史·辽金卷》，第87页。

③ 《赵为干墓志》，向南：《辽代石刻文编》，第219页。

④ （元）脱脱等：《辽史》卷38《地理志二》，第519页。

⑤ （元）脱脱等：《辽史》卷38《地理志二》，第521、522、524页。

东京留守兼任东京兵马都部署，作为军事区划的"东京路"最终定型。

综上，五京留守因其军事职掌，或因其兼任军事机构长官，使得辽朝存在以五京为中心的五处军事区划，分别为南京都元帅（南京留守兼任）辖区"南京路"、西京兵马都部署（西京留守兼任）辖区"西京路"、东京兵马都部署（东京留守兼任）辖区"东京路"，以及上京留守辖区"上京路"、中京留守辖区"中京路"。《辽史·百官志》载五京都总管府，[①] 与其说是元朝史臣仿南京都总管府杜撰，不如说是对此情形的偏差表述。

第三节　其他军事区划

除五京"军事路"外，依前所言，辽朝还存在其他军事区划，如上文依据《辽史·地理志》所言"兵事隶 / 属"划定的军事区划等。由于上述东北路统军司、北女真兵马司、东京统军司、东京都部署司、南女真汤河司、黄龙府都部署司六处皆位于《地理志》所言"东京道"范围内（其中东北路统军司横跨"东京道"与"上京道"），故本节首先对位于《地理志》"东京道"内的其他军事区划展开梳理与考辨。

《辽史·地理志》"东京道"内诸军事区划出现的时间较晚，"东京道"的前身为太祖时期的东丹国。天显元年（926）正月，辽灭渤海国。二月，耶律阿保机采取"因俗而治"的政

---

① （元）脱脱等：《辽史》卷48《百官志四》，第898页。

策，"改渤海国为东丹，忽汗城为天福。册皇太子倍为人皇王以主之"①，对渤海遗民实施间接统治。东丹国具有很强的独立性，耶律倍着"天子冠服，建元甘露，称制，置左右大次四相及百官，一用汉法"②。除每年给辽朝的"岁贡布十五万端，马千匹"外，其余事务均由东丹王裁决，故陈述称"虽曰东丹，基本上维持了原来的状态，仿如一自治国家"③。此时的东丹国继承原渤海国的全部疆域，除渤海遗民因被辽朝迁徙以及大量逃亡导致众多原渤海国京府州县废弃外，尚存者皆隶属于东丹国管辖。

天显元年（926）二月，"安边、鄚颉、南海、定理等府洎诸道节度、刺史来朝，慰劳遣之"④。原渤海国京府官员与地方节度使、刺史等在归顺辽朝后，成为东丹国地方管理人员。这种对渤海故地的统辖模式极不牢固。三月，安边、鄚颉、定理三府便发生叛乱；五月，南海、定理二府再次发生叛乱。⑤天显二年（927）十一月，辽太宗耶律德光即位后，立即对原渤海国京府州县进行整顿。一方面，采纳耶律羽之建议，将东丹国统治中心由忽汗城（即渤海上京龙泉府）迁往辽东。⑥天显三年（928）十二月，"诏遣耶律羽之迁东丹民以实东平"，并"升东平郡为南京"⑦。另一方面，引入中原节镇体制改造原渤海国地方行政区划，在大规模

---

① （元）脱脱等：《辽史》卷2《太祖纪下》，第24页。
② （元）脱脱等：《辽史》卷72《义宗倍传》，第1334页。
③ 陈述：《契丹政治史稿》，北京：人民出版社，1986年，第107页。
④ （元）脱脱等：《辽史》卷2《太祖纪下》，第24页。
⑤ （元）脱脱等：《辽史》卷2《太祖纪下》，第24—25页。
⑥ （元）脱脱等：《辽史》卷75《耶律羽之传》，第1366页。
⑦ （元）脱脱等：《辽史》卷3《太宗纪上》，第32页。

徙民置州的过程中，调整原渤海国地方行政建置，设置驻军，以强化对地方的统辖力度。以海州南海军为例，前身为渤海国南京南海府，辖沃、晴、椒三州，以沃州为首州。辽朝将渤海国南京南海府迁至今辽宁海城一带，并将首州沃州更名为海州，置南海军，节度使驻海州，统嫔州（原晴州）、耀州（原椒州）二属州。① 由于海州南海军为迁原渤海国南京南海府所置，南海军的主体兵源为渤海人，故即使辽末海州已降为刺史州，仍有"海州刺史高仙寿统渤海军"出战的记载。②

　　原渤海国京府州县经耶律德光改造后，以节镇、州（军、城）、县的形式隶属于东丹国中台省。会同元年（938）十一月，辽太宗在获得幽云十六州后，将南京东平郡改为东京辽阳府，原东丹国中台省改隶东京，东丹国名存实亡。③ 此时东京辖州、府、军、城若干，最高机构为东京中台省，负责人为中台省左、右相，尚未置东京留守。据《册府元龟》记载，后唐长兴二年（辽天显六年，931）"五月癸亥，青州上言：有百姓过海北樵采，附得东丹王堂兄京尹污整书，问慕华行止，欲修贡也。闰五月，青州进呈东丹国首领耶律羽之书二封"④。"慕华"即耶律倍，"污整"即耶律觌烈。此处称耶律觌烈为"京尹"，不称"留守"。可见虽然《辽史·耶律觌烈传》记载"天显二年（927），留守南京"⑤，

---

① （元）脱脱等：《辽史》卷38《地理志二》，第524页。余蔚：《中国行政区划通史·辽金卷》，第182–183页。

② （元）脱脱等：《辽史》卷27《天祚皇帝纪一》，第367页。

③ 康鹏：《辽代五京体制研究》，第63页。

④ （宋）王钦若等编纂，周勋初等校订：《册府元龟》（校订本）卷980《外臣部》，第11352页。

⑤ （元）脱脱等：《辽史》卷75《耶律觌烈传》，第1366页。

但东平郡升南京为天显三年（928）事，《耶律觌烈传》中称耶律觌烈留守南京，明显为以后世称呼追述先前的情况。《耶律觌烈传》中"留守南京"之"留守"当为动词，指耶律德光将耶律倍羁留在身边，不令其返回东丹国，令耶律觌烈安抚东丹民众。此时耶律觌烈的实际职务为"东丹国大内相"①，在后唐人眼中，耶律觌烈的身份类似于"郡守"或"府尹"。加之此时南京东平郡尚未升为东京辽阳府，故称觌烈为"京尹"。东丹国的实际最高负责人为中台省左大相耶律羽之，故后唐称耶律羽之为"东丹国首领"，与"京尹"耶律觌烈分列。

东京留守的出现迟至景宗朝，首任东京留守为耶律隆先或耶律和里。②与东京留守的出现几乎同时，景宗又置东京统军使。据《辽史·景宗纪》记载，保宁八年（976）九月，"东京统军使察邻、详稳涧奏女直袭归州五寨，剽掠而去"③。此为东京统军使首次见于史料记载。东京兵马都部署的出现稍晚于东京留守与东京统军使，据统和二十六年（1008）《耶律元宁墓志》记载："（耶律元宁）遂移权东京统军兵马都监。会高丽恃阻河海，绝贡苞茅，时与驸马兰陵王奉顺天之词，问不庭之罪。公躬率锐旅，首为前锋……彼累上于降书，愿为藩臣，永事天阙，故高丽岁时之

---

① 《耶律羽之墓志》，向南、张国庆、李宇峰辑注：《辽代石刻文续编》，第3页。

② 据《辽史》卷72《宗室·平王隆先》记载："平王隆先，字团隐，母大氏。景宗即位，始封平王。未几，兼政事令，留守东京"。（第1335-1136页）卷75《耶律羽之传》载：耶律羽之"子和里，终东京留守"。（第1366页）王旭东在《辽代五京留守研究》中，将耶律和里担任东京留守的时间定在会同三年（940），毫无依据。（长春：吉林大学博士学位论文，2014年，第55、139页）从时间上推断，最早担任东京留守者当为耶律和里或耶律隆先。

③ （元）脱脱等：《辽史》卷8《景宗纪上》，第103页。

贡不绝于此，由公之力也……为兵马都部署"。耶律元宁由东京
统军兵马都监改任兵马都部署，后又迁东京中台省左平章事，①知
此处兵马都部署为东京兵马都部署，此为东京兵马都部署首次见
于史料记载。统和十一年（993）圣宗首次征伐高丽，次年高丽
奉表请罪，始行辽朝年号。②此时担任东京留守者为萧恒德，即
墓志所言"驸马兰陵王"③，可知此时东京留守尚未兼任东京兵马
都部署。即东京兵马都部署初置之时，为独立职官，并未由东京
留守兼任。

　　置东京留守、东京统军使、东京兵马都部署的目的应为分割
东京中台省的权力，基于此角度考虑，笔者推测东京兵马都部署
应同样始置于景宗时期。由《辽史·地理志》记载可知，东京统
军司下辖驻军的分布范围呈现插花状，东京兵马都部署司下辖驻
军的分布范围仅为辽阳府北部的一个东西极长的条状地带。④由
于二者下辖驻军不合理的分布范围，前辈学者往往认为《地理
志》记载有误。然而，正是这种不合理的驻军分布范围，才是对
景宗分割东京中台省军事权的真实写照。参照《地理志》记载东
京统军司下辖开州镇国军、衍州安广军、湖州兴利军、渤州清化
军、顺化城向义军、连州德昌军、保州宣义军、来远城、宁州；
东京兵马都部署司下辖显州奉先军、乾州广德军、贵德州宁远

① 刘浦江：《辽〈耶律元宁墓志铭〉考释》，刘浦江：《松漠之间：辽金契丹女真史研究》，北京：中华书局，2008年，第214页。
② 陈俊达：《辽朝与高丽使者往来分期探赜——兼论东亚封贡体系确立的时间》，《西北民族大学学报（哲学社会科学版）》2017年第4期，第100页。
③ （元）脱脱等：《辽史》卷88《萧恒德传》，第1476页。
④ 余蔚：《中国行政区划通史·辽金卷》，第78页。

军、沈州昭德军，以及乙室奥隗、楮特奥隗、耨盌爪、稍瓦、曷术等部族可知，东京兵马都部署司主要承担辽阳府西面及北面的防务，东京统军司主要负责辽阳府东南面的防务，二者的主要驻防范围清晰可见。

圣宗即位后，东京留守正式取代中台省，成为"东京道"的最高军政长官。乾亨四年（982）九月，圣宗即位。十二月，"省置中台省官"①。学界一般将圣宗此举作为辽朝废除东丹国的标志，但高井康典行、刘浦江等学者指出，乾亨四年只是省置了中台省的官员，中台省并未废止，《辽史》中关于中台省官员的最晚记载见于圣宗统和十六年（998），东丹国及中台省的罢废时间应晚于统和十六年，甚至在太平九年（1029）大延琳叛乱以后。②本书则认为，圣宗乾亨四年"省置中台省官"的重要意义不在于是否罢废中台省，而在于以此为标志，东京留守司正式取代东京中台省，成为"东京道"的最高管理机构。一方面，东京留守见于史料记载者，除前述耶律隆先与耶律和里外，皆见于乾亨四年以后。③另一方面，是年之后，东京留守对"东京道"各方面的管辖见诸史料记载。如统辖"东京道"驻军，统和元年（983）十

---

① （元）脱脱等：《辽史》卷10《圣宗纪一》，第116页。

② ［日］高井康典行：《東丹国と東京道》《東京と中台省——〈東丹国と東京道〉再考察》，收入氏著：《渤海と藩鎮——遼代地方統治の研究》，第23–69页。刘浦江：《试论辽朝的民族政策》，氏著：《辽金史论》，北京：中华书局，2019年，第41–42页。

③ 参见王旭东：《辽代东京留守简表》《辽代东京留守表》，见氏著《辽代五京留守研究》，第55、139页。康鹏：《五京留守年表》，见氏著《辽代五京体制研究》，第270–272页。

月，圣宗"亲阅东京留守耶律末只所总兵马"①；管辖"东京道"诸部族，统和二年（984）八月，"东京留守兼侍中耶律末只奏，女直术不直、赛里等八族乞举众内附"②；控扼高丽，统和十年（992）十二月，以东京留守萧恒德等伐高丽。③

东京留守取代东京中台省，成为"东京道"最高军政长官后，除去军事上隶属于东京统军司与东京兵马都部署司的节镇、州、军、城外，其余皆隶属于东京留守。故《辽史·地理志》记载定州保宁军"隶东京留守司"、辰州奉国军"隶东京留守司"、渌州鸭渌军"隶东京留守司"等，④皆指其民事、军事隶属于东京留守。其他未明载"隶东京留守司"者，当为史官默认，故在修史时省略。

然圣宗朝以前，"东京道"虽继承原东丹国疆域，但东京的实际控制区仅为原渤海国的西半部，东半部随着渤海国灭亡，"无昔日之繁荣，但亦无统一的政治，事实上由独立小部族之割据"⑤。圣宗即位后，向北攻伐女真，向南征讨高丽，使得"东京道"的实际控制区不断扩大。辽朝为巩固收复的土地，防备女真、高丽侵扰，自圣宗朝开始，陆续在东京留守管辖的"东京道"之下，设置中级军事区划，先后设置东北路都详稳司（后更为东北路统军司）、黄龙府都部署司、北女真兵

---

① （元）脱脱等：《辽史》卷10《圣宗纪一》，第120页。
② （元）脱脱等：《辽史》卷10《圣宗纪一》，第122页。
③ （元）脱脱等：《辽史》卷13《圣宗纪四》，第155页。
④ （元）脱脱等：《辽史》卷38《地理志二》，第521、522、524页。
⑤ ［日］津田左右吉著，陈清泉译：《渤海史考》，台北：台湾商务印书馆，1970年，第50页。

马司、南女真汤河司等。各军事机构依靠节镇、州、军、城中的驻军以及部署于周边的部族军，负责特定军事目标的震慑与防御任务。

　　东北路详稳司置于圣宗开泰年间。据《辽史·圣宗纪》记载，开泰八年（1019）七月，"以东北路详稳耶律独迭为北院大王"①，首次出现"东北路详稳"一职，② 此时的东北路详稳司治所不详。兴宗朝东北路详稳司治长春州，③ 下辖长春州韶阳军、泰州德昌军，此时东北路详稳司辖区应为辽朝上京留守辖下中级军事区划。道宗咸雍、大康年间，改东北路详稳司为东北路统军司，④ 增置宁江州混同军，最终形成《辽史·地理志》"兵事隶"东北路统军司之格局。推测因增置宁江州混同军，辖区跨《辽史·地理志》所言"上京道"与"东京道"，为方便管理，更名东北路详稳司为东北路统军司，并将其辖区由中级军事区划升级为高级军事区划。故天庆十年（1120）六月，天祚帝"以北府宰相萧乙薛为上京留守、知盐铁内省两司、东北统军司

---

① （元）脱脱等：《辽史》卷16《圣宗纪七》，第208页。

② 在此之前，虽于统和三年（985）十一月，圣宗"诏以东北路兵马监军妻婆底里存抚边民"。[（元）脱脱等：《辽史》卷10《圣宗纪一》，第124页] 但"东北路兵马监军"为行军官，临时设置，非常驻地方的军事职官。（余蔚：《中国行政区划通史·辽金卷》，第68页）

③ ［日］三上次男：《金史研究一·金代女真社會の研究》，第96页。

④ 据《辽史》卷22《道宗纪二》记载，咸雍七年（1071）七月，"以东北路详稳合里只为南院大王"，（第306页）耶律合里只的职官仍为"东北路详稳"。而卷23《道宗纪三》载大康三年（1077）二月，"东北路统军使萧韩家奴加尚父，封吴王"。（第317页）由此可见，东北路详稳司改为东北路统军司即发生在此七年之间。

事"①。东北路统军司辖区早已被金军攻占，上京亦于同年五月被金朝占领，萧乙薛所任皆为虚职。然即便二者皆为虚职，"上京留守"与"知东北路统军司事"仍分为二职，亦证"上京路"与"东北路"同为高级军事区划。辽朝末年，天祚帝"诏中京、上京、长春、辽西四路计户产出军"②，四路在财赋、军事上皆为并列区划。

除节镇、州军外，东北路统军司还下辖突吕不室韦、涅剌挈古、伯斯鼻骨德、图鲁、术哲达鲁虢、河西、达马鼻骨德等部族军。辖区东至混同江（今松花江）流域，西跨金山（今大兴安岭），职责为镇抚生女真诸部。故天祚帝天庆年间，东北路统军使萧兀纳上书曰："臣治与女直接境，观其所为，其志非小。宜先其未发，举兵图之"③。完颜阿骨打起兵后，东北路统军司辖区首当其冲。"首犯混同江之宁江州，东北路统军司遽具状以闻"④。天庆五年（1115）天祚帝亲征，十万大军兵分两路，"自长春州分道而进，发数月粮，期必灭女直"。⑤ 东北路统军司辖区对生女真的控扼作用可见一斑。

黄龙府都部署司置于圣宗开泰末年至太平初年。据《辽史·地理志》记载："龙州，黄龙府。本渤海扶余府。太祖平渤海还，至此崩，有黄龙见，更名。保宁七年，军将燕颇叛，府

---

① （元）脱脱等：《辽史》卷28《天祚皇帝纪二》，第379页。
② （元）脱脱等：《辽史》卷102《张琳传》，第1588页。
③ （元）脱脱等：《辽史》卷98《萧兀纳传》，第1556页。
④ （宋）徐梦莘：《三朝北盟会编》卷21《政宣上帙二十一》引《亡辽录》，第150页。
⑤ （元）脱脱等：《辽史》卷28《天祚皇帝纪二》，第372页。

废。开泰九年，迁城于东北，以宗州、檀州汉户一千复置。"①为强化对兀惹、铁骊与女真蒲卢毛朵、五国等部的管控，圣宗于重建黄龙府后，设黄龙府兵马都部署司。需要强调的是，今本《辽史·地理志》下"东京道"中级军事机构最为繁多，这与东京路地域广阔、民族成份复杂、接壤高丽等因素密切相关。黄龙府都部署司、北女真兵马司、南女真汤河司、东京统军司等，均为高级军事机构的分支机构或因事设置。以黄龙府都部署司为例，太平六年（1026）二月，圣宗任命"黄翩为兵马都部署，达骨只副之，赫石为都监，引军城混同江、疏木河之间。黄龙府请建堡障三、烽台十，诏以农隙筑之"②。由于黄龙府的地理位置恰恰位于混同江与疏木河（又作粟沫河）之间，黄翩所任兵马都部署即黄龙府兵马都部署，此为黄龙府兵马都部署首次见于史料记载。然黄龙府兵马都部署司的军事行动，需上报东京留守，由留守上奏朝廷。"东京留守八哥奏黄翩领兵入女直界徇地，俘获人、马、牛、豕，不可胜计，得降户二百七十，诏奖谕之"③。黄龙府兵马都部署司实受东京留守司节制。

黄龙府都部署司下辖信州彰圣军、宾州怀化军、祥州瑞圣军，同时领有隗衍突厥部、奥衍突厥部、北唐古部、五国部等部族，并下辖一支"铁骊军"④，驻军共计五千人，⑤负责东京辽阳府以北的防务。黄龙府兵马都部署司治黄龙府，都部署由黄龙府知

---

① （元）脱脱等：《辽史》卷38《地理志二》，第533页。
② （元）脱脱等：《辽史》卷17《圣宗纪八》，第225页。
③ （元）脱脱等：《辽史》卷17《圣宗纪八》，第225页。
④ （元）脱脱等：《辽史》卷18《兴宗纪一》，第250页。
⑤ （元）脱脱等：《辽史》卷36《兵卫志下》，第490页。

府兼任。① 由于辽朝军事系列的"军"与地方行政系列的"州"，二者虽系列不同，但官员却合二为一。② 加之史家记载官职，多略去兼职，故黄龙府知府兼任的黄龙府兵马都部署除上文所述黄翻外，其余不见于史料记载，仅见黄龙府知府领兵作战。如圣宗开泰年间，知黄龙府大康乂"善绥抚，东部怀服。榆里底乃部长伯阴与榆烈比来附，送于朝。且言蒲卢毛朵界多渤海人，乞取之。诏从其请。康乂领兵至大石河驼准城，掠数百户以归"③。兴宗重熙十三年（1044）四月，"遣东京留守耶律侯哂、知黄龙府事耶律欧里斯将兵攻蒲卢毛朵部"等。④

　　北女真兵马司治咸州，亦称咸州路兵马详稳司，始置时间不详。据《辽史·圣宗纪》记载：开泰八年（1019）十月，"改东路耗里太保城为咸州，建节以领之"⑤。北女真兵马司（咸州路兵马详稳司）的建立当在此之后。北女真兵马司下辖龙化州兴国军、辽州始平军、双州保安军、同州镇安军、咸州安东军、祺州祐圣军、韩州东平军、银州富国军、郓州彰圣军、铜州广利军、肃州信陵军、安州，并下辖乙室奥隗部部族军。负责管理咸州以东、松花江以南的"非生非熟"女真。⑥ 由于北女真兵马司辖境内的回跋部等"非生非熟"女真基本服从辽朝管理，并未发生较

---

① 余蔚：《中国行政区划通史·辽金卷》，第 71 页。
② 傅林祥：《辽朝州县制度新探》，中国地理学会历史地理专业委员会、《历史地理》编辑委员会编：《历史地理》第 22 辑，上海：上海人民出版社，2007 年，第 87 页。
③ （元）脱脱等：《辽史》卷 88《大康乂传》，第 1481 页。
④ （元）脱脱等：《辽史》卷 19《兴宗纪二》，第 262 页。
⑤ （元）脱脱等：《辽史》卷 16《圣宗纪七》，第 209 页。
⑥ （宋）徐梦莘：《三朝北盟会编》卷 3《政宣上帙三》，第 16 页。

大规模的叛乱，北女真兵马司下辖驻军仅一千人。①

南女真汤河司（又称汤河详稳司）治辽阳府南五十里汤河，始置时间不详。结合圣宗将女真人分而治之的管理思路，置东北路详稳司管辖生女真，设北女真兵马司管辖"非生非熟"女真，推测管辖熟女真的南女真汤河司应同样始置于圣宗年间。至兴宗重熙年间，最终形成《辽史·地理志》记载下辖苏州安复军、复州怀德军、卢州玄德军、归州、镇海府、涞州格局。②负责辽阳府以南防务，并管辖辽阳府以南至辽东半岛的熟女真。故天庆六年（1116）五月，金将"斡鲁等败永昌……东京州县及南路（南女真汤河司辖区）系辽女直皆降"③。可见直至辽末，南女真汤河司仍负责熟女真（系辽籍女真）的管理。

概言之，由东丹国发展而来的"东京道"，经过景宗、圣宗时期的改置，最终形成高级军事区划东京留守司辖区下，包含东京兵马都部署司、东京统军司、东北路详稳司、黄龙府兵马都部署司、北女真兵马司、南女真汤河司六处中级军事机构在内的复式军事区划格局。

兴宗朝以后，"东京道"军事区划格局又有所发展演变。据史愿《亡辽录》记载，辽朝末年，"辽阳路则东京兵马都部署司、契丹奚（汉）渤海四军都指挥使、保州都统军司、汤河详稳司、

① （元）脱脱等：《辽史》卷36《兵卫志下》，第490页。
② 南女真汤河司辖区内，苏州安复军设置最晚。据《辽史》卷38《地理志二》记载："苏州，安复军，节度。本高丽南苏，兴宗置州"。（第538页）卷20《兴宗纪三》记载：重熙二十年（1051）六月，"诏以所获李元昊妻及前后所俘夏人安置苏州"。（第277页）苏州建于重熙二十年之前，南女真汤河司驻军格局在兴宗重熙年间最终定型。
③ （元）脱脱等：《金史》卷2《太祖纪》，第32页。

金吾营、杓窊司，空（控）扼高丽；上京长春路则黄龙府兵马都部署司、咸州兵马详稳司、东北路都统军司，镇抚女真、室韦诸部"①。此处辽阳、长春两路仅是地理上的概念，并无实际内涵。②然而我们将《亡辽录》与《辽史·地理志》的记载对比可知，至辽末，汤河详稳司（南女真汤河司）、黄龙府兵马都部署司、咸州兵马详稳司（北女真兵马司）、东北路统军司（东北路详稳司）犹在，仅辖区内州军存在增设与改置现象，以及军事机构发生过更名。如东北路详稳司更名为东北路统军司，并增设宁江州混同军。但设置在东京的军事机构仅见东京兵马都部署司，不见东京留守司与东京统军司，另增加契丹奚汉渤海四军都指挥使司与保州都统军司。

兴宗朝以后，东京兵马都部署司、东京统军司辖区并入东京留守司辖区，三者合而为一，整合为《亡辽录》记载的"东京兵马都部署司"辖区。

第一，由史料记载可知，东京统军司辖区在兴宗朝以后发生大规模调整。前文已述，东京统军司的辖区设置不甚合理。以辽朝与高丽争夺鸭绿江入海口为例，保州、来远城，以及保州的大后方开州，兵事皆隶属于东京统军司，而位于保州附近的定州则隶属于东京留守司。故兴宗年间，萧韩家奴上言，建议"并开、保州，皆隶东京"③。开州与保州在军事上隶属于东京统军司，故

---

① （宋）徐梦莘：《三朝北盟会编》卷21《政宣上帙二十一》引《亡辽录》，第153页。
② 康鹏：《辽代五京体制研究》，第83页。
③ （元）脱脱等：《辽史》卷103《萧韩家奴传》，第1597页。

此处萧韩家奴建议"隶东京"，当为将开、保二州合一后，改隶东京留守司。萧韩家奴的建议体现出罢废东京统军司辖区的蛛丝马迹，虽然限于史料记载，我们无法得知此建议最终的落实情况，但由《亡辽录》记载"保州都统军司"，知保州至辽末自成独立军事区划，辽朝对东京统军司辖区进行调整，当为不争的事实。

第二，由《耶律元宁墓志》记载可知，辽朝最初设置东京兵马都部署时为独立于东京留守以外的职官，然而此后担任东京兵马都部署者不见于史料记载，参照西京留守兼任西京兵马都部署、黄龙府知府兼任黄龙府兵马都部署，东京留守应同样兼任东京兵马都部署，如道宗咸雍年间，耶律祁曾"同判东京留守、兼兵马都部署"[①]，兵马都部署一职是留守在军事职能上的反映。由于东京留守兼任东京兵马都部署，自然二者的辖区应合二为一。

据《高丽史》记载，由于东京是辽朝控扼高丽的枢纽，高丽与辽朝间关于疆域、军事等方面的问题多由东京展开交涉。辽道宗大康元年（1075）以前，双方交涉在高丽与东京留守司间进行，如高丽文宗九年（辽道宗清宁元年，1055）七月，"（高丽）都兵马使奏：'契丹前太后、皇帝诏赐鸭江以东为我国封境，然或置城桥，或置弓口栏子，渐逾旧限，是谓不厌。今又创立邮亭，蚕食我疆……宜送国书于东京留守，陈其不可，若其不听，遣使告奏'。于是致书东京留守曰：'……伏冀大王亲邻轸念，怀远宣慈，善奏黈聪，还前赐地，其城桥弓栏亭舍，

---

① 《耶律祁墓志》，拓本见陶建英、李俊义主编：《石墨芳华——刘凤翥李春敏收藏辽金碑刻拓本集》，第193页。

悉令毁罢。'"①然大康元年以后，双方交涉在高丽与东京兵马都部署司间展开。如高丽文宗二十九年（辽道宗大康元年，1075）七月，"乙丑，辽东京兵马都部署牒告改咸雍十一年为大康元年……癸酉，辽东京兵马都部署奉枢密院札子移牒请治鸭江以东疆域"②。高丽肃宗六年（辽天祚帝乾统元年，1101）八月，"（高丽）都兵马使奏：'今辽东京兵马都部署移文，请罢静州关内军营'"③。高丽睿宗九年（辽天祚帝天庆四年，1114）十月，阿骨打举兵后，东京兵马都部署司移牒高丽，令其"于女真边界道路，深入攻讨"④。大康元年以后，辽朝与高丽移牒往来，机构似由东京留守司转变为东京兵马都部署司。但《高丽史》载高丽献宗元年（辽道宗寿昌元年，1095）五月，"辽东京回礼使高遂来，遂私献绫罗彩段甚多。王御乾德殿引见，命近臣问留守安否。赐酒食、衣对"⑤。高丽睿宗十一年（辽天祚帝天庆六年，1116），高丽使者郑良稷出使东京，适逢渤海人高永昌僭号自立，良稷遂"上表称臣，以国家所遗留守土物赠永昌"⑥。显然高丽在与辽东京的交聘往来中，东京最高军政长官始终是东京留守。因此，产生错觉的原因当为道宗大康元年（1075）后，东京留守兼任东京兵马都部署，留守更偏重民事职掌，军事职能则由例兼之兵马都部署统领。上述以兵马都部署移牒高丽者，

① （朝鲜王朝）郑麟趾等：《高丽史（第一）》卷7《文宗世家一》，第107页。
② （朝鲜王朝）郑麟趾等：《高丽史（第一）》卷9《文宗世家三》，第130-131页。
③ （朝鲜王朝）郑麟趾等：《高丽史（第一）》卷11《肃宗世家一》，第168页。
④ （朝鲜王朝）郑麟趾等：《高丽史（第一）》卷13《睿宗世家二》，第200页。
⑤ （朝鲜王朝）郑麟趾等：《高丽史（第一）》卷10《献宗世家》，第155页。
⑥ （朝鲜王朝）郑麟趾等：《高丽史（第一）》卷14《睿宗世家三》，第204页。

皆与军事相关。东京留守兼任东京兵马都部署，二者辖区自然合二为一。

第三，前文已述，参照余靖《契丹官仪》记载南京统军使"掌契丹渤海之兵"①，推测《亡辽录》中"契丹奚汉渤海四军都指挥使司"即"东京统军司"，东京统军司辖区与东京留守辖区、东京兵马都部署辖区合一后，东京统军使辖契丹、奚、汉、渤海四军，配合东京兵马都部署的军事行动。

最后，保州都统军司的始置时间不详，由前述兴宗时期萧韩家奴提出保州改革方案，保州都统军司的设置在此之后。至辽末，保州都统军司成为高层军事区划"东京路"下中级军事区划。②据《高丽史》记载，高丽睿宗十二年（辽天庆七年，1117）三月，"金兵攻取辽开州，遂袭来远城及大夫、乞打、柳白三营，尽烧战舰，掳守船人。统军尚书、左仆射、开国伯耶律宁与来远城刺史、检校尚书右仆射常孝孙等，率其官民载船一百四十艘，出泊江头"③。保州都统军司治来远城，至少下辖保州、宣州、怀化军、来远城、定州、开州等，以"控扼高丽"。

综上，圣宗朝确立的"东京道"下一处高级军事区划及六处

---

① （宋）余靖撰，黄志辉校笺：《武溪集校笺》卷18《杂文·契丹官仪》，第540页。

② 天庆七年（1117）保州统军司致书高丽："昨为生女真及东京渤海背乱，致不广收得田禾，官司虽有见在谷粟，所有正军外平闲民户阙少粮储，权时摄借米货五万石"，"女真背乱，并东京、渤海续有背叛，道路不通，统军部内，田禾未收，米谷踊贵"。详见［朝鲜王朝］郑麟趾等：《高丽史（第一）》卷14《睿宗世家三》，第209页。由于女真人的进攻加之渤海人高永昌的叛乱，东京户部使司无法为保州统军司辖区提供军粮，导致保州统军司辖区粮草接济不上，只得向高丽借粮，保州统军司应由"东京路"节制及供应物资。

③ （朝鲜王朝）郑麟趾等：《高丽史（第一）》卷14《睿宗世家三》，第209页。

中级军事区划格局，历经兴宗、道宗时期的发展，至辽末调整为三处高级军事区划及三处中级军事区划，其中三处高级军事区划分别为东京兵马都部署（东京留守例兼）辖区"东京路"、黄龙府兵马都部署（黄龙府知府例兼）辖区"黄龙府路"与横跨"东京路"与"上京路"的东北路统军司辖区"东北路"。三处中级军事区划为"东京路"下北女真兵马司辖区、南女真汤河司辖区与保州都统军司辖区。

《辽史·地理志》"上京道"中，除上京留守辖区"上京路"及泰州德昌军、长春州韶阳军隶属于"东北路"外，另有一高级军事区划西北路招讨司辖区"西北路"及其下中级军事区划乌古敌烈统军司辖区。

西北路招讨使首次出现于景宗保宁三年（971），由耶律贤适担任。西北路招讨司统和二十二年（1004）后治镇州，下辖维州、防州、招州、魏州、窝鲁朵城等边防城。初辖胪朐河（今克鲁伦河）流域，至圣宗统和年间大规模开拓西北疆域后，辖有"东起克鲁伦河，西至额尔齐斯河，北至色楞格河下游，南抵沙漠与西南路辖境相接"的广袤疆土上的阻卜、梅里急、粘八葛、萌古等部。① 辽朝"选诸部族二万余骑充屯军"，又迁"渤海、女直、汉人配流之家七百余户，分居镇、防、维三州"。开泰三年（1014），又于镇州之西以女直户置招州。镇、防诸州"因屯成立，务据形胜，不资丁赋"，其主要人口就是当地的驻军。各州的军、民之事

---

① 陈得芝：《辽代的西北路招讨司》，中国社会科学院历史研究所宋辽金元史研究室编：《宋辽金史论丛》第 1 辑，北京：中华书局，1985 年，第 273–275 页。
余蔚：《中国行政区划通史·辽金卷》，第 62–63 页。

皆由西北路招讨司统辖，《辽史·地理志》"上京道"西北界防边城皆隶属于西北路招讨司。辽末保大二年（1122），"以燕、云、平、上京、中京、辽西六路，淳主之；沙漠以北、南北路两都招讨府、诸蕃部族等，仍隶天祚。自此辽国分矣"①。"南北路两都招讨府"即西北、西南两路，可见西北路、西南面与南京、西京、上京、中京、辽西等路始终同为辽朝高级军事区划。

乌古敌烈统军司的前身为乌古敌烈都详稳司，于统和末年由西北路招讨司辖区内析出，最早见于记载者为耶律的琭，统和二十九年（1011）任北院大王，"出为乌古敌烈部都详稳"②。道宗咸雍四年（1068）后，改为乌古敌烈统军司。③道宗末年，又改为西北路统军司。④统军使治河董城，下辖静边城、皮被河城、巨母古城、塔懒王城、静州等边防城。乌古敌烈统军司（都详稳司）在辽朝中后期管辖今蒙古高原东部、大兴安岭以西克鲁伦河（辽胪朐河）流域的乌古、敌烈诸部，以分担西北路招讨司的军事压力。⑤

《辽史·地理志》"中京道"下，除中京留守辖区"中京路"外，另有高级军事区划"辽西路"，包含一府（兴中府）、五节镇（宜州崇义军、锦州临海军、川州长宁军、建州保静军、来州归德军）及其下辖州县。余蔚最早注意到，兴中府的前身霸州彰

---

① （元）脱脱等：《辽史》卷30《天祚皇帝纪四》，第399页。

② （元）脱脱等：《辽史》卷88《耶律的琭传》，第1481页。

③ 据《辽史》卷22《道宗纪二》记载，咸雍四年（1068）七月，"置乌古敌烈部都统军司"。（第304页）《辽史》所言即《萧兴言墓志》谓道宗时"改详稳司为统军司"。（向南、张国庆、李宇峰辑注：《辽代石刻文续编》，第188页）

④ 康鹏：《辽代五京体制研究》，第115页。

⑤ 余蔚：《中国行政区划通史·辽金卷》，第63页。

武军节镇与宜州崇义军、锦州临海军、川州长宁军、建州保静军四处节镇构成地方高级军事区划"辽西路"①。据《辽史·圣宗纪》记载：统和二十七年（1009）四月，"废霸州处置司"②。《地理志》载："兴中府。本霸州彰武军……统和中，制置建、霸、宜、锦、白川等五州。寻落制置……重熙十年（1041）升兴中府。"③知早在中京大定府与兴中府尚未建立前，圣宗统和年间已在霸州置处置司，作为统一管理霸州、建州、宜州、锦州、白川州等五个节镇的机构，呈现出向独立军事区划发展的倾向。统和二十五年（1007），中京大定府设立后，圣宗废霸州处置司，试图由中京留守管理霸、建、宜、锦等州。显然圣宗的此次改革并未成功，因为开泰六年（1017）《朝阳东塔经幢记》中便出现"建、霸、宜、白川、锦等州制置使、金紫崇禄大夫、检校太尉、守左千牛卫上将军、知彰武军节度使事韩绍基施财"的记载。④《辽史·圣宗纪》载：开泰七年（1018），"以萧进忠为彰武军节度使兼五州制置"⑤。《百官志》载："五州制置使司。圣宗开泰九年（1020）见霸、建、宜、泉（白川之误）、锦五州制置使。"⑥至开泰末，又出现"七州都巡检"。据重熙六年（1037）《韩橁墓志》记载，太平五年（1025）以前，韩橁曾担任"乾、显、宜、锦、建、霸、白川七州都巡检"⑦。参照《宋史·职官志》记载巡检

① 余蔚：《中国行政区划通史·辽金卷》，第 87 页。
② （元）脱脱等：《辽史》卷 14《圣宗纪五》，第 178 页。
③ （元）脱脱等：《辽史》卷 39《地理志三》，第 550 页。
④ 《朝阳东塔经幢记》，向南：《辽代石刻文编》，第 149 页。
⑤ （元）脱脱等：《辽史》卷 16《圣宗纪七》，第 205 页。
⑥ （元）脱脱等：《辽史》卷 48《百官志四》，第 922 页。
⑦ 《韩橁墓志》，向南：《辽代石刻文编》，第 205 页。

"掌训治甲兵、巡逻州邑、擒捕盗贼事"①，知"七州都巡检"与此前的"五州制置使"，皆具有巡防、维持地方治安的职责，可见以霸州彰武军为中心的军事区划发展趋势并未因中京的设立而停止，反而进一步加强。故余蔚将此前五个节镇，以及一度增加的乾州广德军、显州奉先军两处节镇所构成的高级军事区划称为"治安区"，"重在治内而非防外"②。以霸州彰武军节度使兼任五州制置使或七州都巡检使，为辽西路最高军事首脑。

然七州都巡检的格局并未维持很久，太平七年（1027）《耶律遂正墓志》载志主"移彰武军节度五州制置使，同政事门下平章事"③，又恢复五个节镇的建置。乾州广德军、显州奉先军两处节镇曾一度由彰武军节度使节制其兵事，亦与前文所述"东京道"下军事区划在圣宗朝的调整相印证。最终脱离"辽西路"治安区，推测应与距离霸州彰武军节镇较远有关。五州制置使由彰武军节度使兼任，无形之中使得霸州成为这一区域的核心城市。重熙十年（1041）霸州升为兴中府后，由知府负责兴中府、宜州崇义军、锦州临海军、川州长宁军、建州保静军、来州归德军④的军事治安。"辽西路"与"中京路"至此正式成为两处独立、平

---

① （元）脱脱等：《宋史》卷167《职官志七》，第3982页。
② 余蔚：《中国行政区划通史·辽金卷》，第87页。
③ 《耶律遂正墓志》，向南、张国庆、李宇峰辑注：《辽代石刻文续编》，第68页。
④ 无论彰武军节度使兼任"五州制置使"抑或兼任"七州都巡检使"，皆统辖锦州临海军节度使辖区。据重熙二年（1033）《萧琳墓志》记载，萧琳的结衔为"故临海军节度使、锦、严、来等州观察处置使、检校太师、右千牛卫上将军、使持节锦州诸军事、行锦州刺史、加兼御使大夫"。（向南、张国庆、李宇峰辑注：《辽代石刻文续编》，第71页）重熙二年时，来州仍为锦州临海军节度使属州。故来州升为归德军节镇后，应与临海军节度使辖区相同，属于"辽西路"治安区范围内。

行的高级军事区划。

最后，今本《辽史·地理志》"西京道"下，同样包含两处高级军事区划。西京兵马都部署司辖区"西京路"下辖武定军节度使（治奉圣州，辖归化、可汗、儒三州）、忠顺军节度使（治蔚州）、彰国军节度使（治应州）、顺义军节度使（治朔州，辖武州）辖区，及西京留守辖区（治大同府，辖弘、德二州），共计一府十州，涵盖范围即《辽史·地理志》"西京道"的东南面。而《地理志》"西京道"余下的节镇、州、军、城，包括天德军节度使辖区（治丰州）、开远军节度使辖区（治云内州）、宁边州镇西军、东胜州武兴军、金肃州、河清军，五州一军位于西京兵马都部署司辖区的西北面，"兵事属西南面招讨司"，清晰地反映出《地理志》"西京道"下共存在两处高级军事区划。

西南面招讨司早在契丹建国之初就已设立。据《辽史·太祖纪》记载，神册元年（916）七月，太祖西征"突厥、吐浑、党项、小蕃、沙陀诸部，皆平之"；十一月，"攻蔚、新、武、妫、儒五州……自代北至河曲逾阴山，尽有其地……置西南面招讨司，选有功者领之"①。耶律阿保机于神册元年（916）十一月置西南面招讨司，最初治所不详；神册五年（920）后治丰州，辖丰州、云内州；会同元年（938）后增辖东胜州；重熙十二年（1043）增辖宁边州、金肃州、河清军，②最终形成今本《辽史·地理志》西南面招讨司统辖格局。

西南面招讨司主要负责党项、西夏事务，职责为"控制西

---

① （元）脱脱等：《辽史》卷1《太祖纪上》，第11页。
② 余蔚：《中国行政区划通史·辽金卷》，第58页。

夏"①，西南面招讨司辖区内五州一军中，云内州、金肃州、河清军与西夏接壤，其中金肃州、河清军设置于重熙十二年（1043），本便是为征伐西夏所置。辽夏关系缓和后，随着北面拔思母等部的兴起，西南面招讨司的军事重心北移。出兵镇戍于西南面招讨司辖区内的十个部族军中有涅剌部、迭剌迭达部、品达鲁虢部、涅剌越兀部、斡突盌部乌古部的驻防之地位于"黑山（阴山）北"，没能抵挡住拔思母等阻卜诸部侵扰，特别是拔思母等部一度掠至辽朝内地外侧，惊动了东北路统军司，使得位于西南面招讨使之下的倒塌岭节度使司的战略地位有所提升。

以上看来，今本《辽史·地理志》所言"五京道"下包含多处军事区划，辽朝驻防体系呈现"分区化"与"层级化"管理特点。

第四节　辽朝三级军事区划体系

辽朝在州、军、城之上设置上京留守司、中京留守司、南京都元帅府（兵马都总管府）、西京兵马都部署司、东京兵马都部署司（东京留守司）、兴中府、西北路招讨司、西南面招讨司、东北路统军司、黄龙府兵马都部署司、北女真兵马司、南女真汤河司、东京统军司等军事机构。王曾瑜曾提出，辽朝军区分为大

---

① （宋）徐梦莘：《三朝北盟会编》卷21《政宣上帙二十一》引《亡辽录》，第153页。（宋）叶隆礼撰，贾敬颜、林荣贵点校：《契丹国志》卷22《州县载记·控制诸国》，第235页。按：辽太宗至圣宗时期，西南面招讨司也兼顾山西地区防务。（康鹏：《辽代五京体制研究》，第36—37页）

军区和小军区两种类型，小军区主要指节镇。① 本书赞同王曾瑜先生关于小军区即节镇的观点，但认为在节镇之上尚存在二级军事区划。如前所述，上文所考军事机构分为高级与中级二级，与低级军事划节镇，共同构成辽代三级军事区划体系。

辽代高级军事区划即"军事路"，包括上京路（上京留守司辖区）、中京路（中京留守司辖区）、南京路（南京都元帅府辖区）、西京路（西京兵马都部署司辖区）、东京路（东京兵马都部署司辖区）、西北路（西北路招讨司辖区）、西南面（西南面招讨司辖区）、东北路（东北路统军司辖区）、辽西路（兴中府知府监察区）等。其他军事机构辖区，包括北女真兵马司辖区、南女真汤河司辖区、东京统军司辖区等，均为中级军事区划。

从统辖范围上看，高级军事区划覆盖辽朝全境，中级军事区划位于高级军事区划内，往往为高级军事机构的分支机构或因事设置。辽代中级军事区划具有以下三个特点。第一，从军事机构长官身份上看，中级军事机构长官仅相当于高级军事机构长官的属官。据《辽史·萧夺剌传》记载："（萧夺剌）后为乌古敌烈统军使，克敌有功，加龙虎卫上将军，授西北路招讨使……改东北路统军使。乾统元年，以久练边事，复为西北路招讨使……先是，有诏方面无事，招讨、副统军、都监内一员入觐。是时同僚皆阙，夺剌以军事付幕吏而朝，坐是免官。改西京留守，复为东北路统军使。"② 萧夺剌在西北路招讨使、东北路统军使、西京留

---

① 王曾瑜：《辽金军制》，第 39-61 页。

② （元）脱脱等：《辽史》卷 92《萧夺剌传》，第 1505-1506 页。

守间来回迁转，三者同为高级军事机构长官无疑。而萧夺刺由乌古敌烈统军使，"加龙虎卫上将军"后，升任西北路招讨使，可见西北路招讨使级别高于乌古敌烈统军使。同时，《辽史·萧夺刺传》所言"方面"即指军事路而言，"招讨"即军事路最高长官。"副统军"一方面指高级军事机构长官的副手为统军使（或级别相当于统军使），如南京兵马都总管（都元帅）的副手为南京统军使；[①]另一方面指高级军事机构的分支机构（中级军事机构）长官为统军使（或级别相当于统军使）。此观点可以在辽代各军事路中得到验证。

据《辽史·奚回离保传》记载："天庆间，徙北女直详稳，兼知咸州路兵马事，改东京统军。"[②]北女真兵马司驻咸州，兵马使的完整结衔为"北女直详稳、知咸州路兵马事"。奚回离保由北女真兵马使改任东京统军使，可见北女真兵马使与东京统军使为相同级别。参照余靖《契丹官仪》记载南京统军使"掌契丹渤海之兵"[③]，知《亡辽录》中"契丹奚汉渤海四军都指挥使"即辽朝后期的"东京统军使"，为东京兵马都部署的属官。又据《耶律章奴传》记载，"天庆四年，授东北路统军副使。五年，改同知咸州路兵马事"[④]。"改同知咸州路兵马事"指任命品秩低于兵马使的耶律章奴代理北女真兵马使，耶律章奴由东北路统军副使代理北女真兵马使，可见北女真兵马使级别亦低于东北路统军

---

① 余蔚：《中国行政区划通史·辽金卷》，第49–50页。
② （元）脱脱等：《辽史》卷114《奚回离保传》，第1666–1667页。
③ （宋）余靖撰，黄志辉校笺：《武溪集校笺》卷18《杂文·契丹官仪》，第540页。
④ （元）脱脱等：《辽史》卷100《耶律章奴传》，第1574页。

使。① 再据《萧义墓志》记载，"寿昌元年，历南女直都监，授东京四军副都指挥使"②。《辽史·百官志》载"汤河详稳司，亦曰南女直汤河司"③。南女真汤河司的军事长官为南女真详稳，其次为都监。萧义由南女真都监转任东京四军副都指挥使（东京统军副使），可见南女真详稳身份等同于东京统军使，同样相当于东京兵马都部署的属官。

由此可知，辽代高级军事机构长官为招讨使、留守、都统军使，或留守兼任的都元帅（都总管）、都部署等。中级军事机构长官为统军使、兵马使等，级别相当于高级军事机构长官的属官。

第二，中级军事区划辖区具有一定的临时性与可变性。以"东京路"为例，道宗大康元年以前，东京留守尚未兼任东京兵马都部署时，东京留守司为"东京路"之主司，其余各军事机构为分支机构。以东京辽阳府为中心，东京兵马都部署司主要承担辽阳府西北面防务，东京统军司主要负责辽阳府东南面防务，黄龙府兵马都部署司负责辽阳府以北防务，北女真兵马司负责辽阳府东北面防务，南女真汤河司负责辽阳府以南防务。这种各军事机构辖区插花分布，看似不合理，但其实正是各中级军事机构为东京分支机构，以及诸司下辖州军具有一定的临时性或可变性造成的。

---

① 东北路统军司长官全称为"东北路都统军使"，级别高于普通"统军使"。参见（元）脱脱等：《辽史》卷46《百官志二》，第835页。

② 《萧义墓志》，向南：《辽代石刻文编》，第623页。

③ （元）脱脱等：《辽史》卷46《百官志二》，第835页。

因中级军事区划设置的临时性与可变性特征，辽朝经常调整中级军事区划辖区。如前述东京统军司辖区，保州、来远城，以及保州的大后方开州，兵事一度隶属于东京统军司，而位于保州附近的定州则始终隶属于东京留守司。兴宗年间，萧韩家奴上言，建议"并开、保州，皆隶东京"①。开州与保州军事上隶属于东京统军司，故此处萧韩家奴建议"隶东京"，当为调整东京统军司辖区，由东京留守司直接负责开、保二州兵事。由《辽史·地理志》记载"开州，镇国军，节度……隶东京留守，兵事属东京统军司"②，我们可知元人修史时不察，将开州兵事一度隶属于东京统军司，后民政、兵事皆由东京留守司统辖的情况一并加以记载。《亡辽录》中记有"保州都统军司"，却不见"东京统军司"的记载，亦证东京统军司设置具有临时性特征，辽朝对东京统军司辖区进行了调整，至辽末改由保州统军司负责防御高丽。

《辽史·圣宗纪》记载，统和二十九年（1011）十二月，"置归、宁二州"③。《辽史·地理志》载归州本为"太祖平渤海，以降户置，后废"，直到统和二十九年复置。④《辽史·景宗纪》载：保宁八年（976）九月，"东京统军使察邻、详稳涧奏女直袭归州五寨，剽掠而去"⑤。故归州废罢当在保宁八年以后，罢废前兵事隶东京统军司，故女真袭扰归州一事由东京统军使上奏朝廷。然

---

① （元）脱脱等：《辽史》卷103《萧韩家奴传》，第1597页。
② （元）脱脱等：《辽史》卷38《地理志二》，第520页。
③ （元）脱脱等：《辽史》卷15《圣宗纪六》，第186页。
④ （元）脱脱等：《辽史》卷38《地理志二》，第537页。
⑤ （元）脱脱等：《辽史》卷8《景宗纪上》，第103页。

《辽史·地理志》载归州"兵事属南女直汤河司"①，可见归州复置后改隶南女真汤河司，同样反映出辽朝对中级军事区划辖区进行了调整。

第三，辽代中级军事区划并非一成不变，存在时置时废，或升为高级军事区划的情况。时置时废方面，如《辽史·百官志》记载的辽阳大都督府、东京安抚使司、云州宣谕招抚使司等，②皆不见其他史料记载，即应为临时设置的中级军事区划，旋即废置。区划升级方面，有辽一朝，中级军事区划升为高级军事区划除前述东北路详稳司辖区升为东北路统军司辖区"东北路"外，还包括黄龙府兵马都部署司辖区一例。据《辽史·萧兀纳传》记载："天庆元年，知黄龙府事，改东北路统军使。"③萧兀纳由黄龙府知府（兼任黄龙府兵马都部署）改任东北路统军使，参照黄龙府与兴中府同为"大藩府"④，推测辽朝为强化对兀惹、铁骊与女真蒲卢毛朵、五国等部的管控，将黄龙府兵马都部署辖区"黄龙府路"由中级军事区划升为高级军事区划，并为金初所继承，置"黄龙路都统司"⑤。其他中级军事区划，保州统军司辖区、北女真兵马司辖区、南女真汤河司辖区三处，至金初升为高级军事区划（保州路都统司、咸州路都统司、南路都统司）。⑥

最后需要指出的是，辽朝尚存在一处由低级军事区划升为

① （元）脱脱等：《辽史》卷38《地理志二》，第537页。
② （元）脱脱等：《辽史》卷48《百官志四》，第902、904页。
③ （元）脱脱等：《辽史》卷98《萧兀纳传》，第1556页。
④ （宋）徐梦莘：《三朝北盟会编》卷21《政宣上帙二十一》引《亡辽录》，第152页。
⑤ 王曾瑜：《辽金军制》，第147页。
⑥ 王曾瑜：《辽金军制》，第147页。

高级军事区划的例子，即辽兴军节度使（治平州）辖区。保大二年，"以燕、云、平、上京、中京、辽西六路，淳主之；沙漠以北、南北路两都招讨府、诸蕃部族等，仍隶天祚"①。辽兴军节度使辖区"平州路"至辽末与燕（南京路）、云（西京路）、上京路、中京路、辽西路、西北路、西南面等高级军事区划并列，推测辽兴军节度使辖区至辽末由低级军事区划升为高级军事区划，亦为金初所继承，置"南京路都统司"（金初一度以平州为南京）。②

综上，辽朝存在三级军事区划体系：高级军事区划，即"军事路"，长官为招讨使、留守、都统军使，或留守兼任的都元帅、都总管、都部署等，主要存在九处，分别为上京留守辖区"上京路"、中京留守辖区"中京路"、东京兵马都部署（东京留守兼任）辖区"东京路"、南京都元帅（南京留守兼任）辖区"南京路"、西京兵马都部署（西京留守兼任）辖区"西京路"、西北路招讨司辖区"西北路"、西南面招讨司辖区"西南面"、东北路统军司辖区"东北路"、兴中府知府监察区"辽西路"。中级军事区划，即高级军事机构的分支机构辖区或因事设置，长官为统军使、兵马使等，主要包括北女真兵马司、南女真汤河司、东京统军司、黄龙府都部署司、保州统军司、乌古敌烈统军司等。至辽末，黄龙府兵马都部署辖区升为高级军事区划"黄龙府路"。低级军事区划，即节镇，长官为节度使。由《辽史·地理志》记载可知，除祺州祐圣军作为辽州始平军节镇的支州，兵事一度"属

---

① （元）脱脱等：《辽史》卷30《天祚皇帝纪四》，第399页。
② 王曾瑜：《辽金军制》，第147页。

北女直兵马司"①，不隶节度使外，其他节镇支州军事皆由节度使统辖。辽兴军节度使辖区至辽末，亦升为高级军事区划"平州路"。辽朝驻防体系至辽末最终定型为十一处高级军事区划（即王曾瑜所言"大军区"），分别为上京路、中京路、东京路、南京路、西京路、西北路、西南面、东北路、辽西路、黄龙府路与平州路。

余　论

由于军事区划的设置，涉及物资调配等诸多财赋问题，辽代军事路与财赋路设置密切相关。军事路"西南面""西北路"依靠财赋路"西京路""上京路"提供物资调配。据《辽史·食货志》记载："一时产盐之地如渤海、镇城、海阳、丰州、阳洛城、广济湖等处，五京计司各以其地领之。"②此处所言丰州，当指西南面招讨司治所之丰州。③西南面招讨司辖区在财政上应隶属于西京转运使司，财赋路"西京路"涵盖军事路"西京路"与"西南面"。重熙四年（1035），耶律唐古上疏："自建可敦城已来，西蕃数为边患，每烦远戍。岁月既久，国力耗竭。不若复守故疆，

---

① （元）脱脱等：《辽史》卷38《地理志二》，第529页。

② （元）脱脱等：《辽史》卷60《食货志下》，第1032页。

③ 由《辽史·地理志》可知，辽朝共有三个丰州，分别为上京道丰州、东京道丰州与西京道丰州（即西南面招讨司治所）。三处丰州中，只有西京道丰州为产盐地，辖区内有"大盐泺"。参见（元）脱脱等：《辽史》卷37《地理志一》、卷38《地理志二》、卷41《地理志五》，第508、525、580页。

省罢戍役"①。西北路招讨司辖区内的物资供应当由距离其最近的上京盐铁使司调配，财赋路"上京路"涵盖军事路"上京路"与"西北路"。军事路"东北路"地跨"上京道"与"东京道"，由上京盐铁使司或东京户部使司提供物资调配皆为不便，加之辽朝中后期诸帝于长春州附近春捺钵，故重熙二十二年（1053）辽朝设长春州钱帛司，②负责皇帝捺钵所需以及东北路详稳司（统军司）③辖区的物资调配。

财赋路"中京路""辽西路""东京路"范围与军事路"中京路""辽西路""东京路"相同。需要强调的是，军事路"东京路"下辖各中级军事区划，如黄龙府兵马都部署司辖区、北女真兵马司辖区、南女真汤河司辖区、保州统军司辖区等，皆由东京户部使司提供物资调配。故天庆七年（1117）保州统军司致书高丽："昨为生女真及东京渤海背乱，致不广收得田禾，官司虽有见在谷粟，所有正军外平闲民户阙少粮储，权时掇借米货五万石"，"女真背乱，并东京、渤海续有背叛，道路不通，统军部内，田禾未收，米谷踊贵"④。由于女真人的进攻加之渤海人高永昌的叛乱，东京户部使司无法为保州统军司辖区提供军粮，导致保州统军司辖区粮草接济不上，只得向高丽借粮。黄龙府都部署司辖区升为"黄龙府路"后，应同样由财赋路"东京路"供应物资。

最后，据曾于北宋仁宗庆历三年至五年（辽兴宗重熙十二

---

① （元）脱脱等：《辽史》卷91《耶律唐古传》，第1500-1501页。
② （元）脱脱等：《辽史》卷20《兴宗纪三》，第280页。
③ 东北路统军司前身为东北路都详稳司，道宗咸雍七年（1071）至大康三年（1077）间改为统军司。参见余蔚：《中国行政区划通史·辽金卷》，第69页。
④ ［朝鲜王朝］郑麟趾等：《高丽史（第一）》卷14《睿宗世家三》，第209页。

年至十四年，1043—1045）三次出使辽朝的宋朝使者余靖记载：
"契丹司会之官，虽于燕京置三司使，唯掌燕、蓟、涿、易、檀、顺等州钱帛耳。又于平州置钱帛司，荣（营）、滦等州属焉。中京置度支使，宜、霸等州隶焉。东京置户部使，辽西、川、锦等州隶焉。上京置盐铁使，饶、泽等州隶焉。山后置转运使，云、应等州属焉。置使虽殊，其实各分方域，董其出纳也"①。平州辽兴军节镇因其重要的地理位置及其作为辽朝重要的盐产地，直至辽末，经济上始终未被整合进南京三司使司，经济上的独立性为辽兴军节度使辖区由低级军事区划升为高级军事区划奠定了基础。

---

① （宋）余靖撰，黄志辉校笺：《武溪集校笺》卷18《杂文·契丹官仪》，第541页。

第六章　集兵点将：辽朝行军体制

《辽史》纪、传屡见"行军""行营"之称，并载有行军都统、行军副都统、行军都监等行军长贰，《辽史·百官志》更专设"北面行军官"条。[1] 可见辽朝军队出征，在当时受到相当程度的重视。军队出征在周至唐代前期称为行军，[2] 唐后期、五代为行营。目前学界关于周至五代出征制度的研究，以《唐代行军制度研究》为代表，已取得可观的成果。反观辽朝，则仅有王曾瑜《辽金军制》对辽朝军队的征集和编组情况所作的简要概述，[3] 以及林鹄《辽史百官志考订》对"北面行军官"条进行考证。[4] 基于此种情况，有必要深化对辽朝行军制度的研究。

辽朝行军的集中记载见于《辽史·兵卫志》"兵制"条：

> 凡举兵……乃诏诸道征兵。惟南、北、奚王，东京渤海兵马，燕京统军兵马，虽奉诏，未敢发兵，必以闻。上

---

① （元）脱脱等：《辽史》卷 46《百官志二》，第 842 页。

② 孙继民：《唐代行军制度研究》（增订本），北京：中国社会科学出版社，2018 年，第 3-4 页。

③ 王曾瑜：《辽金军制》，第 65-90 页。

④ 林鹄：《辽史百官志考订》，第 148-156 页。

遣大将持金鱼符，合，然后行。始闻诏，攒户丁，推户力，核籍齐众以待。自十将以上，次第点集军马、器仗。符至，兵马本司自领，使者不得与。唯再共点军马讫，又以上闻。量兵马多少，再命使充军主，与本司互相监督。又请引五方旗鼓，然后皇帝亲点将校。又选勋戚大臣，充行营兵马都统、副都统、都监各一人。又选诸军兵马尤精锐者三万人为护驾军，又选骁勇三千人为先锋军，又选剽悍百人之上为远探拦子军，以上各有将领。又于诸军每部量众寡，抽十人或五人，合为一队，别立将领，以备勾取兵马，腾递公事。①

"兵制"条描述了辽朝行军点集、编制和统帅任命的大致轮廓，而见于零散史料记载的辽朝行军亦较多地体现在这三个方面。故本章结合诸方文献，围绕辽朝行军的兵员、编制、统帅进行论述，以厘清辽朝行军的基本面貌，进而反思辽朝诸系统军队、行军体制与其军政制度之间的互动关系。

第一节　辽朝行军的兵员

虽然按照《辽史·百官志二》所载，"辽宫帐、部族、京州、属国，各自为军，体统相承，分数秩然"②。似乎辽朝的行军仅征集自宫帐、部族、京州和属国。但事实上，除这里明确记载的四

① （元）脱脱等：《辽史》卷34《兵卫志上》，第451-452页。
② （元）脱脱等：《辽史》卷46《百官志二》，第825页。

个系统之外，辽朝行军还有一些征集自其他系统的兵员。综合各史料看，这些行军诸兵员，不仅因时因地多有差异，而诸类兵员在行军中的地位和作用，亦往往多处于变化之中。关于这些征集自各系统的兵员，分别考述如下：

1. 宫帐军

斡鲁朵下属的部族民户被称为"宫分人"，由其组成的宫卫骑军是辽朝重要的军事力量。[①] 作为行军的宫帐军就是宫卫骑军，即宫分军。

斡鲁朵最初由阿保机的亲信构成，负责守卫其安全和跟随外出征伐。就现有文献而言，宫分军作为单独的一支军队出外征伐的时间较晚。其中，辽圣宗统和四年（986）五月，"诏遣详稳排亚率弘义宫兵及南北皮室、郎君、拽剌四军赴应、朔二州界，与惕隐瑶升、招讨韩德威等同御宋兵在山西之未退者"。[②] 为目前文献所见宫卫军外出作战最早的记载。排亚即萧排押，史载其又"总永兴宫分糺（军[③]）及舍利、拽剌、二皮室等军，与枢密使耶律斜轸收复山西所陷城邑"[④]。弘义宫为辽太祖斡鲁朵，永兴宫为辽太宗斡鲁朵，这表明最晚在辽宋战争之时，宫分军已编入行军外出作战。辽宋战争后，宫分军又先后三次随军出征。[⑤] 到圣宗朝以后，宫分军出征已成为定制。如辽道宗大安八年（1092），

① 杨军：《辽代斡鲁朵研究》，《学习与探索》2015 年第 5 期，第 154 页。

② （元）脱脱等：《辽史》卷 11《圣宗纪二》，第 130 页。

③ 糺即军。详见杨若薇：《契丹王朝政治军事制度研究》（修订版），第 222 页。

④ （元）脱脱等：《辽史》卷 88《萧排押传》，第 1475 页。

⑤ （元）脱脱等：《辽史》卷 13《圣宗纪四》、卷 89《耶律韩留传》、卷 15《圣宗纪六》，第 157、1488、194 页。

讨伐北阻卜时，"宫分等军具陷于敌"①。大安十年（1094），讨伐敌烈等部，敦睦宫太师耶律爱奴及其子战死。②直至辽末女真起兵之时，仍有永兴宫使耶律佛顶和延昌宫使萧昂作战的记载。③

应该说，宫分军自圣宗朝开始频繁编入行军，与斡鲁朵的发展密切相关。辽代中后期，诸斡鲁朵已成为直属皇帝的庞大力量，成为契丹王朝维持统治的基础之一。④宫分军编入行军的情况，也正是在这个过程中逐渐制度化的。

2. 部族军

部族军指征发自部族的军队。《辽史·营卫志》记载，辽朝建国后的部族，有"辽内四部族""太祖二十部""圣宗三十四部""辽国外十部"。其中，"辽国外十部"应归属国军的征集对象。至于所谓"辽内四部族"，即遥辇九帐族，横帐三父房族，国舅帐拔里、乙室己族和国舅别部，虽然出征，但从"太祖二十部，二国舅升帐分，止十八部"⑤的说法来看，"帐分"与"部"则有明显区别。且按《兵卫志》"众部族军"条，亦不含"辽内四部族"。故部族军的征集范围，应为太祖十八部和圣宗三十四部。

需要指出的是，《辽史》等史书，虽多见五院部、六院部、乙室部、奚六部等大部族外出作战。然由辽太祖天显元年（926）

---

① （元）脱脱等：《辽史》卷94《耶律何鲁扫古传》，第1523页。
② （元）脱脱等：《辽史》卷25《道宗纪五》，第341页。
③ （宋）徐梦莘：《三朝北盟会编》卷21《政宣上帙二十一》引《亡辽录》，第151页。
④ （元）杨军：《辽代斡鲁朵研究》，《学习与探索》2015年第5期，第155页。
⑤ （元）脱脱等：《辽史》卷33《营卫志下》，第436页。

攻伐渤海 ①、辽太宗征伐后晋 ②、辽景宗援助北汉 ③、辽圣宗对宋战争 ④ 等记载可知，奚迭刺部（迭刺迭达部）、突吕不部、品部亦曾出兵作战。由此可看出，辽朝诸部族皆有出兵作战的职责，只因《辽史》记载简略，小部族出征的情况，多被相关记载中的"等"字一笔带过了。

至于"辽内四部族"军，其中遥辇九帐族的兵马称为遥辇军，国舅帐拔里、乙室己族和国舅别部的军队称为国舅军，而横帐三父房，《辽史》未见横帐军之称，惟宋人路振所作《乘轺录》云："契丹诸族曰横帐兵，惕隐相公统之" ⑤。于此，王曾瑜认为，这里的横帐兵即横帐三父房族的部族军，其统兵官为惕隐相公，似即辽朝的大惕隐。⑥ 然辽朝虽有不少惕隐带兵打仗的记载，但并未指明其所带为横帐兵，故很难说横帐可作为一个军事单位出征。

作为独立军队出征的遥辇军出现较早，辽太祖天显元年征渤海之际，遥辇敌稳耶律海里即将遥辇糺从征。⑦ 直至辽圣宗开泰七年（1018）十二月征高丽，仍有遥辇帐详稳阿果达战死的记载，⑧ 表明遥辇帐在出征时有义务从军。国舅军独立出征则出现于

---

① （元）脱脱等：《辽史》卷2《太祖纪下》、卷33《营卫志下》、卷73《耶律斜涅赤传》《耶律欲稳传》，第24、439、1350、1352页。

② （元）脱脱等：《辽史》卷3《太宗纪上》、卷75《耶律图鲁窘传》、卷4《太宗纪下》、卷77《耶律吼传》，第40–42、1370、62、1389页。

③ （元）脱脱等：《辽史》卷9《景宗纪下》，第109–110页。

④ （元）脱脱等：《辽史》卷11《圣宗纪二》，第128–132页。

⑤ （宋）路振：《乘轺录》，赵永春辑注：《奉使辽金行程录》（增订本），第21页。

⑥ 王曾瑜：《辽金军制》，第75页。

⑦ （元）脱脱等：《辽史》卷73《耶律海里传》，第1353页。

⑧ （元）脱脱等：《辽史》卷17《圣宗纪八》，第207页。

辽圣宗统和四年（986）八月，据记载，当时有王六领国舅军参
加对宋战争，同年十一月，又有桃畏权领国舅军伐宋。①此后还
先后有 5 次国舅军出兵征伐或平叛的记载见于史书。②

3. 京州军

此类军队，王曾瑜认为是指五京道各州县征集汉族和渤海
族等壮丁组成的军队，《辽史》卷 36《兵卫志》"五京乡丁"应
作"五京道乡丁"③。王氏的观点意为京州军即"五京（道）乡
丁"。然根据《辽史·地理志》的记载，辽朝节镇皆有军号，绝
大多数刺史州、防御州、观察州亦有军号，可知辽代京州中皆驻
有军队。故《辽史·地理志》中所言某节镇、州"兵事"，一方
面是继承唐末五代制度，指代节镇、州长官招募来的军队，如
节度使下马军、步军；④另一方面则是指代"五京乡丁"⑤。按辽
制，战时，节镇、州军跟随所隶地方军事机构出战，马军、步
军补充野战部队，"五京乡丁"或为主力部队提供后勤辎重，或
负责战时开路，⑥即战时"于本国州县起汉人乡兵万人，随军专
伐园林，填道路"⑦。京州军参战的记载较多，如辽圣宗开泰七年
（1018）十月，东京留守耶律八哥率军参与征伐高丽；⑧圣宗太平

① （元）脱脱等：《辽史》卷 11《圣宗纪二》，第 132-134 页。
② （元）脱脱等：《辽史》卷 15《圣宗纪六》、卷 93《萧惠传》、卷 17《圣宗纪
　　八》，第 184、191、195、230、1511 页。
③ 王曾瑜：《辽金军制》，第 71 页。
④ （元）脱脱等：《辽史》卷 48《百官志四》，第 907 页。
⑤ （元）脱脱等：《辽史》卷 36《兵卫志下》，第 473-485 页。
⑥ 陈俊达：《辽朝节镇体制研究》，第 146 页。
⑦ （元）脱脱等：《辽史》卷 34《兵卫志上》，第 453 页。
⑧ （元）脱脱等：《辽史》卷 16《圣宗纪七》，第 206-208 页。

八年（1028）大延琳叛乱，时任贵德州宁远军节度使的耶律宗福"率部兵"参战；[1] 天祚帝天庆四年（1114）七月，女真起兵，辽朝"遣海州刺史高仙寿统渤海军应援"[2]。由此可知，所谓京州军，乃指征发自京府、节镇、刺史州、防御州、观察州的军队。《辽史·地理志》所载节镇、州的"兵事隶"或"兵事属"某统军司、招讨司、兵马司和都部署司，其中一方面指的就是在战时跟随所隶地方军事机构出战。

4. 属国军

《辽史·兵卫志》"属国军"条记载："辽属国可纪者五十有九，朝贡无常。有事则遣使征兵，或下诏专征，不从者讨之。助军众寡，各从其便，无常额。"[3] 本条是元朝史臣将旧本《辽史》出现的一些部族或政权罗列于此的结果，[4] 实际上指的是向辽朝不定期朝贡的一些部族，多在战时或主动或被动编入行军行列。

"属国军"从征始于辽太祖时期。《辽史》有天显元年征渤海获胜，"以奚部长勃鲁恩、王郁自回鹘、新罗、吐蕃、党项、室韦、沙陀、乌古等从征有功"的记载。[5] 其中回鹘至乌古的部族

---

① 《耶律宗福墓志》，向南、张国庆、李宇峰辑注：《辽代石刻文续编》，第142页。此处"部兵"指节度使（节镇）辖区内的军队。（陈俊达：《辽朝节镇体制研究》，第147页）

② （元）脱脱等：《辽史》卷27《天祚皇帝纪一》，第366–367页。海州南海军是迁渤海国南京南海府所置［（元）脱脱等：《辽史》卷38《地理志二》，第524页］，故渤海刺史所领渤海军应为其辖区内军队。

③ （元）脱脱等：《辽史》卷36《兵卫志下》，第485页。

④ 武文君：《〈辽史·兵卫志〉的史源与史料价值》，杨共乐主编：《史学理论与史学史学刊》上卷，北京：社会科学文献出版社，2019年，第118页。

⑤ （元）脱脱等：《辽史》卷1《太祖纪下》，第24页。

即属国军。史称辽圣宗统和二十八年（1010）十月，"女直进良马万匹，乞从征高丽，许之"①。又开泰四年（1015）正月，辽朝讨伐高丽时，"总大军及女直诸部兵分道进讨"②。又辽兴宗重熙十三年（1044）六月，"阻卜酋长乌八遣其子执元昊所遣求援使窊邑改来，乞以兵助战，从之"③。这些皆为自愿从征的部族。至于辽朝主动向属国征兵的记载，是辽圣宗太平六年（1026）讨回鹘阿萨兰，时"征兵诸路，独阻卜酋长直剌后期，立斩以徇"④。可知这些不听从辽朝征兵指令的部族首领往往要受到惩罚，即《兵卫志》所言"不从者讨之"。

5. 其他军队

除上述外，辽朝行军中还有一些其他军队，其中包括皇帝的宿卫军——皮室军和殿前都点检司的兵马。皮室军最初负责皇帝的宿卫，并随皇帝出征，⑤如太祖时耶律朔古为右皮室详稳，"从伐渤海"⑥。皮室军在进入辽景宗、圣宗时期开始编入行军行列。《辽史》记载的就有左皮室详稳萧排押征讨阻卜，⑦右皮室详稳耶律欧里斯"将本部兵，从东平王萧排押伐高丽"等。⑧殿前都点检在辽穆宗时期即已出现，其前身称为"禁卫长"。殿前都点检出现后，接替皮室军详稳担负宿卫职任，其所统辖的是皇帝的

---

① （元）脱脱等：《辽史》卷15《圣宗纪六》，第184页。
② （元）脱脱等：《辽史》卷15《圣宗纪六》，第192页。
③ （元）脱脱等：《辽史》卷19《兴宗纪二》，第263页。
④ （元）脱脱等：《辽史》卷93《萧惠传》，第1511页。
⑤ 杨若薇：《契丹王朝政治军事制度研究》（修订版），第201页。
⑥ （元）脱脱等：《辽史》卷76《耶律朔古传》，第1374页。
⑦ （元）脱脱等：《辽史》卷88《萧排押传》，第1475页。
⑧ （元）脱脱等：《辽史》卷81《耶律室鲁传附子欧里斯传》，第1416页。

近侍官兵。① 故较晚出现在文献中的"禁军"，有天子禁兵的含义。出现在行军中的禁军，如统和四年（986）三月，林牙谋鲁姑"率禁军之骁锐者南助休哥"②；辽道宗咸雍五年（1069）三月，西北路招讨使领禁军镇压阻卜叛乱等。③

在这些"其他军队"中，辽太祖时有鹰军、④ 大小鹘军、⑤ 龙军，⑥ 太宗时有铁鹞军，⑦ 圣宗时有铁林军等，⑧ 皆时见载于史籍。按《辽史·国语解》解释鹰军时称："鹰鸷，以之名军，取捷速之义。后托龙军、虎军、铁鹞军者，仿此。"⑨ 可见，鹰军、鹘军、铁鹞军、龙军、铁林军之类的军队皆为骑军。至辽道宗统治时期仍有"铁林、铁鹞、大鹰三军详稳"⑩ 的记载，如前所述，这类军队是天子禁兵中的游牧兵，战时随军编入行军。

此外，辽朝行军中还包括群牧兵。穆宗应历十五年（965）五月平室韦叛乱时，有挞凛、苏二群牧兵；⑪ 大安九年（1093）三月，讨磨古斯的行军中有特满群牧军；⑫ 保大元年（1121），天祚

---

① 杨若薇：《契丹王朝政治军事制度研究》（修订版），第 207 页。
② （元）脱脱等：《辽史》卷 11《圣宗纪二》，第 128-129 页。
③ （元）脱脱等：《辽史》卷 22《道宗纪二》，第 304 页。
④ （元）脱脱等：《辽史》卷 1《太祖纪上》，第 4 页。
⑤ （元）脱脱等：《辽史》卷 1《太祖纪上》，第 8 页。
⑥ （元）脱脱等：《辽史》卷 77《耶律安抟传》，第 1390 页。
⑦ （元）脱脱等：《辽史》卷 4《太宗纪下》，第 60 页。
⑧ （元）脱脱等：《辽史》卷 12《圣宗纪三》，第 143 页。
⑨ （元）脱脱等：《辽史》卷 116《国语解》，第 1691 页。
⑩ "年十九，为本班郎君。历铁林、铁鹞、大鹰三军详稳。乾统元年，由乌古敌烈部屯田太保为易州刺史。"[（元）脱脱等：《辽史》卷 82《萧阳阿传》，第 1426 页] 萧阳阿任三军详稳在乾统元年前，知为辽道宗时期。
⑪ （元）脱脱等：《辽史》卷 7《穆宗纪下》，第 91 页。
⑫ （元）脱脱等：《辽史》卷 25《道宗纪五》，第 339 页。

帝曾在山西集群牧兵为行军。^①此类兵员仅出现在游牧区的战争中。

以上即为辽朝行军兵员的大致构成，其主要包括宫帐、部族、京州、属国四个系统，另有皮室军、禁军、群牧兵等专支军队不定时编入行军。旨在根据不同的战争需要，将不同系统的军队编入行军之中，以保证辽朝应对战争的快速反应能力，保障辽朝的国家安全。

第二节　辽朝行军的编制

辽朝征集而来的诸系统兵员，按照平时编制作为行军时的基本军事单位，并不打乱重组。如统和四年（986）五月，辽圣宗"诏遣详稳排亚率弘义宫兵及南北皮室、郎君、拽剌四军赴应、朔二州界，与惕隐瑶升、招讨韩德威等同御宋兵在山西之未退者"^②。此处弘义宫军、皮室军、拽剌军即为基本军事单位。又史载当年四月，南征都统蒲领奏："敌军引退，而奚王筹宁、北大王蒲奴宁、统军使颇德等以兵追蹑，皆胜之"^③。其中南征都统下的兵马即包括了奚部、五院部、南京统军使^④的兵马。就以上两则史料可以看出，奚部军、五院部军、弘义宫（宫分军）、皮室军、南京统军使兵马，皆为行军的基本军事

---

① （元）脱脱等：《辽史》卷114《萧特烈传》，第1667页。

② （元）脱脱等：《辽史》卷11《圣宗纪二》，第130页。

③ （元）脱脱等：《辽史》卷11《圣宗纪二》，第129页。

④ 统和二年（984）十二月，以耶律颇德为南京统军使。[（元）脱脱等：《辽史》卷10《圣宗纪一》，第122页]

单位。

征集自宫帐的军队，行军名称为诸宫帐名，如前述所列永兴宫分军、弘义宫分军。"辽内四部族"中的国舅帐和遥辇帐，以本"帐"军为编组，行军时称国舅军、遥辇军。这些军队通常是以其长官某宫使或详稳作为行军长官，特殊情况下则由他人代领出兵。如辽宋战争时，有"权领国舅军桃畏"①。

征集自部族的军队皆以本部族为军事单位。辽朝通过旗帜颜色区分部族，《辽史·礼志》载，辽朝在进行祭山仪时，"群臣在南，命妇在北，服从各部旗帜之色以从"②。《辽史·仪卫志》所记略同。③同样，在行军时，亦以不同颜色旗帜区分不同部族的军队，如五院部长官耶律奚底率领出征的军队即称为青帜军。④部族军的行军长官多为本部夷离堇或大王、节度使。有关记载，诸如辽太祖神册五年（920），以迭剌部夷离堇污里轸随皇太子进攻云内州和天德军；⑤辽景宗乾亨元年（979）突吕不部节度使都敏战死等，⑥皆可以为证。偶也有行军长官非部族长官的特例，如景宗乾亨元年北院大王奚底兵败后，其下的五院部军队即由耶律休哥代领。⑦又圣宗平大延琳乱时，以国舅帐人萧拔剌代替北、

---

① （元）脱脱等：《辽史》卷11《圣宗纪二》，第134页。

② （元）脱脱等：《辽史》卷49《礼志一》，第928页。

③ （元）脱脱等：《辽史》卷56《仪卫志二》，第1008页。

④ （元）脱脱等：《辽史》卷82《耶律隆运传》、卷83《耶律斜轸传》，第1421、1434页。

⑤ （元）脱脱等：《辽史》卷2《太祖纪下》，第18页。

⑥ （元）脱脱等：《辽史》卷9《景宗纪下》，第109页。

⑦ （元）脱脱等：《辽史》卷83《耶律休哥传》，第1431页。

南大王，率五院部和六院部军队参与作战。①部族节度使领兵之外，若一支部族军分兵作战，则另以部族都监作为"队帅"统军分兵作战。此见诸史籍者，有统和二十一年（1003）奚王府监军耶律室鲁与奚王萧观音奴分领奚部兵作战等。②按编制，在行军列阵中，一"队"的兵力大概五、七百。③

考诸史实，京州军在行军时，多以京、府、州中的某某军为单位，此种军之下的单位为营。如南京"城中汉兵凡八营，有南北两衙兵、两羽林兵、控鹤兵、神武兵、雄捷兵、骁武兵，皆黥面给粮，如汉制。渤海兵，别有营，即辽东之卒也"④。南京地区的汉兵和渤海兵皆以"营"驻屯。又如辽东京来远城有宣义军，其下设有八营。⑤营的规模大小不等，少有几百，多至几千人。至辽末，京州军以军统营的行军编制仍被保留，例如辽朝为抵抗女真人所募怨军，即以"营"为编制。⑥又如女真接连大败辽军，连克诸京州后，辽军"诸营败卒复聚上京，遣乙薛为上京留守以安抚之"⑦。被女真军击溃的京州军诸营败卒退守上京，亦证明至辽末，以军统营的行军编制仍然存在。

禁军、群牧兵也是各自作为一个行军单位。诸如辽穆宗应历十五年（965），讨伐西北叛乱时，有"雅里斯以挞凛、苏二群

---

① （元）脱脱等：《辽史》卷88《萧敌烈传附弟拔剌传》，第1474页。
② （元）脱脱等：《辽史》卷81《耶律室鲁传》、卷14《圣宗纪五》、卷85《萧观音奴传》，第1415、172、1446页。
③ （元）脱脱等：《辽史》卷34《兵卫志上》，第453页。
④ （宋）路振：《乘轺录》，赵永春辑注：《奉使辽金行程录》（增订本），第15页。
⑤ （元）脱脱等：《辽史》卷36《兵卫志下》，第490-491页。
⑥ （元）脱脱等：《辽史》卷28《天祚皇帝纪二》，第376页。
⑦ （元）脱脱等：《辽史》卷101《萧乙薛传》，第1582页。

牧兵"追击敌人；^①辽道宗大安年间，耶律特么率禁军讨伐磨古斯，^②都是明证。

从记载的情况看，一般行军的基本军事单位之上，设左、中、右三军（翼），由行军长贰分别率领。早在辽景宗乾亨元年（979），耶律休哥即与耶律斜轸分左、右翼与宋朝作战。^③辽圣宗时期，针对东京地区大延琳叛乱的军事部署中，辽朝以萧孝穆为都统、萧匹敌为副统（副部署）、萧蒲奴为都监；萧孝穆居中军，萧匹敌和萧蒲奴则以两翼进行夹击。^④萧蒲奴本传言其"为都监，将右翼军。遇贼战蒲水，中军少却，蒲奴与左翼军夹攻之"^⑤。萧蒲奴率领的军队为右翼军，相应地，萧匹敌应率领左翼军。辽朝左、中、右三翼的行军编制至辽兴宗重熙年间对西夏的征伐、^⑥辽末与女真人作战时^⑦依旧延续保持。辽朝行军作战通常设三军，行军都统率领中军、副都统和都监率领左翼或右翼军。一般在战争规模不大的情况下，也可仅设两军，副统和都监只设一人。左、中、右三军之外，辽朝又于诸系统兵员中选调兵马，组成先锋军、"远探拦子军""腾递公事"军，分别为先遣部队、侦察军和传递军令的兵。若辽朝皇帝亲征，则另外抽调兵马，组成"护

---

① （元）脱脱等：《辽史》卷7《穆宗纪下》，第91页。

② （元）脱脱等：《辽史》卷95《耶律特么传》，第1530页。

③ （元）脱脱等：《辽史》卷83《耶律休哥传》，第1431页。

④ （元）脱脱等：《辽史》卷87《萧孝穆传》、卷17《圣宗纪八》，第1465、230页。

⑤ （元）脱脱等：《辽史》卷87《萧蒲奴传》，第1469页。

⑥ （元）脱脱等：《辽史》卷96《萧韩家奴传》《耶律仁先传》、卷93《萧惠传》《萧惠传附子慈氏奴传》，第1539、1536、1513、1514页。

⑦ （元）脱脱等：《金史》卷2《太祖纪》，第27页。

驾军"，保护皇帝安全。①

值得注意的是，辽朝前期存在一类特殊的行军。撰写于辽景宗保宁十年（978）的《李内贞墓志》称，辽世宗时期的耶律牒蜡为"故燕京留守南面行营都统燕王"②。撰写于辽圣宗统和二十八年（1010）的《高嵩墓志》则言穆、景二宗时期的高勋为"枢密使、大丞相、秦王高公，兼南面行营诸道兵马都总管、燕京留守，缩彼全军"③。其中所谓"南面行营都统""南面行营诸道兵马都总管"，康鹏认为是南京留守兼任的军事职务。④此说有一定道理。

关于南面行营事，据《辽史·圣宗纪》记载，乾亨四年（982）十月，"北院大王、于越休哥为南面行军都统，奚王和朔奴副之，同政事门下平章事萧道宁领本部军驻南京"⑤。《辽史·奚和朔奴传》则云："皇太后称制，以耶律休哥领南边事，和朔奴为南面行军副部署。"⑥二者记载应为同一事。因为由和朔奴担任"南面行军副部署"一职可知，耶律休哥所担任的应是"南面行军都部署"。史载统和元年（983）正月丙子，耶律休哥为南京留守，"仍赐南面行营总管印绶，总边事"⑦。此处称"仍

---

① （元）脱脱等：《辽史》卷34《兵卫志上》，第451-452页。
② 《李内贞墓志》，向南：《辽代石刻文编》，第53页。此方墓志录文注⑥有《潜研堂文集》载："燕王者，耶律牒蜡也。"（第54页）目前所见文献中，只有耶律牒蜡在辽世宗时期称燕王，并曾担任南京留守。
③ 《高嵩墓志》，向南、张国庆、李宇峰辑注：《辽代石刻文续编》，第38页。
④ 康鹏：《辽代五京体制研究》，第20页。
⑤ （元）脱脱等：《辽史》卷10《圣宗纪一》，第116页。
⑥ （元）脱脱等：《辽史》卷85《奚和朔奴传》，第1450页。
⑦ （元）脱脱等：《辽史》卷10《圣宗纪一》，第116页。

赐"南面行营总管印绶，说明此职与南面行军都统、南面行军都部署为同一职务的不同称呼。这一职务，还可称为南面行营都统。① 然而，前任南京留守道隐任职的时间为乾亨元年（979）十二月至统和元年（983）正月甲戌。② 由此可知，耶律休哥在未担任南京留守之前，就已经是南面行军（营）都统。耶律休哥在任时"领南边事""总边事"，表明南面行军都统的职能就是总领南边事。至于"南边"的范围，当指南京地区。这是由于当时山西诸州归耶律勃古哲统领，史称其曾于乾亨四年（982）"总领山西诸州事"③。而南面行军（营）都统是可"便宜从事"的，④《耶律休哥传》记载其"均戍兵，立更休法，劝农桑，修武备，边境大治"⑤。可证南面行军（营）都统应管辖驻扎在南京地区的军队。如是看来，则南面行军都统并非行军官，而为戍军长官。然揆之史实其实不然。唐代前期出征的军队称为行军，后期出境作战的军队称为"行营"⑥。五代的行营则有出征与常设之分，常设行营即长期集中屯戍在边境，兼具进攻和防御，随时处于机动进攻的军队。⑦ 这里辽朝的南面行军（营）都统所管理的即是常设行营。

---

① 《耶律元妻晋国夫人萧氏墓志》，向南：《辽代石刻文编》，第 212 页。

② （元）脱脱等：《辽史》卷 9《景宗纪下》、卷 10《圣宗纪一》，第 111、116 页。

③ （元）脱脱等：《辽史》卷 10《圣宗纪一》，第 116 页。辽穆宗至辽圣宗前期，以南、北大王兼领山西诸州军事是非战时体制下的惯例。（武文君、杨军：《辽代山西诸州的一体化》，《古代文明》2018 年第 2 期，第 87 页）

④ （元）脱脱等：《辽史》卷 83《耶律休哥传》，第 1432 页。

⑤ 同上。

⑥ 孙继民：《唐代行军制度研究》（增订版），北京：中国社会科学出版社，2018 年，第 3 页。张国刚：《唐代藩镇行营制度考》，南开大学历史系编：《中国史论集》，天津：天津古籍出版社，1994 年，第 76 页。

⑦ 贾垚：《五代北面行营研究》，兰州：西北师范大学硕士学位论文，2019 年，第 8 页。

并且，五代的常设行营长官一般皆有招讨使、节度使等兼职，①辽朝与此亦有类似。只不过，辽朝通常是以南京留守兼任常设行军（营）的统帅职务。这种任命是为了方便南京留守治下的兵马与南京地区行军（营）兵马的整合。故在辽圣宗统和四年（宋雍熙三年，986）三月，当宋军分雄州、飞狐、雁门三路出兵攻辽之时，辽统治者虽然以北院枢密使耶律斜轸为山西兵马都统、以北院宣徽使蒲领为南征都统防卫宋军，但仍以二人为时任南京留守兼南面行营都统的耶律休哥的副手。②

综上，辽朝行军编制是以各系统征发的军队作为基本的军事单位，如某部，某帐，某军。在此之上分为中军、左翼军和右翼军，分别由行军统帅、副帅、都监统领。辽代文献中的南面行军（营）与五代的常设行营类似，皆为可屯可战的军力。行军（营）长官通常由南京留守担任，特殊情况下，由皇帝委任有军事才能的重臣担任。这一军事组织是特定历史时期的产物，主要是针对宋朝而设。故而，在辽宋和盟之后，便去掉"行军（营）"，转为地方军事长官。

第三节　辽朝行军的统帅

辽朝行军统帅早期的称呼多样，到后期才逐渐统一。不同规模的战争，行军统帅的选任有所差别。辽朝统治者为保证对军队

---

① 贾垚：《五代北面行营研究》，兰州：西北师范大学硕士学位论文，2019年。
② （元）脱脱等：《辽史》卷11《圣宗纪二》，第128页。

的控制，对行军统帅的权责进行了不同程度的约束。这些往往能从行军统帅的称谓、选任及权力的变动中透露出来。

首先是行军统帅的称谓。辽政权初建之时，行军体制尚不成熟，延续了部落首领带兵出征的部落兵制，多无行军官称，最早出现在辽代文献中的是"天下兵马大元帅"。如《辽史·太祖纪》记载，天赞元年（922）十一月，"命皇子尧骨（耶律德光）为天下兵马大元帅，略地蓟北"①。同一事《辽史·太宗纪》载："天赞元年，授天下兵马大元帅，寻诏统六军南徇地。"②关于这一名号，学界多将其与辽朝的皇位继承联系起来。近年，还有学者提出，这一名号在设立之初，只是单纯的军帅之号，后才逐渐成为荣誉性的虚衔，到辽后期，更是具有了皇位继承的象征意义。③这一说法，应该是符合事实的。再进一步分析，耶律德光所任天下兵马大元帅作为行军时的统帅，也符合唐朝"凡亲王总戎，曰元帅"④的传统。至于其后来演变为虚衔，则也是与唐朝最初以亲王出征才能号称元帅，后从行军元帅实授其职变为虚号遥领的史实相似。⑤

大概自太宗朝，辽朝行军官称谓开始出现"都统"。天显三年（928）四月，辽朝派遣惕隐涅里衮、都统查剌带兵增援被后唐军队围攻的铁剌。⑥都统作为领兵将官最早出现于十六国时

---

① （元）脱脱等：《辽史》卷2《太祖纪下》，第20页。
② （元）脱脱等：《辽史》卷3《太宗纪上》，第29页。
③ 邱靖嘉：《再论辽朝的"天下兵马大元帅"与皇位继承——兼谈辽代皇储名号的特征》，《民族研究》2015年第2期。
④ （后晋）刘昫等：《旧唐书》卷43《职官志二》，第1835页。
⑤ 孙继民：《唐代行军制度研究》（增订本），第102—104页。
⑥ （元）脱脱等：《辽史》卷3《太宗纪上》，第31页。

期，唐朝后期开始设置行营都统或招讨都统等，五代因袭唐朝，行军的统帅亦有都统之称。查剌所任都统可能即行军都统。文献中明确出现"行军都统"的称谓，是在辽穆宗时期。史载应历十五年（965）正月镇压乌古叛乱时，"以枢密使雅里斯为行军都统"①，至四月，雅里斯等战不利，又"以秃里代雅里斯为都统"②平叛。大概是在穆宗朝以后，行军统帅称为行军都统便基本固定下来。

行军都统也有其他别称。史载穆宗应历十八年（968），宋围攻辽朝，辽朝以耶律挞烈为"行军都统"③，此事亦见于《穆宗纪下》，但史文则云："诏挞烈为兵马总管，发诸道兵救之"④。由此可知，兵马都总管应为行军都统的别称。同样的情况，亦见于辽穆宗应历九年（959），时后周攻辽，辽"以南京留守萧思温为兵马都总管击之"⑤。前文已考，南京留守自辽世宗时期即已兼任南面行军（营）都统，此处的兵马都总管，当即南面行军（营）都统。此外，行军都统还有"行军都部署"⑥"都元帅"⑦"将军"⑧等别称。然尽管如此，辽朝行军统帅的称谓自辽穆宗后仍是以都统为主。

其次，从行军统帅的选任看。辽太祖前期多由亲信领兵出征，不授予行军长官称号。后逐渐将"天下兵马大元帅"的称号

---

① （元）脱脱等：《辽史》卷7《穆宗纪下》，第90页。
② （元）脱脱等：《辽史》卷7《穆宗纪下》，第91页。
③ （元）脱脱等：《辽史》卷77《耶律挞烈传》，第1393页。
④ （元）脱脱等：《辽史》卷7《穆宗纪下》，第94页。
⑤ （元）脱脱等：《辽史》卷6《穆宗纪上》，第83页。
⑥ （元）脱脱等：《辽史》卷20《兴宗纪三》，第273页。
⑦ （元）脱脱等：《辽史》卷84《耶律善补传》，第1442页。
⑧ （元）脱脱等：《辽史》卷3《太宗纪上》，第35页。

冠之以行军统帅，并由耶律德光担任。辽太宗时，由皇太弟李胡所任的天下兵马大元帅亦带兵出征，但频率已有所降低。太宗以后，"天下兵马大元帅"便逐渐不再具有行军统帅的含义。

辽朝早期多见北、南宰相担任行军统帅，如天赞年间，辽太祖西征，而南征的任务则交由北府宰相萧阿古只完成。① 北、南宰相府是契丹建国后设立的管理部族事务的重要机构。行军统帅由北、南宰相担任，体现的正是辽早期对行军统帅身份的重视。之后，北、南宰相屡任行军统帅。其中，穆宗朝 1 次，② 景宗朝 1 次，③ 圣宗朝 3 次。④ 圣宗朝以后，北、南府宰相则很少再担任最高行军统帅，若有时出征，也仅以副帅任。

辽朝与北、南宰相并存并代替其为最高行军统帅者为北院枢密使。北院枢密使始设于辽世宗大同元年（947），⑤ 最迟至辽穆宗应历十五年（965）作为行军都统出征。是年正月，乌古部叛，"以枢密使雅里斯为行军都统"⑥。至辽圣宗时期，北院枢密使 5 次作为行军统帅出征。⑦ 圣宗朝以后，北院枢密使

---

① （元）脱脱等：《辽史》卷 73《萧敌鲁传附弟阿古只传》，第 1349 页。

② （元）脱脱等：《辽史》卷 83《耶律休哥传》，第 1431 页。

③ （元）脱脱等：《辽史》卷 9《景宗纪下》，第 109、110 页。

④ 分别为统和二十年（1002）南伐；统和二十八年（1010）、开泰四年（1015）伐高丽。[（元）脱脱等：《辽史》卷 14《圣宗纪五》、卷 15《圣宗纪六》，第 171、184、193 页]

⑤ 大同元年八月癸未，"始置北院枢密使，以安抟为之。"[（元）脱脱等：《辽史》卷 5《世宗纪》，第 72 页]

⑥ （元）脱脱等：《辽史》卷 7《穆宗纪下》，第 90 页。

⑦ 统和三年（985）八月，统和四年（986）三月，耶律斜轸先后担任行军都统；圣宗开泰年间有耶律化哥、耶律世良、萧合卓分别担任行军统帅的记载。[（元）脱脱等：《辽史》卷 10《圣宗纪一》、卷 11《圣宗纪二》、卷 94《耶律世良传》、卷 15《圣宗纪六》，第 123、129、1524、196 页]

担任最高行军统帅最终固定下来。至天祚帝亲征女真时，仍是以枢密使萧奉先充御营都统。① 按照辽朝皇帝亲征"驾必由中道"的惯例，② 御营代指中军，则此御营都统当指中军的长官都统。因而知此役亦是以北院枢密使萧奉先 ③ 担任行军都统。北院枢密使在辽穆宗时期开始领军出征，至圣宗时，与北、南府宰相交替担任行军统帅，圣宗以后的行军统帅，则开始以该职任者为主了。

辽以殿前都点检任行军都统的情况亦是如此。辽禁军在圣宗时期开始被编入行军，其中在圣宗征伐高丽的战争中，殿前都点检曾先后3次分别担任了行军都监和行军副统，④ 但这时尚未有担任行军都统的记载。辽殿前都点检行军统帅出征事，首次见于史书记载，是在兴宗时。重熙十七年（1048）八月，诏以殿前都点检耶律义先为行军都部署伐蒲奴里酋陶得里事。⑤ 此后，殿前都点检开始多次担任行军都统领兵出征。至天祚帝天庆五年（1115）八月时，仍有"以都点检萧胡睹姑为都统，枢密直学士柴谊为副，将汉步骑三万，南出宁江州"的

---

① （宋）徐梦莘：《三朝北盟会编》卷21《政宣上帙二十一》引《亡辽录》，第150页。

② （元）脱脱等：《辽史》卷34《兵卫志上》，第452页。

③ 天庆二年（1112）九月，女真赵三、阿鹘产向咸州详稳司控诉阿骨打，详稳司"送北枢密院，枢密使萧奉先作常事以闻上"。[（元）脱脱等：《辽史》卷27《天祚皇帝纪一》，第365页]《辽史》卷102《李处温传》称其与"北院枢密使萧奉先友旧。"（第1586-1587页）说明萧奉先为北院枢密使。

④ （元）脱脱等：《辽史》卷15《圣宗纪六》、卷16《圣宗纪七》，第193、196、206页。

⑤ （元）脱脱等：《辽史》卷20《兴宗纪三》，第273页。

记载。①

辽朝行军还偶有委任其他朝廷重臣为行军统帅例。除前文所言南京留守外，如统和十三年（995）伐兀惹，以奚王和朔奴为行军都部署；②辽道宗咸雍五年（1069），以耶律仁先为西北路招讨使，赐鹰纽印及剑，领禁军讨伐阻卜；③大康年间，以耶律赵三拜西北路招讨使，兼行军都统平定西北诸部④等，均属此类事例。

需要提及的是，若辽帝亲征，则位处中军，亲任行军的最高统帅，即《兵卫志》所言"驾必由中道，兵马都统、护驾等军皆从"⑤。具体如重熙十三年（1044），辽兴宗亲征西夏，时任北院枢密使的萧惠即率先锋军从征。⑥同样，辽朝太后亲征亦是如此。统和四年（986）十一月，"丙子，南伐，次狭底埚，皇太后亲阅辎重兵甲。丁丑，以休哥为先锋都统"⑦。耶律休哥本传载："及太后南征，休哥为先锋，败宋兵于望都。"⑧前文提及，耶律休哥自乾亨四年（982）至统和四年（986）三月的对宋战争中皆为最高行军统帅，而此次皇太后亲征即改为先锋都统。可见，辽朝皇帝或皇太后亲征之时，常置行军长官则改任先锋

① （元）脱脱等：《辽史》卷28《天祚皇帝纪二》，第372页。（宋）徐梦莘：《三朝北盟会编》卷21《政宣上帙二十一》引《亡辽录》，第150–151页。
② （元）脱脱等：《辽史》卷85《奚和朔奴传》，第1451页。
③ （元）脱脱等：《辽史》卷22《道宗纪二》、卷96《耶律仁先传》，第304、1537页。
④ （元）脱脱等：《辽史》卷93《耶律那也传》，第1522页。
⑤ （元）脱脱等：《辽史》卷34《兵卫志上》，第452页。
⑥ （元）脱脱等：《辽史》卷19《兴宗纪二》、卷93《萧惠传》，第263、1513页。
⑦ （元）脱脱等：《辽史》卷11《圣宗纪二》，第133页。
⑧ （元）脱脱等：《辽史》卷83《耶律休哥传》，第1433页。

军的长官。

以上事例均说明，辽除皇帝或皇太后亲征的情况外，大规模战争的行军统帅在圣宗以前以北、南宰相为主，圣宗朝时为北、南宰相与北院枢密使并行，至圣宗以后，基本以北院枢密使为主，偶有地方长官与禁军长官担任行军都统者。辽朝选任行军统帅的要求较为严格，如辽圣宗开泰九年（1020）九月，"以夷离毕延宁为兵马副都部署，总兵东征"①。由于耶律延宁的身份级别未达到担任行军都统的标准，而只能以副职总领行军。表明辽朝统治者为了保证对行军的掌控，若所任命的行军统帅级别不够，则只设行军副统帅。

再次是行军统帅的权力方面。辽朝早期行军统帅权力比较集中，并不设辅助职官，但在辽朝行军体制逐渐完善的过程中，行军统帅逐渐不再具有绝对的领导权。

辽朝统治者限制其权力的一种方式是设置副帅和都监。行军都监（监军②）的设置最早见于辽穆宗应历十五年（965），据《辽史·穆宗纪》记载，是年正月，"以枢密使雅里斯为行军都统，虎军详稳楚思为行军都监"③。此后，几乎每一次行军皆设都监。都监以外，又设有行军副都统，行军副都统较早见于统和年间。《辽史·圣宗纪》记载，统和四年（986）四月"以斜轸为诸路兵

---

① （元）脱脱等：《辽史》卷16《圣宗纪七》，第209—210页。
② 都监有时亦称监军。《辽史》卷20《兴宗纪三》记载，重熙十七年（1048）八月讨伐蒲奴里时，"以殿前都点检耶律义先为行军都部署，忠顺军节度使夏行美副部署，东北面详稳耶律术者为监军，伐蒲奴里酋陶得里。"同书卷91《萧术哲传》则记载，"蒲奴里部长陶得里叛，术哲为统军都监，从都统耶律义先击之，擒陶得里。"（第273、1501页）
③ （元）脱脱等：《辽史》卷7《穆宗纪下》，第90页。

马都统，阅览兵马副部署，迪子都监"①。都统下设副都统（副都部署）和都监的领兵模式成为辽朝行军体制的常态化设置。即《辽史·兵卫志》所载：每出征"选勋戚大臣，充行营兵马都统、副都统、都监各一人"②。圣宗朝征伐高丽，③ 平定大延琳叛乱；④ 兴宗朝用兵西南；⑤ 道宗朝讨伐阻卜；⑥ 天祚帝与女真作战，⑦ 皆体现出这种统兵模式。

按辽制，行军都统在战时需与副都统、都监共同商议作战方针。如统和十三年（995）征讨兀惹时，行军统帅奚和朔奴"知不能克，从副部署萧恒德议"⑧。其中副都统、都监的建议甚至对都统做出的军事决断有决定性影响。例如开泰七年（1018），"上命东平王萧排押帅师伐高丽，八哥为都监，至开京，大掠而还。济茶、陀二河，高丽追兵至。诸将皆欲使敌渡两河击之"，时惟有都监八哥持反对意见，曰："敌若渡两河，必殊死战，乃危道也。不若击于两河之间"⑨。最终都统萧排押采纳了八哥的建议，导致辽军惨败。由此可见，由于都监负有监督行军统帅的职责，都统在一些情况下不得不重视都监的建议。不仅如此，前文已述，副都统和都监还与都统分左、中、右三军各自作战，一定程

---

① （元）脱脱等：《辽史》卷11《圣宗纪二》，第129页。

② （元）脱脱等：《辽史》卷34《兵卫志上》，第451页。

③ （元）脱脱等：《辽史》卷15《圣宗纪六》，第184、193、196页。

④ （元）脱脱等：《辽史》卷17《圣宗纪八》、卷87《萧孝穆传》，第230、1465-1466页。

⑤ （元）脱脱等：《辽史》卷20《兴宗纪三》，第273页。

⑥ （元）脱脱等：《辽史》卷25《道宗纪五》，第341页。

⑦ （元）脱脱等：《辽史》卷27《天祚皇帝纪一》，第367页。

⑧ （元）脱脱等：《辽史》卷85《奚和朔奴传》，第1451页。

⑨ （元）脱脱等：《辽史》卷80《耶律八哥传》，第1412页。

度上也起到了分散行军统帅军权的作用。

辽朝限制行军统帅权力的另一种方式为行军统帅领兵作战时，需随时向朝廷汇报前线战况。故当耶律仁先担任西北路招讨使，奉命讨伐阻卜叛乱时，辽道宗赐其鹰纽印和剑，说道："卿去朝廷远，每俟奏行，恐失机会，可便宜从事"①。鹰纽印即杓窊印，是行军诏赐将帅专用。②正是因为行军统帅率军作战时事事皆需向朝廷请示，道宗为避免贻误战机，才特许耶律仁先"便宜从事"，全权处理一切行军事务。同样的事例还有圣宗统和年间，权西南面招讨使韩德威平定党项侵扰时，圣宗"赐剑许便宜行事，领突吕不、迭剌二糺军"③。将突吕不、迭剌二军及一切行军事宜全权授予韩德威负责。

综上所述，辽朝行军统帅拥有行军的最高指挥权，与副帅和都监共同组成行军指挥体系，并受副帅和都监的监察与制约。在战争进行过程中，行军统帅需不定期向朝廷汇报战况。只有在战场偏远，军情紧急的情况下，行军统帅才会被朝廷授予统兵权、调兵权、指挥权等诸项军权，可不经汇报做出决断，是为"便宜从（行）事"。

余　论

辽朝行军征集自宫帐、部族、京州、属国等诸军。征集而来

---

① （元）脱脱等：《辽史》卷96《耶律仁先传》，第1537页。
② （元）脱脱等：《辽史》卷57《仪卫志三》，第1017页。
③ （元）脱脱等：《辽史》卷82《耶律隆运传附弟德威传》，第1423页。

的行军按照其原来的基本军事单位，某宫、某部、某军成编制。在此基础之上，行军的主要部队分中军和左右翼，分别由行军都统、副都统、都监统领。行军都统为行军的最高统帅，其权力受到副都统与都监的制约。

通过研究可以发现，不同于唐、五代的严格区分，除去特殊时期的"南面行营"，行军与行营的含义在辽朝已基本无区别，皆指出征的军队。辽朝行军的兵员构成较为复杂，涉及系统多样。诸兵员系统自身行政制度的发展影响着其军事制度。以部族系统为例，自辽朝立国以来，统治者一直致力于加强对部族的控制。从最初的"析部族"入斡鲁朵，①将部分部族人户纳入皇帝私人所有；到圣宗时期分斡鲁朵户为部族，并命新建部族与其他部族军以"户"的形式前往边疆镇戍，以此来离散部落，"入"与"出"之间皆旨在加强统治者对部族的控驭。不仅如此，辽朝统治者还一直不断地削弱北、南宰相府对部族的控制。②至辽圣宗部族体制改革后，分镇边圉成为部族军的主要职能，部族戍军多隶属于地方军事机构。此种格局下，北、南宰相府已无力管理部族军事，必须有强有力的集权机构来代替其行使对部族的军事管理，北枢密院就此在新的格局中突显出来。因此，辽圣宗时期，北、南宰相与北院枢密使交替担任行军统帅，且北院枢密使的任

① （元）脱脱等：《辽史》卷 31《营卫志上》，第 410 页。
② 辽朝改造北、南宰相府的主要举措有三：其一，剥夺世选北、南宰相家族的世选资格，改由皇帝直接任命；其二，将北、南宰相府变为管理全国部族事务的中央部族管理机构；其三，新设北枢密院分割北、南宰相府的政治、经济职权，改由北枢密院、方面性军事机构主管部族的军事。（张宏利：《契丹建辽前后北南宰相府职能转变与地位变迁》，《保定学院学报》，2019 年第 4 期）

职频次略高的表现，实际上是部族军事统辖权易主的反映。

部族系统自身的发展还影响着其他系统。部族前往边疆镇戍，使得除去五院、六院、乙室、奚四大部族之外的大多数部族有了固定的镇戍地和对应隶属的地方军事机构。与此同时，部族长官正式改称节度使，部族军的管理模式趋同京州军。在此影响下，部族军跨区作战减少，机动性亦相对降低。故而，在面临区域性战争时，颇具规模的皮室军、宫分军首选成为补充行军的重要兵员。这也正是其在辽圣宗时期被频繁编入行军的原因之一。

部族系统的军政改革，及其引起的系列变化，一方面是统治者通过引入中原制度等方式，以达到加强中央集权的目的。在此过程中，契丹民族的草原因素呈减弱趋势。另一方面，统治者对部族的改革又仅限于借鉴中原制度，部族维持其传统部落单位，部族行军的征集与编制以各部族为基本单位，仍具有明显的草原因素。辽朝为兼有北、南两种体制的国家，无论是部族系统发展之一隅，还是行军诸系统协同之全貌，皆是辽朝统治者在加强中央集权的过程中，力图实现草原制度与农耕制度的融合与互动的过程。

结　语

　　辽朝的驻防体系可分为以移动的捺钵为中心的内层和捺钵以外的外层。辽朝驻防体系中的内层负责保护辽帝和中央朝廷，兼具监管地方的职能。辽帝将天子禁兵派驻地方，隶属于地方军事长官，同时，令地方军队至捺钵番上，暂时隶属于宫卫长官。通过中央与地方军队的内外调动，统治者把控诸方势力，平衡军权。

　　辽朝外层的驻防呈现出层级化和区域化特征。其层级化体现在，辽朝驻防体系存在高级、中级、低级三级军事区划。辽朝明确记载的高级军事区划共九处，分别为上京留守辖区"上京路"、中京留守辖区"中京路"、东京兵马都部署（东京留守兼任）辖区"东京路"、南京都元帅（南京留守兼任）辖区"南京路"、西京兵马都部署（西京留守兼任）辖区"西京路"、西北路招讨司辖区"西北路"、西南面招讨司辖区"西南面"、东北路统军司辖区"东北路"、兴中府知府监察区"辽西路"。虽然部族四大王府相当于留守（都部署/都元帅）或招讨使，相当于高级军事区划长官，但由于其穿插镇戍于京州军之中，没有明确的军事区划，因而不能算入其中。中级军事区划，为高级军事机构的分支机构辖区或因事设置，包括北女真兵马司、南女真汤河司、东京统军司、黄龙府都部署司、保州统军司、乌古敌烈统军司等。其中，黄龙府兵马都部署辖区在辽末升为高级军事区划"黄龙府路"。低级军事区划，即节镇，长官为节度使。

其区域化体现在以高级军事区划为主导，领衔构成区域性的驻防体系。以辽朝在北部疆域的驻防为例。辽朝的北部疆域历经最初的迁种落益国，在当地"不营城邑，不置戍兵"，到不断地向北、西北扩展，至辽圣宗时期北疆驻防体系的构建才趋向完备，形成以军事机构管理、州城镇戍等为要素的驻防体系。即以西北路招讨司、乌古敌烈统军司为主要依托，以镇州为中心，以边防州、城为据点，形成若干条防线，构筑辽朝北部疆域的驻防体系。在此驻防体系之上，以辽朝与诸属国属部的封授、朝贡等关系为纽带，树立起辽朝北疆的治理秩序。又如，由西南面招讨司领衔与辽朝后期因阻卜战略地位凸显的倒塌岭节度使司构成辽朝西南部的驻防体系；由南京路领衔与平州构成辽朝的南部驻防区；由东京路领衔与北女真兵马司、南女真汤河司、保州统军司、黄龙府都部署司构成辽朝的东南部防区。等等。

辽朝统治者正是通过具有区域和层级化特征的外层驻防镇戍地方与边疆。诸军事路或军事机构长官或副手，远则需要定期回朝觐见，如文献记载："有诏方面无事，招讨、副统军、都监内一员入觐"①，近则如南、北大王等需随时入觐。当然，正官、副官和都监各设一名，只是原则上，辽代文献中最常见者

---

① （元）脱脱等：《辽史》卷92《萧夺刺传》，第1506页。

为正官和都监，有时仅设一名，或者二者合一。① 大体而言，统治者将统兵权下放至诸军事路或军事机构的驻防长官，指挥权归属战时行军长官，调兵权则展现出中央——路级军事机构的"二级制"色彩。②

辽朝驻防的体系与运作特征无不表现出军事是辽朝廷发挥职能的重要方面，甚至是可以与行政平行的辅助层面。这与辽朝的国家体制息息相关。辽朝驻防军出自宫帐、部族和京州三大系统。这三大系统分别对应辽朝的斡鲁朵制度、部族制度和州县制度。三大体制内部虽相互区分，特别是斡鲁朵制度和部族制度可以从中央一直落实到基层，③ 各自有完整的机构和职官，但是因军事驻防需要，三者在中央和地方皆有交集，且管理模式差异中存在共性。

与辽朝驻防内层与外层相对应的，即中央和地方。就地方驻防而言，部族军所镇驻的区域不同程度地贯穿了契丹内地、州县、"边围"的广大范围。部族军驻戍内地，游牧于皇帝捺钵的外围，协助宫帐军保卫皇帝安全，并防止宫帐军叛乱。部族军驻地与京州军辖区插花田式存在，在保证驻戍地方的同时，可以监视州县。地方驻防以部族驻军为基础，联合宫帐军与京州军构成辽朝驻防的基本兵员。统治者通过分割驻防区、建立地方军事管理机构来管理诸系统军队，完成区域与层级划分，构筑起地方驻

---

① 武文君：《辽代部族军研究》，第 136-137 页。

② 即出现军事机构长官"便宜行事""便宜从事"的情况。

③ 辽朝对州县的管控力仅至州一级，州之下辽朝通过扶植世家大族进而得以把持州县。详见陈俊达：《辽朝节镇体制研究》，第 243 页。

防体系。

　　就中央驻防而言，围绕代表政治中心的辽帝—捺钵形成的驻防体系，将辽朝斡鲁朵、部族、京州三大系统，契丹、奚人、汉、渤海等不同民族勾连在一起。征集诸系统的军队至捺钵番上，分隶于南北面都护卫太保、诸行宫都部署—宫使、殿前都点检。他们分驻在辽帝捺钵的小禁围、大禁围、大小禁围外，构成辽朝中央的四重防卫体系。这些中央的驻防（宫卫）长官可以进入宰执群体或南北臣僚会议参政议政，参与辽朝国家运作的重要事务。驻防（宫卫）机构已经由最初的军事机构逐渐转变为具有军、政双重性质的机构。

　　纵观全书，可以发现，辽朝驻防征集自宫帐、部族、京州三个系统，基层建置也仍然分契丹（奚）、汉人（渤海），但其在地方和中央以不同模式的管理和运作中，已经超出了契（奚）、汉（渤海）之分，更注重的是军、政两方面。王曾瑜先生曾指出路振《乘轺录》当中所言汉、奚、契丹、渤海兵，是就辽军四种主要民族成份而言，辽军或有四种民族军合编的情况，[①]已经隐约感觉到辽朝超出契、汉之分的管理情况。如果说《辽史》称辽朝"以国制治契丹，以汉制待汉人"，体现出辽朝对契丹（奚）和汉人（渤海）分而治之的特征，那么辽朝驻防体系运作，以及诸系统的管理体制则更多地表现了辽朝在国家治理中重视军事制度和政治制度。换言之，辽朝国家治理中，实行的是军事与政治的双重运行模式，而非契丹（奚）人和汉人（渤海）的双轨运行。这

---

① 　王曾瑜：《辽金军制》，第90页。

与北方民族建立的政权体制的发展演变历程有关，即从一开始的军政一体，逐渐发展为以军、政二元为主的国家运作模式。同时，辽朝驻防体系的形成与完善，推进了统治者以中原体制改造部族制度、斡鲁朵制度，甚至于属国属部制度的历程，有助于统治者实现农耕与游牧的互动交融，达到国家治理的理想蓝图。

附 录:

辽代山西诸州的一体化

《辽史·地理志》"西京道"下有京府一,即西京大同府;州军十七,分别是弘州、德州、丰州、云内州、天德军、宁边州、奉圣州、归化州、可汗州、儒州、蔚州、应州、朔州、武州、东胜州、金肃州和河清军。①诸府、州、军兵事分隶西京兵马都部署司和西南面招讨司,属西京兵马都部署司者有:西京大同府(云州,下辖弘州、德州)、奉圣州(下辖归化州、可汗州、儒州)、蔚州、应州、朔州、武州;属西南面招讨司者有:丰州(天德军)、云内州、宁边州、东胜州、金肃州、河清军。西京设立后,隶属于西京兵马都部署司之府州即《辽史》所言山西诸州。②

目前学界对山西诸州一体化进程尚未作出整体性考察。向

---

① (元)脱脱等:《辽史》卷41《地理志五》,第577-587页。
② 山西诸州包括云、应、朔、蔚、奉圣五州和奉圣州治下的归化、可汗、儒三州,以及朔州下的武州,共九州。宋人多称其为"山后"。(安介生:《"山西"源流新探——兼考辽金时期山西路》,《晋阳学刊》1997年第2期)《辽史》多称山西诸州或山西五州。如《辽史》卷10《圣宗纪一》,耶律勃古哲"总领山西诸州事"(第116页),卷82《耶律勃古哲传》作"总知山西五州"(《辽史》,第1425页),本文据《辽史》,皆称"山西"。

南、杨若薇与关树东较早从财政角度探讨，皆认为辽兴宗重熙十三年（1044）设西京后，辽朝置都转运使司，由其总领山西诸州财政。① 康鹏则提出辽圣宗开泰三年（1014），已于奉圣、蔚、云、应、朔五州置一都转运使司，处理云中地区的财政事务。康文认为，山西诸州军事在辽宋战争中成为单独区域的迹象明显，统和四年（986）击溃宋军后，被进一步视为一个整体。② 余蔚认为，山西诸州在军事方面，于辽圣宗统和年间先发展为山北路（治应州），辽兴宗重熙十三年以后发展为西京路（治西京大同府）。③ 本研究在前贤研究基础上，梳理山西诸州在辽代的军、政、财方面的一体化进程与面貌，以求进一步厘清辽朝区划体系演变之脉络。

一、辽代山西诸州的隶属流变

辽朝在石敬瑭割幽云十六州之前，对山西诸州已有过短暂经略。辽太祖神册元年（916）十一月，攻下蔚、新（奉圣州）、武、妫、儒五州，获取代北至河曲、阴山等地，遂改武州为归化州，妫州为可汗州，并在这一带置西南面招讨司。④ 另据《辽

---

① 向南、杨若薇：《辽代经济机构试探》，《文史》第 17 辑，北京：中华书局，1983 年。关树东：《辽朝州县制度中的"道""路"问题探研》，《中国史研究》2003 年第 2 期。

② 康鹏：《辽代五京体制研究》，北京：北京大学博士学位论文，2007 年。

③ 余蔚：《中国行政区划通史·辽金卷》，第 53-57 页。

④ （元）脱脱等：《辽史》卷 1《太祖纪上》，第 11 页。按：同年十二月，又收"山北八军"。所谓"山北八军"，即五代"山后八军"，大致位于今河北西北部至北京东北部近居庸关一线。（李翔：《关于五代"山后八军"的几个问题》，《中南大学学报（社会科学版）》2016 年第 4 期）根据入辽时间及其地理范围推断，"山北八军"很可能也在西南面招讨司的管辖范围之内。

史·地理志》，辽初于中受降城地置代北云朔招讨司。[1]唐代设有东受降城（今内蒙古呼和浩特市）、中受降城（今内蒙古包头市）和西受降城（今内蒙古巴彦淖尔市）。代北云朔招讨司的治所设于唐时的中受降城附近。"代北"一词，广义是指恒山以西，黄河以东，代州雁门山以北的地理区间；狭义指以云、朔、蔚州及单于都护府所在地为核心的区域。[2]此称"代北云朔"，显然是狭义的代北，主要包括中受降城和云、朔二州，这三地皆在辽太祖所获"自代北至河曲逾阴山"范围内。由此可见，辽朝初期，山西诸州中的蔚、新、武、妫、儒五州属西南面招讨司，云、朔二州属代北云朔招讨司。但这种隶属关系不久即被打破。

辽太祖神册二年（李存勖天祐十四年，917）二月，"新州将卢文进杀节度使李存矩，叛入契丹，遂引契丹之众寇新州"[3]，证实山西诸州中地理位置最北部的新州在神册二年二月之前已不属辽。此后，至石晋割幽云十六州之前的一段时间内，山西诸州亦时属时离。如神册三年（918）正月，"以皇弟安端为大内惕隐，命攻云州及西南诸部"[4]。辽太祖天赞元年（天祐十九年，922），"新州王郁叛晋，亡入契丹，山后诸州皆叛，（李）

① （元）脱脱等：《辽史》卷41《地理志五》，第581页。
② 狭义的"代北"包含忻州、代州、朔州、岚州、石州、单于都护府、云州、蔚州、宪州、麟州、武州等十一个府州。代北的核心区域与外围区域之分，可参见孙瑜：《唐代代北军人群体研究》，北京：社会科学文献出版社，2012年，第52页。
③ （宋）薛居正等：《旧五代史》卷28《唐书四·庄宗纪第二》，第444页。
④ （元）脱脱等：《辽史》卷1《太祖纪上》，第12页。

嗣肱取妫、儒、武三州，拜新州刺史、山北都团练使"①。918 年
辽朝再度攻打云州，922 年山西诸州叛晋入辽，以及李嗣肱夺回
妫、儒、武三州，皆表明辽五代时期，山西诸州隶属关系多变。

受山西诸州隶属关系多变影响，加之西南诸小部族叛服不
定，西南面招讨司和代北云朔招讨司统治皆不稳固，同时设两司
已无必要。因此，辽将西南面招讨司治所自武州、妫州一带迁至
天德军；②撤代北云朔招讨司，降为云内州，隶属于西南面招讨
司。③此一时期山西诸州隶属关系不甚明确，可能仍属西南面招
讨司。④

---

① （宋）欧阳修撰，（宋）徐无党注：《新五代史》卷 14《唐太祖家人传·李克修
传附子李嗣肱传》，北京：中华书局，2016 年，第 174 页。（宋）薛居正等：
《旧五代史》卷 50《唐书·李克修传附子李嗣肱传》记载此事发生于天祐十九
年（第 788 页）。

② 天德军，"本中受降城"［（元）脱脱等：《辽史》卷 41《地理志五》，第 581 页］。

③ 《辽史》中第一次出现云内州的称呼在神册五年（920）九月［（元）脱脱等：
《辽史》卷 2《太祖纪下》，第 18 页］，说明代北云朔招讨司降为云内州的时间，
不晚于此。另，西南面招讨司治所不久再次迁移，即余蔚所言"神册五年以后
治丰州"（《中国行政区划通史·辽金卷》，第 58 页）。

④ 天显十一年（936）七月，"唐河东节度使石敬瑭为其主所讨，遣赵莹因西南路
招讨卢不姑求救"［（元）脱脱等：《辽史》卷 3《太宗纪上》，第 40 页］。此时
石晋尚未割幽云十六州与辽，以西南面招讨司领兵援助，可能是山西诸州无权
出兵，军事上归西南面招讨司管辖。在石晋割地之后，诸州军事在一定程度上
因袭了和西南面招讨司军事上具有连带关系的传统。比如，辽穆宗应历初年，
"时周人侵汉，以挞烈都统西南道军援之……及汉主殂，宋师来伐，上命挞烈
为行军都统，发诸道兵救之"［（元）脱脱等：《辽史》卷 77《耶律挞烈传》，第
1392-1393 页］。应历十四年（964），"诏西南面招讨使挞烈进兵援汉"［（元）脱
脱等：《辽史》卷 7《穆宗纪下》，第 89 页］。应历十八年（968），"知宋欲袭河
东，谕西南面都统、南院大王挞烈豫为之备"［（元）脱脱等：《辽史》卷 7《穆
宗纪下》，第 94 页］。保宁元年（969），"命（耶律斜轸）节制西南面诸军，仍
援河东"［（元）脱脱等：《辽史》卷 83《耶律斜轸传》，1434 页］。山西诸州
军政一体化过程中，援兵河东的职责开始由山西诸州分担。比如，（转下页）

辽太宗会同元年（938），石敬瑭割幽云予辽，山西诸州开始全部隶属南京。辽穆宗时南京留守高勋曾奏："分归化州文德县置怀安县，分奉圣州永兴县置顺圣县。"①归化州、奉圣州皆在山西诸州之内，可见，南京留守掌山西诸州事。至辽兴宗重熙十三年（1044），云州升为西京，山西诸州自南京分离，成为一个独立区域。

二、山西诸州军政一体

早在山西诸州脱离南京之前，其一体化进程已经开始。军政方面的表现最为明显，即诸州之上较早设置最高军事长官。辽穆宗应历五年（955），以耶律屋质为"北院大王，总山西事"②。辽景宗乾亨四年（982），南院大王耶律勃古哲总领山西诸州事。③辽圣宗统和四年（986）八月，勃古哲总知山西五州（山后五州都管）。④对于这几个以南、北大王兼领山西诸州的事例，余蔚认为是出于应付战争需要而作的临时统合。⑤进一步看，这样任命也与南、北大王的镇戍地相关。路振《乘轺录》言：辽中京"西南至山后八军八百余里，南大王、北大王统之，皆耶律氏也。控

（接上页）应历十年（960）六月，"汉以宋兵围石州来告，遣大同军节度使阿剌率四部往援，诏萧思温（时为南京留守）以三部兵助之"［（元）脱脱等：《辽史》卷6《穆宗纪上》，第84页］。

① （元）脱脱等：《辽史》卷41《地理志五》，第579–580页。

② （元）脱脱等：《辽史》卷77《耶律屋质传》，第1388页。

③ （元）脱脱等：《辽史》卷10《圣宗纪一》，第116页。

④ （元）脱脱等：《辽史》卷82《耶律勃古哲传》，第1425页。统和四年（986）八月，"以北大王蒲奴宁为山后五州都管"［（元）脱脱等：《辽史》卷11《圣宗纪二》，第132页］。

⑤ 余蔚：《中国行政区划通史·辽金卷》，第54页。

弦之士各万人"。①余靖《武溪集》载："契丹之掌兵者，燕中有元帅府，杂掌蕃、汉兵，太弟总判之。其外侧则有北王府、南王府，分掌契丹兵，在云州、归化州之北。"②路、余二人所载，皆证实南、北大王的镇戍区包括山西诸州。在中原汉地尚未确立稳定的军事管理制度态势下，以南、北大王兼领其镇戍范围内山西诸州的军事较为简便。

此外，辽朝战时体制下，有其行军系统。③比如，辽穆宗应历十五年（965）正月，乌古叛，"以枢密使雅里斯为行军都统，虎军详稳楚思为行军都监，益以突吕不部军三百，合诸部兵讨之"④。辽景宗乾亨元年（979）二月，辽出兵助北汉，"诏南府宰相耶律沙为都统，冀王敌烈为监军赴之。又命南院大王斜轸以所部从，枢密副使抹只督之"⑤。辽朝行军长官皆为临时任命，后文辽宋战时将领任命亦为如此。由是，辽穆宗至辽圣宗前期，以南、北大王兼领山西诸州军事属非战时体制下的惯例。

山西诸州监察权在辽圣宗早期，由奉圣州节度使掌领。统和四年（986）十月，"政事令室昉奏山西四州自宋兵后，人民转徙，盗贼充斥，乞下有司禁止。命新州（奉圣州）节度使蒲打里

---

① （宋）路振：《乘轺录》，赵永春辑注：《奉使辽金行程录》（增订本），第21页。
② （宋）余靖撰，黄志辉校笺：《武溪集校笺》卷18《杂文·契丹官仪》，第540-541页。
③ （元）脱脱等：《辽史》卷46《百官志二》"北面行军官"条载，"辽行军官，枢密、都统、部署之司，上下相维，先锋、两翼严重，中军于远探侦候为尤谨，临阵委重于监战。司存有常，秩然整眼，所以为制胜之道也"。（第842页）
④ （元）脱脱等：《辽史》卷7《穆宗纪下》，第90页。
⑤ （元）脱脱等：《辽史》卷9《景宗纪下》，第109页。

选人分道巡检"①。奉圣州当时为山西诸州的重心。②同年十一月，辽圣宗诏总领山西诸州军事的耶律勃古哲居奉圣州，"山西五州公事，并听与（奉圣州）节度使蒲打里共裁决之"，表明此前南、北大王总领山西诸州之事不包括政事。耶律勃古哲与奉圣州节度使共同管理五州事是临时任命，平时负责山西五州事者实为奉圣州节度使。③

因此，非战时体制下，山西诸州的实际管理情况当为：军事由南北大王兼领，政事、监察则归奉圣州节度使总领，管理者治奉圣州。这些军事、政事、监察事务的分工安排，皆推进着山西诸州的军、政一体化进程。

山西诸州一体化还展现在辽宋战时体制中。高粱河之战后，辽旋即以"燕王韩匡嗣为都统，南府宰相耶律沙为监军，惕隐休哥、南院大王斜轸、权奚王抹只等各率所部兵南伐；仍命大同军节度使（耶律）善补领山西兵分道以进"④。《耶律善补传》又载："及伐宋，韩匡嗣与耶律沙将兵由东路进，善补以南京统军使由西路进"⑤。"山西"即为"西路"，前文两者史料所载为同一事，但耶律善补身份记载存异。南伐事重，作为西路军统帅，耶律善补不可能在南伐初期由南京统军使降至大同军节度使，惟一解释是耶律善补刚由大同军节度使转任南京统军使，或身兼南京统军

① （元）脱脱等：《辽史》卷11《圣宗纪二》，第133页。
② 康鹏认为择奉圣州为重心，或许与辽朝皇帝经常在此捺钵有关（《辽代五京体制研究》，北京：北京大学博士学位论文，2007年）。
③ 南、北大王临时与奉圣州节度使共同管理诸州政事。统治者以北面官介入南面政区管理，反映出辽朝处理地方事务的灵活性。
④ （元）脱脱等：《辽史》卷9《景宗纪下》，第110页。
⑤ （元）脱脱等：《辽史》卷84《耶律善补传》，第1442页。

使和大同军节度使，但以南京统军使统山西兵是无疑的。①辽朝
分南京和山西两路军伐宋。以耶律善补任职看，山西路诸军由南
京统军使统领。

　　从军事防御的角度来说，山西诸州的一体化更加明显。辽圣
宗统和四年（宋雍熙三年，986）三月，宋朝由三路分别出兵雄
州、飞狐、雁门。其中，飞狐道军和雁门关军皆针对辽朝山西诸
州。战争之初，辽朝分兵两路，以北院枢密使耶律斜轸为山西兵
马都统，以北院宣徽使蒲领为南征都统防卫宋军，且二人皆"副
于越（耶律）休哥"②。因战事失利，四月，辽重新调整战略部署，
"以斜轸为诸路兵马都统，闾览兵马副部署，迪子都监，以代善
补、韩德威"③。耶律斜轸之"诸路兵马都统"所领兵马应包括耶
律善补和韩德威的兵马。《耶律善补传》云："统和初，（耶律善
补）为惕隐。会宋来侵，善补为都元帅逆之，不敢战，故岭西州
郡多陷，罢惕隐。"④西南面招讨使韩德威"与惕隐耶律善补败宋
将杨继业，加开府仪同三司、政事门下平章事。未几，以山西城
邑多陷，夺兵柄"⑤。二传相较，"山西"即"岭西"，耶律善补为
山西诸州"都元帅"。《辽史·百官志》记"都元帅"有二：一为
行军官"兵马都元帅"；一为"南京都元帅（兵马都总管）"⑥。然
三月时，总兵官是耶律休哥，两路分领官为耶律斜轸和蒲领，耶

① 参见余蔚：《中国行政区划通史·辽金卷》，第54页。
② 时耶律休哥为南京留守，见（元）脱脱等：《辽史》卷11《圣宗纪二》，第
　　128页。
③ （元）脱脱等：《辽史》卷11《圣宗纪二》，第129页。
④ （元）脱脱等：《辽史》卷84《耶律善补传》，第1442页。
⑤ （元）脱脱等：《辽史》卷82《耶律隆运传附弟韩德威传》，第1423页。
⑥ （元）脱脱等：《辽史》卷46《百官志二》，第825、836页。

律善补不可能为"兵马都元帅"，当为南京都元帅。耶律善补此役以南京军事长官的身份统山西兵，乃是辽朝遵循战时南京总领山西诸州军事的传统。山西诸州和西南面招讨司兵马归耶律斜轸统一指挥，意味着山西诸州军事在此役中脱离南京。

战时体制下，高粱河之战时，辽朝分山西、南京两个战区，总隶于南京。统和四年的防御战时，一开始辽仍意图保持先前由南京总领，分两战区的模式。不久，又将西南面招讨司与山西诸州合为一区，单独作战。辽朝战区的前后变化，反映出辽朝统治者一方面力图保持山西诸州兵事隶属南京的传统，以维系对契丹、汉人、渤海三地的统治；另一方面，迫于对宋防御或进攻需要，不得不给予山西诸州一定的独立性。换言之，是辽宋战争推进了山西诸州的一体化。此外，诸州一体化还有其自然地理和以此形成的军事防御机制因素。位于辽朝境内的太行山脉北部，将山西诸州和南京道切割为两个地理单元。沿太行山脉共八陉，辽朝疆域内有飞狐口（飞狐陉）、紫荆岭、（紫荆关、蒲阴陉）、居庸关（军都陉）三陉。飞狐口和紫荆关是山西诸州和南京道的南部分界点，居庸关为北部分界点。因太行山脉天然阻隔，此三陉战略地位非常重要。宋朝分三路出兵攻辽，由田重进率领的飞狐路即是从定州出发进攻山西蔚州等地。

以上看来，辽穆宗至辽圣宗早期，山西诸州军政一体无论是平时，还是战时皆表现得较为明显。这一时期诸州财政应仍归南京三司管理，只是因战时需要，亦显现出一体迹象（详见下文）。山西诸州军政一体趋向为其日后脱离南京提供了可能。

《耶律元宁墓志》载，耶律元宁统和年间曾"奉宣于西品府，为三镇口巡检使"①。《耶律道清墓志》记载，耶律道清之父耶律延宁任"云、应、朔三镇山口都巡检使，提点三镇节度使事……察俗观风，又显惩奸之理"②。耶律元宁卒于统和三十年（1012），享年三十四岁，他的任职时间当在统和中后期。耶律延宁任职时间不详，但耶律元宁与耶律延宁为兄弟，③时间相差不会太远。西品府指大同府（云州）；"三镇口"指云、应、朔三镇山口。④"都巡检使""提点三镇节度使事"二职反映出，辽圣宗中后期，以云州为首的云、应、朔三节镇在监察和军事上开始脱离南京。

按照辽圣宗统治中后期的发展趋势，山西地区其他几州在军事上亦逐渐独立于南京。《武溪集·契丹官仪》云：乙室王府"掌契丹兵"，"居雁门之北"，"大抵契丹以元帅府守山前……以乙室王府山后，又有云、应、蔚、朔、奉圣等五节度营兵，逐州又置乡兵"⑤。所谓乙室王府掌契丹兵，居雁门之北，当为乙室王府所辖部族军驻于雁门之北。统和四年（986）八月，辽圣宗"诏第山西诸将校功过而赏罚之"，乙室帐宰相安宁"以功过相当，追告身一通"⑥。与乙室王府驻军山西相合。元帅府守"山前"，乙室王府守"山后"，南京、山西为两个独立军区。山西以乙室王府部族军为驻守主力，配之以山西诸州节度营兵和乡兵。余靖于重

① 《耶律元宁墓志》，向南、张国庆、李宇锋辑注：《辽代石刻文续编》，第58页。
② 《耶律道清墓志》，向南、张国庆、李宇锋辑注：《辽代石刻文续编》，第65页。
③ 《耶律道清墓志》，向南、张国庆、李宇锋辑注：《辽代石刻文续编》，第66页。
④ 《耶律元宁墓志》，向南、张国庆、李宇锋辑注：《辽代石刻文续编》，第59页。
⑤ （宋）余靖撰，黄志辉校笺：《武溪集校笺》卷18《杂文·契丹官仪》，第540页。
⑥ （元）脱脱等：《辽史》卷11《圣宗纪二》，第132页。

熙十二年（1043）至重熙十四年（1045），即宋庆历三年至五年，三次出使辽朝。《武溪集》中仍载为"云州"，不称"西京"，证明余靖出使时，云州未升西京。可见，辽兴宗设西京前夕，山西诸州已经具有非常明显的独立性。

山西诸州脱离南京，也是辽宋和盟后辽朝出于对宋朝的防范措施。北宋在与辽朝接壤地分设河北路（包括河北东路和河北西路）和河东路。河北路，"北际幽、朔"；河东路，"北控云、朔，当太行之险地"①。宋如此分区是受太行山脉影响。和盟后，辽朝率先将靠近宋朝边境的云—应—朔三州设一区，显然是出于对宋朝战略部署上的应对。其后，随着辽宋边界事务日益增多，为提高与宋交涉效率，山西诸州全部脱离南京，单独成区。

总之，就军政而论，山西诸州一体化及自成一区，主要受宋朝影响。而择重熙十三年（1044）升云州为西京，则与西夏有密切联系。随着西夏立国和强盛，辽朝西南面招讨司逐渐无法控制西南部局面。比如，重熙十三年（1044）四月，西南面招讨使征讨叛入西夏的部族不利，辽兴宗遂征发诸道兵攻西夏。②山西诸州军事上的独立，具有防御西夏和宋朝的双重作用。

三、山西诸州财政一体

山西诸州整体隶属南京时，其财政归南京三司管理。其财政一体化初现端倪，是在辽景宗统治时期。乾亨二年（宋太平兴国五年，980），宋人张齐贤言："自河东初降，臣即权知忻州，捕

---

① （元）脱脱等：《宋史》卷86《地理志二》，第2130、2138页。
② （元）脱脱等：《辽史》卷19《兴宗纪二》，第263页。

得契丹纳米典史，皆云自山后转般（搬）以援河东"①。依张氏之言，山西诸州此前一直在粮草上援助河东。后北汉灭亡，山西被兵，诸州转而供给境内军兴。乾亨五年（983），政事令室昉进言，因山西诸州供给军兴，民力、田谷皆受损，请免除当年租税。②辽圣宗乾亨间，燕京留守司曾以"民艰食，请弛居庸关税，"以疏通山西籴易。③山西诸州因军需供给，一旦有战事，则免除其赋税。统和四年（986）八月，"室昉、韩德让言，复山西今年租赋"④。这样看来，山西诸州财政走向一体，很大程度上源于后勤补给。

　　山西诸州财政脱离南京始于云州。《辽史·圣宗纪》载，统和六年（988）八月，"大同军节度使耶律抹只奏：'今岁霜旱乏食，乞增价折粟，以利贫民。'诏从之"⑤。可能从统和六年耶律抹只任大同军节度使时，云州的财政开始脱离南京。《耶律抹只传》云："统和初，（耶律抹只）为东京留守。宋将曹彬、米信等侵边，抹只引兵至南京，先缮守御备。及车驾临幸，抹只与耶律休哥逆战于涿之东，克之，迁开远军节度使。故事，州民岁输税，斗粟折钱五，抹只表请折钱六，部民便之。"⑥本传所载"迁开远军节度使"与"故事，州民岁输税……"之间应漏载耶律抹

① （宋）李焘撰，上海师范大学古籍整理研究所、华东师范大学古籍整理研究所点校：《续资治通鉴长编》卷21，太宗太平兴国五年（980）十二月辛卯条，第484页。
② （元）脱脱等：《辽史》卷59《食货志上》，第1026页。
③ （元）脱脱等：《辽史》卷60《食货志下》，第1031页。
④ （元）脱脱等：《辽史》卷11《圣宗纪二》，第132页。
⑤ （元）脱脱等：《辽史》卷12《圣宗纪三》，第141页。
⑥ （元）脱脱等：《辽史》卷84《耶律抹只传》，第1440页。

只任大同军节度使一事，《圣宗纪》明确记载统和六年（988）七月任命其为大同军节度使，八月大同军节度使耶律抹只奏乞增价折粟。① 大同军节度使对云州财政具有一定的主导性，展现出云州财赋的独立倾向。

不仅是钱粟折价比，在租赋输运问题上，云州也体现出独立倾向。统和七年（989）二月"云州租赋请止输本道，从之"②。"本道"即指大同军节度使辖区。山西五州之一的云州在财政上走向独立。这种独立，并非独立于南京三司使，而是交由南京的派出机构，由其转给南京三司。这一时期，山西诸州财政运行活跃地皆在云州，较之前期，云州地位有所提升。③

辽圣宗统治后期，山西诸州财政成一区。《辽史·圣宗纪》载，开泰三年（1014）三月，辽圣宗于"南京、奉圣、平、蔚、云、应、朔等州置转运使"④。康鹏提出此条史料记载错乱，实际情况应是：奉圣、蔚、云、应、朔五州置一都转运司，南京置一转运司（原三司使司），平州置一转运司（即钱帛司）。⑤ 然《辽

---

① （元）脱脱等：《辽史》卷12《圣宗纪三》，第141页。

② （元）脱脱等：《辽史》卷12《圣宗纪三》，第144页。

③ 山西诸州一体化过程中，早期以奉圣州为重心，后逐渐转为云州。二者地位消长，行政建置上有明显表现。比如，西京大同府下怀安县，及其属州弘州下辖之顺圣县，最初皆隶奉圣州 [（元）脱脱等：《辽史》卷41《地理志五》，第579–580页]。顺圣县统和四年（986）归弘州（余蔚：《中国行政区划通史·辽金卷》，第343页），怀安县改属大同府时间不详。开泰元年三月，蔚州"不隶武定军。"[（元）脱脱等：《辽史》卷15《圣宗纪六》，第186页] 武定军为奉圣州军号，蔚州亦从武定军下脱离出来。奉圣州下州县或独立或改属，奉圣州被不断削弱，云州地位上升。

④ （元）脱脱等：《辽史》卷15《圣宗纪六》，第191页。

⑤ 康鹏：《辽代五京体制研究》，北京：北京大学博士学位论文，2007年。

史·百官志》并无平州转运使，平州出现于此令人存疑。核对
《辽史》可以发现，关于平州的几次记载皆值得考究。

　　《辽史·圣宗纪》记载，统和四年（986）五月，"以宋兵至
平州，瑶升、韩德威不尽追杀，降诏诘责"①。韩德威时任西南面
招讨使，曾与惕隐瑶升一同驭兵山西，②二人并未涉及南京兵事。
且南京由耶律休哥坐镇，二人恐怕无权驭兵平州。此外，辽朝对
平州的防务早有安排，③无须另置他帅。倘若受敌州是西南面招讨
司治所丰州，则二人所战不利被惩才更为合理。④这里就涉及另
一问题，宋兵有无可能到达丰州。宋军攻辽山西诸州，如要到达
丰州，行军路线应沿袭唐以来云州至单于都护府（辽丰州下辖振
武县）一线。如此，则宋兵是否占据云州就成为关键。统和四年
（986）四月，宋将潘美"陷云州"，七月，辽朝擒宋将杨继业，
"传其首于越休哥，以示诸军，仍以朔州之捷宣谕南京、平州将
吏。自是宋守云、应诸州者，闻继业死，皆弃城遁"⑤。统和四年
（986）四月至七月之间，云州应在宋朝手中，而瑶升、韩德威受
罚在五月，时间上宋军是有可能到达丰州的。辽宋双方文献，皆

---

① （元）脱脱等：《辽史》卷11《圣宗纪二》，第131页。
② 统和四年（986）五月庚辰，"诏遣详稳排亚率弘义宫兵及南北皮室、郎君、
　拽剌四军赴应、朔二州界，与惕隐瑶升、招讨韩德威等同御宋兵在山西之未
　退者"。戊子，"斜轸奏宋军复围蔚州，击破之。诏以兵授瑶升、韩德威等"。
　[（元）脱脱等：《辽史》卷11《圣宗纪二》，第130-131页]
③ 统和四年（986）三月，"诏林牙勤德以兵守平州之海岸以备宋。仍报平州节度
　使迪里姑，若勤德未至，遣人趣行；马乏则括民马，铠甲阙则取于显州之甲
　坊"。[（元）脱脱等：《辽史》卷11《圣宗纪二》，第128页]
④ 同年六月，"诏韩德威赴阙"。[（元）脱脱等：《辽史》卷11《圣宗纪二》，第
　131页]此后，韩德威在雍熙北伐中再无参战记录，应是受丢失治所丰州影响。
⑤ （元）脱脱等：《辽史》卷11《圣宗纪二》，第132页。

未载宋军主力到达丰州。然辽朝统和四年（986）五月一直在追捕山西未退宋兵，至丰州者很有可能是战时散乱的一些宋兵。需指出的是，以朔州之捷"宣谕南京、平州将吏"，而守云州、应州宋兵闻讯皆弃城而逃，不合常理。此条史料之"平州"亦应为"丰州"。

鉴于《辽史》几次将"丰州"讹为"平州"，开泰三年（1014）置转运使诸州中的"平州"，也应为"丰州"。此种设置正包含《辽史·地理志》"西京道"条下六个节镇。① 统治者出于方便西边军事运作的目的，合西南面招讨司与山西诸州设一都转运使。《契丹官仪》载，辽朝有燕京三司使、平州钱帛司、中京度支使、东京户部使、上京盐铁使、山后转运使，"置使虽殊，其实各分方域，董其出纳也"②。各节镇所纳赋税皆交由当路计司，并转运中央。③ 以上六州所置都转运使亦按此法。西南面招讨司与山西诸州此时为一财赋区，可能这也正是西南面招讨司财政在山西诸州形成以西京为中心的独立区域后，仍由西京都转运司统辖的原因之一。④ 同时，六节镇以奉圣州为首置一都转运使，正与辽朝早期奉圣州在山西诸州中的领导地位相符。

因此，《辽史·圣宗纪》原文应为："南京、奉圣、丰、蔚、

---

① 云内州于辽道宗清宁初升节镇，故此时不在节镇之内。

② （宋）余靖撰，黄志辉校笺：《武溪集校笺》卷18《杂文·契丹官仪》，第541页。

③ 陈俊达、杨军：《辽代节镇体制研究》，《古代文明》2018年第2期。

④ 《辽史》卷60《食货志下》云："一时产盐之地如渤海、镇城、海阳、丰州、阳洛城、广济湖等处，五京计司各以其地领之。"（第1032页）《辽史》卷41《地理志》载西京道之丰州有大盐泺。（第580页）这一"丰州"是西南面招讨司治所，丰州财政应属西京都转运使司。因此，西京道成立之后，西南面招讨司与西京道在财政上是一体的。

云、应、朔等州置转运使"。实际是南京置一转运使，奉圣、丰、蔚、云、应、朔等州置一都转运使。亦即宋人余靖所言"云中"地区置一都转运使。"云、朔等州属"中，应包括丰州。山西诸州财政从南京分离，是在开泰三年（1014）。故有开泰六年（1017）十月，南京路饥荒，"挽云、应、朔、弘等州粟振之"①。但早期山西诸州在财政上是分立的。各州分立的例证即云州大同军率先在财政上独立，至辽圣宗开泰三年（1014）才合一。辽圣宗统治后期，云州大同军地位上升，以及山西诸州财政一体，为云州升西京、山西诸州脱离南京，形成西京道提供了经济基础。重熙二十年（1051）以后，"兴宗皇帝以天下生财，云中旧壤，飞挽之计，矾曲尤盈"②。"云中"即云州，透露出云州升西京背后，有其良好的经济优势。③

奉圣、丰、蔚、云、应、朔等州都转运使的设置，意味着辽

① （元）脱脱等：《辽史》卷15《圣宗纪六》，第196页。
② 《张绩墓志》，向南：《辽代石刻文编》，第314页。
③ 云州升为西京，成为山西诸州独立区域的治所还有其他原因。一方面，云州在山西诸州脱离南京过程中始终处于领先地位。云州大同军节度使单独领兵作战出现较早；大同军财政上，亦是山西诸州中最先奏请赋税"止输本道"者，这些皆为云州升西京奠定了基础。另一方面，云州扼制北宋和西夏更为方便。唐代云州为北疆重镇之一，东西分别通向幽州和单于都护府（治所盛乐县）。经云州有两线，云幽线大致为：云州、清塞军（今山西阳高附近）、天成军（今山西天镇附近）、武州、新州、妫州、幽州；云单线大致为：云州、永固县、旋鸿县、盐池、参和县、单于都护府。[严耕望：《唐代交通图考·河东河北区》（第五卷），《"中央"研究院历史语言研究所专刊》之八十三，台北："中央"研究院历史语言研究所，1986年，第1387、1385页]辽代西南面招讨司治所丰州下振武县即唐之单于都护府。西南面招讨司治丰州；山西诸州治云州；南京道治幽州。据此看来，辽朝择云州为西京，与唐以降，以云州为交汇点的战略路线有关。

圣宗晚期，山西诸州与西南面招讨司构成一财赋区，形成一个财赋路。诸州自南京分离与其自然地理有关。前文已述，山西诸州与南京道隔太行山，造成转运上的困难。统治者不得不考虑运输成本问题，故在这一地区单独设转运使。比如，《辽史·食货志》载，圣宗乾亨间，"燕京留守司言，民艰食，请弛居庸关税，以通山西籴易"[①]。往燕京运粮还要交关税，可见，节省成本是其财政自成一区的原因。

余　论

辽朝山西诸州在辽太祖早期分隶西南面招讨司和代北云朔招讨司，太宗会同元年（938）整体改属南京，尔后在辽穆宗至辽圣宗时期完成其一体进程。至辽兴宗重熙十三年（1044），正式脱离南京，自成一区。山西诸州军、政、财三方面脱离南京过程中，监察权亦随之分离。诸州财政脱离南京的时间要早于军政。《辽史》讹"丰州"为"平州"，掩盖了辽圣宗开泰三年（1014），山西诸州财政已经独立于南京的事实。辽朝山西诸州成为独立区域，有其自然地理和军事地理因素，更受多政权互动的影响。

山西诸州自神册元年（916）开始成为辽朝的经略对象，至重熙十三年（1044）脱离南京，共历经七帝，近一百三十年。在此期间，山西诸州各方面一体化及脱离南京的历程并非同步进行，具有明显的时间差异。这种时间上的差异性导致辽朝的行政

---

① （元）脱脱等：《辽史》卷60《食货志下》，第1031页。

区划发展脉络始终不太明朗，同时存在军事路、财政路等多种非正式区划。在山西诸州一体化过程中西南面招讨司军政始终是独立的，仅在财赋上与山西诸州一体。而山西诸州与西南面招讨司下属诸州共同构成《地理志》所载的"西京道"，正是辽朝诸种非正式区划合一趋向的体现。从山西诸州一体化历程及其与西南面招讨司的关系看，或许可以启发我们理解《地理志》所载的"五京道"格局。

参考文献

（一）原始文献

［1］（后晋）刘昫等：《旧唐书》，北京：中华书局，1975 年。

［2］（宋）薛居正等：《旧五代史》，北京：中华书局，2015 年。

［3］（宋）乐史撰，王文楚等点校：《太平寰宇记》，北京：中华书局，2007 年。

［4］（宋）王钦若等编纂，周勋初等校订：《册府元龟》，南京：凤凰出版社，2006 年。

［5］（宋）曾公亮等撰，郑诚整理：《武经总要前集》，长沙：湖南科学技术出版社，2017 年。

［6］（宋）欧阳修撰，（宋）徐无党注：《新五代史》，北京：中华书局，2016 年。

［7］（宋）欧阳修、宋祁：《新唐书》，北京：中华书局，1975 年。

［8］（宋）余靖撰，黄志辉校笺：《武溪集校笺》，天津：天津古籍出版社，2000 年。

［9］（宋）司马光编著，（元）胡三省音注：《资治通鉴》，北京：中华书局，2012 年。

［10］（宋）范镇：《东斋记事》，北京：中华书局，1980年。

［11］（宋）沈括撰，金良年点校：《梦溪笔谈》，北京：中华书局，2015年。

［12］（宋）彭汝砺：《鄱阳集》，景印文渊阁四库全书第一一〇一册，台北：台湾商务印书馆，1986年。

［13］（宋）孙觌：《鸿庆居士集》，景印文渊阁四库全书第一一三五册，台北：台湾商务印书馆，1986年。

［14］（宋）李焘撰，上海师范大学古籍整理研究所、华东师范大学古籍整理研究所点校：《续资治通鉴长编》，北京：中华书局，2004年。

［15］（宋）赵汝愚编，北京大学中国中古史研究中心校点整理：《宋朝诸臣奏议》，上海：上海古籍出版社，1999年。

［16］（宋）徐梦莘：《三朝北盟会编》，上海：上海古籍出版社，2019年。

［17］（宋）赵彦卫撰，傅根清点校：《云麓漫钞》，北京：中华书局，1996年。

［18］（宋）李心传编撰，胡坤点校：《建炎以来系年要录》，北京：中华书局，2013年。

［19］（元）耶律铸：《双溪醉隐集》，辽海丛书本，沈阳：辽沈书社，1985年。

［20］（宋）马端临著，上海师范大学古籍研究所、华东师范大学古籍研究所点校：《文献通考》，北京：中华书局，2011年。

［21］（宋）叶隆礼撰，贾敬颜、林荣贵点校：《契丹国志》，北京：中华书局，2014年。

［22］（元）脱脱等：《辽史》，北京：中华书局，2016 年。

［23］（元）脱脱等：《金史》，北京：中华书局，2020 年。

［24］（元）脱脱等：《宋史》，北京：中华书局，1985 年。

［25］（明）陶宗仪等编：《说郛三种》，上海：上海古籍出版社，2012 年。

［26］（清）顾祖禹撰，贺次君、施和金点校：《读史方舆纪要》，北京：中华书局，2005 年。

［27］（清）陆耀遹：《金石续编》，上海：上海古籍出版社，2020 年。

［28］（清）穆彰阿、潘锡恩等编纂，王文楚等点校：《大清一统志》，上海：上海古籍出版社，2022 年。

［29］（清）徐松辑，刘琳等校点：《宋会要辑稿》，上海：上海古籍出版社，2014 年。

［30］向南：《辽代石刻文编》，石家庄：河北教育出版社，1995 年。

［31］盖之庸：《内蒙古辽代石刻文研究（增订本）》，呼和浩特：内蒙古大学出版社，2007 年。

［32］向南、张国庆、李宇峰等辑注：《辽代石刻文续编》，沈阳：辽宁人民出版社，2010 年。

［33］刘凤翥：《契丹文字研究类编》，北京：中华书局，2014 年。

［34］清格尔泰、吴英喆、吉如何：《契丹小字再研究》，呼和浩特：内蒙古大学出版社，2017 年。

［35］赵永春辑注：《奉使辽金行程录（增订本）》，北京：

商务印书馆，2017年。

［36］陶建英、李俊义主编：《石墨芳华——刘凤翥李春敏收藏辽金碑刻拓本集》，北京：文物出版社，2021年。

［37］吴梦麟、张永强编著：《房山石经题记整理与研究·题记卷》，北京：文物出版社，2021年。

［38］周阿根校注：《辽代墓志校注》，天津：天津古籍出版社，2022年。

［39］［朝鲜王朝］郑麟趾等：《高丽史》，台北：文史哲出版社，2012年。

（二）研究著作

［1］冯家昇：《辽史证误三种》，北京：中华书局，1959年。

［2］王国维：《观堂集林》，北京：中华书局，1959年。

［3］张博泉、苏金源、董玉瑛：《东北历代疆域史》，长春：吉林人民出版社，1981年。

［4］谭其骧：《中国历史地图集·宋辽金（第6册）》，北京：中国地图出版社，1982年。

［5］舒焚：《辽史稿》，武汉：湖北人民出版社，1984年。

［6］陈述：《契丹政治史稿》，北京：人民出版社，1986年。

［7］严耕望：《唐代交通图考·河东河北区（第五卷）》，"中央"研究院历史语言研究所专刊之八十三，台北："中央"研究院历史语言研究所，1986年。

［8］张秉铎：《畜牧业经济词典》，呼和浩特：内蒙古人民出版社，1987年。

［9］张其凡：《五代禁军初探》，广州：暨南大学出版社，1993 年。

［10］林荣贵：《辽朝经营与开发北疆》，北京：中国社会科学出版社，1995 年。

［11］李锡厚、白滨：《中国政治制度通史·辽金西夏（第 7 卷）》，北京：人民出版社，1996 年。

［12］项春松：《辽代历史与考古》，呼和浩特：内蒙古人民出版社，1996 年。

［13］熊武一、周家法总编，卓名信、厉新光等主编：《军事大辞海》，北京：长城出版社，2000 年。

［14］白寿彝主编：《中国通史·中古时代·五代辽宋夏金时期（第 7 卷）》，上海：上海人民出版社，2004 年。

［15］景爱：《中国长城史》，上海：上海人民出版社，2006 年。

［16］林幹：《中国古代北方民族史新论》，呼和浩特：内蒙古人民出版社，2007 年。

［17］邱瑞中：《内蒙古通史（第二卷）》，呼和浩特：内蒙古大学出版社，2007 年。

［18］肖爱民：《中国古代北方游牧民族两翼制度研究》，北京：人民出版社，2007 年。

［19］刘浦江：《松漠之间：辽金契丹女真史研究》，北京：中华书局，2008 年。

［20］严耕望：《严耕望史学论文集》，上海：上海古籍出版社，2009 年。

［21］孙进己、孙泓：《契丹民族史》，桂林：广西师范大学

出版社，2010年。

〔22〕阎步克：《中国古代官阶制度引论》，北京：北京大学出版社，2010年。

〔23〕张国刚：《唐代藩镇研究（增订版）》，北京：中国人民大学出版社，2010年。

〔24〕张志勇：《辽金时期懿州历史与文化研究》，武汉：长江出版社，2010年。

〔25〕蔡美彪：《辽金元史十五讲》，北京：中华书局，2011年。

〔26〕王曾瑜：《辽金军制》，保定：河北大学，2011年。

〔27〕任爱君：《辽朝史稿》，兰州：甘肃民族出版社，2012年。

〔28〕孙瑜：《唐代代北军人群体研究》，北京：社会科学文献出版社，2012年。

〔29〕温海清：《画境中州：金元之际华北行政建置考》，上海：上海古籍出版社，2012年。

〔30〕林鹄：《辽史百官志考订》，北京：中华书局，2015年。

〔31〕王绵厚、朴文英：《中国东北与东北亚古代交通史》，沈阳：辽宁人民出版社，2016年。

〔32〕余蔚：《中国行政区划通史·辽金卷》，上海：复旦大学出版社，2017年。

〔33〕孙继民：《唐代行军制度研究（增订本）》，北京：中国社会科学出版社，2018年。

〔34〕苗润博：《〈辽史〉探源》，北京：中华书局，2020年。

〔35〕陈俊达：《辽朝节镇体制研究》，上海：上海三联书店，2021年。

［36］武文君：《辽代部族军研究》，合肥：黄山书社，2022 年。

［37］杨若薇：《契丹王朝政治军事制度研究（修订版）》，北京：社会科学文献出版社，2022 年。

［38］康鹏：《辽代五京体制研究》，北京：中国社会科学出版社，2023 年。

（三）期刊论文

［1］朱子方：《辽金乣军考略》，《东方杂志》1946 年第 11 期。

［2］陈述：《乣军考释初稿》，《"中央"研究院历史语言研究所集刊第 20 本下册》，上海：商务印书馆，1948 年。

［3］谷霁光：《辽金乣军史料试释》，《"中央"研究院历史语言研究所集刊第 15 本一册》，上海：商务印书馆，1948 年。

［4］河北省文化局文物工作队：《河北新城县北场村金时立爱和时丰墓发掘记》，《考古》1962 年第 12 期。

［5］孟广耀：《辽代乌古敌烈部初探》，《中国蒙古史学会成立大会纪念集刊》，呼和浩特：内蒙古人民出版社，1979 年。

［6］王颋：《辽的西南面经营及其与西夏的关系》，南京大学历史系元史研究室：《元史及北方民族史研究集刊》1982 年第 6 期。

［7］刘凤翥：《契丹小字解读再探》，《考古学报》1983 年第 2 期。

［8］孙秀仁：《黑龙江地区辽金考古与历史研究的主要收获》，《北方文物》1983 年第 1 期。

［9］向南、杨若薇：《辽代经济机构试探》，《文史（17）》，

北京：中华书局，1983 年。

［10］王恩厚：《辽金元乣军考释》，《天津师专学报》1984 年第 3 期。

［11］辛德勇：《论宋金以前东北与中原之间的交通》，《陕西师大学报（哲学社会科学版）》1984 年第 2 期。

［12］赵光远、李锡厚：《论契丹军队的给养来源》，《学习与思考》1984 年第 2 期。

［13］陈得芝：《辽代的西北路招讨司》，中国社会科学院历史研究所宋辽金元史研究室编：《宋辽金史论丛（1）》，北京：中华书局，1985 年。

［14］胡锦州、田卫疆译：《马卫集论中国》，《中亚研究资料·中亚民族历史译丛（一）》，1985 年增刊。

［15］王曾瑜：《试论辽朝军队的征集和编组系统》，朱东润等主编：《中华文史论丛（4）》，上海：上海古籍出版社，1986 年。

［16］杜承武：《契丹与阴山》，陈述主编：《辽金史论集（2）》，北京：书目文献出版社，1987 年。

［17］孟广耀：《唐以后奚族诸部的对应关系及奚王府所属诸部剖析》，《北方文物》1987 年第 1 期。

［18］孟广耀：《试论辽朝直辖奚族诸部营——兼论奚人契丹化问题》，《东北地方史研究》1988 年第 3 期。

［19］唐统天：《辽代汉官的散阶制》，《社会科学辑刊》1988 年第 3 期。

［20］李锡厚：《辽朝的汉军》，《中国史研究》1989 年第 1 期。

［21］张国刚：《唐代阶官与职事官的阶官化述论》，《中华文

史论丛》1989 年第 2 期。

　　［22］何天明：《辽代西南面招讨司探讨》，《内蒙古社会科学（文史哲版）》1990 年第 6 期。

　　［23］唐统天：《辽代的禁军》，《军事历史研究》1990 年第 1 期。

　　［24］陈烈：《辽代部族军考》，《昭乌达蒙族师专学报》1992 年第 1 期。

　　［25］樊文礼：《辽代的丰州、天德军和西南面招讨司》，《内蒙古大学学报（哲学社会科学版）》1993 年第 3 期。

　　［26］李锡厚：《辽朝的边防》，《中国边疆史地研究》1993 年第 2 期。

　　［27］李锡厚：《头下与辽金“二税户”》，《文史（38）》，北京：中华书局，1994 年。

　　［28］张国刚：《唐代藩镇行营制度考》，南开大学历史系编：《中国史论集》，天津：天津古籍出版社，1994 年。

　　［29］关树东：《辽朝的中央宿卫军》，《内蒙古社会科学（文史哲版）》1995 年第 6 期。

　　［30］关树东：《辽朝部族军的屯戍问题》，《中央民族大学学报（哲学社会科学版）》1996 年第 6 期。

　　［31］李桂芝：《契丹郎君考》，陈梧桐主编：《民大史学（1）》，北京：中央民族大学出版社，1996 年。

　　［32］张念棠、张国庆：《略论辽朝军事机构及军事制度的特色》，《辽宁大学学报》1996 年第 2 期。

　　［33］安介生：《“山西”源流新探——兼考辽金时期山西

路》，《晋阳学刊》1997年第2期。

［34］关树东：《辽朝御帐官考》，《民族研究》1997年第2期。

［35］何天明：《试探辽代北宰相府的职能》，《内蒙古社会科学（汉文版）》1998年第1期。

［36］陶玉坤：《辽宋和盟状态下的新对抗——关于辽宋间谍战略的分析》，《黑龙江民族丛刊》1998年第1期。

［37］何天明、麻秀荣：《辽代南宰相府探讨》，《黑龙江民族丛刊》1999年第4期。

［38］冯培红：《唐五代归义军节院与节院使略考》，《敦煌学辑刊》2000年第1期。

［39］林荣贵：《北宋与辽的边疆经略》，《中国边疆史地研究》2000年第1期。

［40］武玉环：《辽代部族制度初探》，《史学集刊》2000年第1期。

［41］刘浦江：《辽朝"横帐"考——兼论契丹部族制度》，北京大学历史系编：《北大史学（8）》，北京：北京大学出版社，2001年。

［42］于立新、刘秉新：《黑龙江上游航道状况及维护分析》，《交通科技与经济》2002年第2期。

［43］关树东：《辽朝州县制度中的"道""路"问题探研》，《中国史研究》2003年第2期。

［44］韩茂莉：《历史时期草原民族游牧方式初探》，《中国经济史研究》2003年第4期。

［45］邓广铭：《〈辽史·兵卫志〉中"御帐亲军"、"大首领

部族军"两事目考源辨误》，邓广铭：《邓广铭全集（9）》，石家庄：河北教育出版社，2005年。

［46］李桂芝：《辽朝提辖司考》，《学习与探索》2005年第2期。

［47］陶玉坤：《辽宋天池之争》，《内蒙古大学学报（人文社会科学版）》2005年第1期。

［48］刘国生、王玉亭：《辽"五院"与"五押"问题分析》，《赤峰学院学报（汉文哲学社会科学版）》2006年第1期。

［49］程妮娜：《辽朝乌古敌烈地区属国、属部研究》，《中国史研究》2007年第2期。

［50］傅林祥：《辽朝州县制度新探》，中国地理学会历史地理专业委员会、《历史地理》编辑委员会编：《历史地理（22）》，上海：上海人民出版社，2007年。

［51］李桂芝：《辽朝糺军管见》，《东北史地》2007年第2期。

［52］晓克：《北方草原民族侍卫亲军制探析》，《内蒙古社会科学（汉文版）》2007年第5期。

［53］杨浣：《辽代"五押"考释》，《中国史研究》2007年第3期。

［54］周峰：《辽代治边三题》，《赤峰学院学报（汉文哲学社会科学版）》2008年第4期。

［55］苗书梅：《宋代的"使院"、"州院"试析》，四川大学古籍整理研究所、四川大学宋代文化研究中心编：《宋代文化研究（17）》，成都：四川大学出版社，2009年。

［56］任爱君：《辽朝对奚族诸部的征服及其统治方略》，辽

上京契丹·辽文化研究学会编：《首届辽上京契丹·辽文化学术研讨会论文集》，呼伦贝尔：内蒙古文化出版社，2009 年。

［57］余蔚：《辽代懿州考》，《中华文史论丛》2009 年第 4 期。

［58］高劲松、孙明明：《略论辽代南京统军司》，《鸡西大学学报》2010 年第 1 期。

［59］康鹏：《辽朝西北路招讨司再探——兼谈辽朝西北路的防御体系》，姜锡东主编：《宋史研究论丛（11）》，保定：河北大学出版社，2010 年。

［60］康鹏：《辽代"五押"问题新探》，《中国史研究》2010 年第 1 期。

［61］孙昊：《辽代的辽东边疆经略——以鸭绿江女真为中心的动态考察》，《贵州社会科学》2010 年第 12 期。

［62］王曾瑜：《辽朝官员的实职和虚衔初探》，王曾瑜：《点滴编》，保定：河北大学出版社，2010 年。

［63］张国庆：《石刻所见辽代军事系统职官考——〈辽史·百官志〉补遗之二》，辽宁省博物馆编：《辽宁省博物馆馆刊》，沈阳：辽海出版社，2010 年。

［64］周峰：《辽代的边将——以西部边疆为中心的探讨》，姜锡东主编：《宋史研究论丛（11）》，保定：河北大学出版社，2010 年。

［65］陈述：《契丹军制史稿》，刘宁主编：《辽金历史与考古（3）》，沈阳：辽宁教育出版社，2011 年。

［66］苗威：《定安国考论》，《中国边疆史地研究》2011 年第 2 期。

［67］王利华等：《辽〈耶律宗福墓志〉校勘补述》，刘宁主编：《辽金历史与考古（3）》，沈阳：辽宁教育出版社，2011 年。

［68］吴凤霞：《辽代显州的建置及其政治、军事地位》，《内蒙古社会科学（汉文版）》2011 年第 2 期。

［69］杨军：《耶律俨〈皇朝实录〉与〈辽史〉》，《史学史研究》2011 年第 3 期。

［70］王欣欣：《辽朝皮室详稳探析》，《黑龙江民族丛刊》2012 年第 5 期。

［71］杨军：《"变家为国"：耶律阿保机对契丹部族结构的改造》，《历史研究》2012 年第 3 期。

［72］杨军：《辽朝南面官研究——以碑刻资料为中心》，《史学集刊》2013 年第 3 期。

［73］王雪萍、吴树国：《辽代东北路统军司考论》，《中国边疆史地研究》2014 年第 1 期。

［74］杨军：《契丹始祖传说与契丹族源》，《首都师范大学学报（社会科学版）》2014 年第 6 期。

［75］张宏利：《辽朝海军考述》，《大庆师范学院学报》2014 年第 1 期。

［76］邱靖嘉：《再论辽朝的"天下兵马大元帅"与皇位继承——兼谈辽代皇储名号的特征》，《民族研究》2015 年第 2 期。

［77］吴凤霞：《辽朝经略平州考》，《社会科学辑刊》2015 年第 4 期。

［78］杨军：《辽代斡鲁朵研究》，《学习与探索》2015 年第 5 期。

［79］余蔚：《辽代斡鲁朵管理体制研究》，《历史研究》2015年第 1 期。

［80］赵宇：《辽朝侍卫亲军体制新探——兼析〈辽史·百官志〉"黄龙府侍卫亲军"诸问题》，姜锡东主编：《宋史研究论丛（17）》，保定：河北大学出版社，2015 年。

［81］李俊义、张梦雪：《〈辽萧德顺墓志铭〉考释》，《中国国家博物馆馆刊》2016 年第 1 期。

［82］李翔：《关于五代"山后八军"的几个问题》，《中南大学学报》2016 年第 4 期。

［83］李月新：《辽朝的黑山祭祀探析》，《赤峰学院学报（汉文哲学社会科学版）》2016 年第 10 期。

［84］任仲书、洪嘉璐：《辽代宜州建置与其特殊地位》，《渤海大学学报（哲学社会科学版）》2016 年第 3 期。

［85］苏航：《纠音义新探》，《中国边疆史地研究》2016 年第 4 期。

［86］吴凤霞、武文君：《辽代平州节度使的选任及其特点》，《内蒙古社会科学（汉文版）》2016 年第 1 期。

［87］杨军：《辽代捺钵三题》，《史学集刊》2016 年第 3 期。

［88］张国庆：《辽朝边铺探微》，《中国边疆史地研究》2016 年第 2 期。

［89］陈俊达：《辽朝与高丽使者往来分期探赜——兼论东亚封贡体系确立的时间》，《西北民族大学学报（哲学社会科学版）》2017 年第 4 期。

［90］杜晓勤：《"草原丝绸之路"兴盛的历史过程考述》，

《西南民族大学学报（人文社会科学版）》2017年第12期。

［91］李鹏:《"中会川"考——"阿都乌素辽代遗址群"初步调查与研究》，教育部人文社会科学重点研究基地吉林大学边疆考古研究中心边疆考古与中国文化认同协同创新中心编:《边疆考古研究（22）》，北京：科学出版社，2017年。

［92］吴飞:《辽代大帐皮室军兵源探析》，《齐齐哈尔大学学报》2017年第3期。

［93］杨军:《牧场与契丹人的政治》，《首都师范大学学报（社会科学版）》2017年第2期。

［94］杨军:《辽朝捺钵考》，《安徽史学》2017年第2期。

［95］张宏利:《辽朝军队都监考论》，《陕西学前师范学院学报》2017年第9期。

［96］陈俊达、杨军:《辽代节镇体制研究》，《古代文明》2018年第2期。

［97］乐日乐:《辽朝郎君再考述》，《内蒙古民族大学学报（社会科学版）》2018年第3期。

［98］杨军:《辽代州县体制的形成及演变》，《学习与探索》2018年第1期。

［99］刘浦江:《试论辽朝的民族政策》，刘浦江:《辽金史论》，北京：中华书局，2019年。

［100］武文君:《〈辽史·兵卫志〉的史源与史料价值》，杨共乐主编:《史学理论与史学史学刊（上卷）》，北京：社会科学文献出版社，2019年。

［101］武文君、杨军:《辽代山西诸州的一体化》，《古代文

明》2019 年第 2 期。

　　［102］张宏利：《契丹建辽前后北南宰相府职能转变与地位变迁》，《保定学院学报》2019 年第 4 期。

　　［103］程妮娜：《辽代生女真属部官属考论》，《兰州大学学报（社会科学版）》2020 年第 5 期。

　　［104］田晓雷：《辽金阻卜、阻鞑治理体制差异述论》，《西夏研究》2020 年第 3 期。

　　［105］武文君、杨军：《分镇边圉：辽朝部族军驻防研究》，《中央民族大学学报（哲学社会科学版）》2020 年第 4 期。

　　［106］杨军：《契丹社会组织与耶律阿保机建国》，《中国边疆史地研究》2020 年第 2 期。

　　［107］曾震宇：《辽朝检校衔探析——兼谈武散官的使用问题》，《汉学研究》第 38 卷 2020 年第 3 期。

　　［108］关树东：《辽朝乌隗乌古部与倒塌岭统军司考述》，《中国边疆史地研究》2021 年第 4 期。

　　［109］陈俊达：《辽朝军事区划体系研究——兼论辽代"道""路"诸问题》，《史学集刊》2022 年第 3 期。

　　［110］武文君、向燕南：《集兵点将：辽朝行军体制研究》，《河南师范大学学报（哲学社会科学版）》2022 年第 4 期。

　　［111］陈俊达：《辽代节镇类型再探讨》，江沛主编：《南开史学 2022（2）》，北京：社会科学文献出版社，2023 年。

（四）学位论文

　　［1］陶玉坤：《辽宋关系研究》，呼和浩特：内蒙古大学博士

学位论文，2005 年。

　　［2］康鹏：《辽代五京体制研究》，北京：北京大学博士学位论文，2007 年。

　　［3］王立凤：《辽代节度使制度研究》，长春：吉林大学硕士学位论文，2008 年。

　　［4］张宁：《辽朝的行宫宿卫制度》，长春：吉林大学硕士学位论文，2009 年。

　　［5］陈凯军：《辽代边境防御策略与军事部署研究》，锦州：渤海大学硕士学位论文，2013 年。

　　［6］王旭东：《辽代五京留守研究》，长春：吉林大学博士学位论文，2014 年。

　　［7］杜鹃：《辽朝边防研究》，沈阳：辽宁大学硕士学位论文，2014 年。

　　［8］何希：《契丹大帐皮室军研究》，长春：吉林大学硕士学位论文，2015 年。

　　［9］张宏利：《辽朝部族制度研究——以行政区划的部族为中心》，长春：吉林大学博士学位论文，2015 年。

　　［10］陈天宇：《辽代锦州临海军节度使研究》，锦州：渤海大学硕士学位论文，2016 年。

　　［11］工珏：《辽代保州与东南边防研究》，保定：河北大学硕士学位论文，2018 年。

　　［12］武宏丽：《辽朝东南部边疆治理问题研究》，长春：长春师范大学博士学位论文，2018 年。

　　［13］陈俊达：《辽朝节镇体制研究》，长春：吉林大学博士

学位论文，2019年。

[14] 贾垚：《五代北面行营研究》，兰州：西北师范大学硕士学位论文，2019年。

[15] 孙大坤：《〈辽史·百官志〉研究》，长春：吉林大学博士学位论文，2020年。

[16] 武文君：《辽代部族军研究》，长春：吉林大学博士学位论文，2020年。

[17] 郝艾利：《辽朝御帐制度研究》，长春：吉林大学博士学位论文，2021年。

[18] 张敏：《捺钵与辽代政治研究》，长春：吉林大学博士学位论文，2022年。

（五）国外论著

[1][日]箭内亘著，陈捷、陈清泉译：《辽金礼军及金代兵制考》，上海：商务印书馆，1933年。

[2][日]津田左右吉著，陈清泉译：《渤海史考》，台北：台湾商务印书馆，1970年。

[3][日]三上次男：《金史研究一·金代女真社會の研究》，东京：中央公論美術出版，昭和四十七年（1972年）。

[4][日]长泽和俊著，陈俊谋译：《辽对西北路的经营（上）》，《民族译丛》1984年第4期。

[5][日]长泽和俊著，陈俊谋译：《辽对西北路的经营（下）》，《民族译丛》1984年第5期。

[6][日]岛田正郎：《辽朝御帐官考》，"国立编译馆"主

编：《宋史研究集（6）》，台北："国立编译馆"，1986 年。

　　［7］［日］高井康典行：《遼朝の部族制度と奚六部の改組》，《史観》1997 年。

　　［8］［日］爱新觉罗·乌拉熙春、呼格吉勒图：《初鲁得族系考》，《内蒙古大学学报（人文社会科学版）》2007 年第 6 期。

　　［9］［日］岛田正郎著，何天明译：《大契丹国——辽代社会史研究》，呼和浩特：内蒙古人民出版社，2007 年。

　　［10］［日］高井康典行：《渤海と藩鎮——遼代地方統治の研究》，东京：汲古書院，2016 年。

后　记

　　本书的写作最初源自博士论文选题，博士入学后我与杨军师商议将辽朝的军事制度作为研究内容，并最终选定以"辽朝驻防体系研究"为题。在经过辽金史读书会讨论后，于2018年5月在专门史教研室正式开题。开题报告有幸得到程妮娜老师、赵永春老师、宋卿老师、王万志老师、陈鹏老师的斧正。之后，在搜集史料和写作过程中，发现仅部族军一个系统的研究足以支撑起一篇博士论文，在各位老师的建议下，我随即先选择单作这一系统的军事研究。

　　2020年博士毕业后，我到北京师范大学做博士后，其间围绕辽朝军事相继出了一些成果。以此为基础，2022年3月，我以"辽朝驻防体系研究"为选题，申请教育部青年基金项目，于同年9月获得教育部批准立项。此书就是在这样的背景下着手进行的。

　　自杨若薇先生著《契丹王朝政治军事制度研究》、王曾瑜先生著《辽金军制》、关树东先生发表系列论文、康鹏先生著《辽代五京体制研究》，我们对辽朝军事制度的认识处于不断深化之中。本书即是在诸贤研究基础之上，结合自己和项目组成员陈俊达师兄多年的研究进行的深化与拓展，对学界已达成共识的问题则不再重复研究。书中部分内容曾先后发表于《中央民族大学学报》《史学集刊》《古代文明》《河南师范大学学报》《南开史学》《辽金历史与考古》等刊物。本书第四章、第五章由项目组成员陈俊达执笔，其他部分由武文君执笔，并完成统稿和校对。

写作的过程也是学习的过程，无论新旧史料都会有收获。这大概也是写作的乐趣所在。在撰稿过程中，我与陈俊达师兄遇到新史料或者之前没有注意到的史料时，经常激动得好像发现了新大陆，讨论着这个得研究，那个也要研究，于是便积攒了一大堆想要研究的问题。所谓常读常新，是很有道理的。可惜的是，积攒的大堆问题已超出了本书的承载量和研究范围，只能等以后慢慢探讨了。

本书能够顺利完成并出版，要感谢杨军师、吴凤霞师、向燕南师三位恩师平日的指点与教导，感谢吉林大学专门史教研室诸位老师，感谢帮助和支持我们的各位学界老师、同仁。感谢鼓励我们前行的家人。

此书是我与陈俊达合著的第一本书，等到正式出版也差不多是我们的一周年纪念。由衷地感谢陈俊达一路以来的激励与陪伴。没有他的督促，我肯定不能提前完成任务。有时候也会因为压力而烦躁，不肯听他"唠叨"，不过本着"忠言逆耳"的原则，这些我都会磨蹭着听进去。果然，随着书稿的最终完成，回想起来一起奋笔疾书的每一天都显得那么充实、美好。"时光知味，岁月沉香"，惟愿接下来的日子里，我们能够不忘初心，脚踏实地，行稳致远。

2024 年 2 月 10 日　书于长春

图书在版编目(CIP)数据

体统相承,分数秩然:辽朝驻防体系研究/武文君,
陈俊达著.—上海:上海三联书店,2024.4
ISBN 978-7-5426-8445-5

Ⅰ.①体… Ⅱ.①武… ②陈… Ⅲ.①驻防-军事史
-研究-中国-辽代 Ⅳ.①E294.61

中国国家版本馆 CIP 数据核字(2024)第 072617 号

体统相承,分数秩然:辽朝驻防体系研究

著　者 / 武文君　陈俊达

责任编辑 / 杜　鹃
装帧设计 / 一本好书
监　制 / 姚　军
责任校对 / 王凌霄

出版发行 / 上海三联书店
　　　　　(200041)中国上海市静安区威海路 755 号 30 楼
邮　箱 / sdxsanlian@sina.com
联系电话 / 编辑部:021-22895517
　　　　　发行部:021-22895559
印　刷 / 上海颛辉印刷厂有限公司

版　次 / 2024 年 4 月第 1 版
印　次 / 2024 年 4 月第 1 次印刷
开　本 / 710mm×1000mm　1/16
字　数 / 230 千字
印　张 / 21.5
书　号 / ISBN 978-7-5426-8445-5/K·772
定　价 / 98.00 元

敬启读者,如发现本书有印装质量问题,请与印刷厂联系 021-56152633